답은
내안에 있었다

답은 내안에 있었다

송혜문(현달) 지음

도서출판 **공경원**

답은 내 안에 있었다…

누가 수도修道 즉 도道 닦는 것이 무엇이냐 묻는다면 '반복, 반복이다'라고 대답할 것 같다. 처음 발심은 임사체험으로 하였지만, 나머지 경우는 반복·반복 뿐이었다. 반복으로 몰아沒我의 경지가 되어야 한다. 의식·전의식·무의식이 나의 의식층에서 현재의식인 색성향미촉법色聲香味觸法에 반응하는 각자의 마음을 무색성향미촉법無色聲香味觸法으로 돌려야 한다.

그것은 내가 지극한 마음이 되는 것 뿐이다. 지극정성이면 감천이란 말은 나의 의식계가 몰아의 경지를 지나야 하늘, 불성, 신성을 느끼는 진아眞我를 만난다.

들어가는 말

비트겐슈타인의 『논리철학논고』의 끝부분에 이런 말이 있다. '말할 수 없는 것에는 침묵하라.'

사실 지금부터 이야기 하는 것들은 침묵해야 할 것들이다.

1991년 7월의 어느 날 가족들과 함께 간 가야산 계곡에서 일어난 나의 임사체험으로 말미암아 도道의 여정이 시작되었다. 그때의 경험은 육체가 가지고 있는 안이비설신眼耳鼻舌身의 영역이 아니었기에 살아있는 육체의 감각으로 판단기준을 삼는 보통 사람들에게 이런 메시지를 전한다는 것이 과연 타당한가에 대해 고민하지 않을 수가 없었다.

하지만 나타난 것들은 모두 다 우리들의 관념들이요, 세상과 나도 본성을 본 자들의 눈에는 경계가 없는 일물一物에 불과하다. 보이는 것을 추적해서 보는 자를 찾고, 보는 자를 추적하여 진리를 찾을 수가 있다고 본다.

20대 군인시절 수도통합병원에서 대한민국 국군의 모든 암 환자들과 6개월을 함께 한 적이 있다. 또 서리산에서, 출가 후 호스피스병동 기도봉사단원으로 많은 분들의 임종을 가까이에서 보았다.

죽음을 맞이하는 자들의 몸짓은 너무나도 솔직하다. 결코 과거를 숨길 수가 없다. 며칠 전 작고하신 가형家兄의 마지막 모습도 너무나도 안타까웠다. 이 책이 6개월 정도라도 일찍 나왔더라면 하는 가슴 아픈 아쉬움이 있다.

죽음을 누구나 예견한다. 하지만 막상 죽음이 다가왔을 때 우리는 평소 가지고 있는 인격체가 무너진다. 그리고 평소 생활에서는 보여 줄 수 없는 모습들이 나타난다.

아름다운 죽음, 사랑과 존경으로 가득 찬 죽음을 맞이 할 수 있을까?

답은 내안에 있었다. 진리를 찾는 마음의 여정을 떠나면 된다.

떠남의 이유는 현재의 진실을 만나기 위한 것이다. 진실된 현재를 만났을 때, 과거와 미래라는 시간성은 무너진다. 시간성이 무너지고 그리고 그것을 보는 관찰자의 본체를 파악했을 때 우리는 자유를 얻는다.

'진리가 너희를 자유롭게 하리라.

__ 요한복음 8장 31절

나는 천주교인 안셀모를 떠나서 출가승 혜문이 되었다. 나에게는 유불선의 가르침과 동·서양의 모든 철학자들이 나의 스승이었다. 스승은 달을 향해 보라는 손짓이다. 답은 각자의 안에 있다. 산 자나 죽은 자의 자유 역시 답은 진리성을 찾는 데에 있다.

이 책이 나올 수 있었던 것은 늦깎이 출가상좌를 보살펴 주신 은사스님의 따뜻한 사랑과 많은 관세음보살님들의 가호력 때문이다. 나에겐 내 주변의 모든 분들이 관세음보살님이시다. 이 모든 분들에게 삼배를 올리며 서언序言에 즈음한다.

2022. 1. 5. 대관음사 옥불보전 요사채에서

| 제 4 장 | 화火

| 제 7 장 | 스승과 제자 그리고 도반

| 제 8 장 | 토굴 수도생활

| 제 14장 | 실참약설實參略說

| 제 1 장 | **어머니!**

어머니!

돌아가시기 전에
"나는 속았데이~ 그놈의 점쟁이들 한데 속았데이."

어머니 40세에 나를 낳았다. 낳고 보니 몸도 약하고 나는 어머니 손잡고 6~7세까지 이름난 철학인들, 도사라는 분들을 찾아 다녔고, 그들은 한결같이 "이 아이는 보통 아이가 아니고 크게 세상에 쓰이는 아이"라고! 하지만 단명수가 있으니 이런 저런 처방과 함께 잘 키우라고 신신당부하셨다. 철학인들의 당부 덕분에 나는 어머니의 극진한 보살핌 속에서 꾸중 한 번 듣지 않고 씩씩하게 잘 자랐다.

내 나이 40세 때 어머니가 돌아가셨는데, 그때까지도 나는 경제적으로 독립하지 못하고 어머니와 형님의 도움을 받고 있었다. 도道 공부 한다고 33세에 가출했다. 3년 정도 혼자 공부해보았지만 답을 얻지 못했기 때문이다. 혼자서는 이 공부를 완성할 수 없다고 생각하고, 스승님들의 도움을 받아야겠다고 결론짓고 가출을 결심했다.

지금은 63세이다. 어머니, 아버지, 형님들, 누님께 바치는 나의 수행결과보고서로 이 글을 쓰고 있다. 그리고 나를 도와주신 많은 관세음보살님들과 나의 후손들에게 너의 아버지, 할아버지, 이 수행자가 결코 미친 사람이 아니고 이러한 신념을 가지고 이러한 수행을 하였노라고! 이 글을 쓴 공덕이 티끌만하게라도 있다면 세상 모든 어머니들에게 돌립니다.

사랑합니다~
어머니!!!

어머니께서 주신 마지막 돈

나는 어머니가 돌아가실 때까지 경제적으로는 무능한 사람이었다. 어머니께서 정신이 온전하셨을 때 방의 장판을 거두어보라고 하셨고, 장판 밑에는 만 원권 지폐가 깔려져 있었다. 어머니는 나의 마음공부에 대한 미련을 아시고, 당신이 마지막 가시는 길에서도 밑도 끝도 없는 지원을 하시며 이 아들을 축복해주셨다. 그 받은 돈을 다 사용할 때까지도 나는 경제활동을 하지 않았다. 늘 도깨비 방망이처럼 금 나와라! 은 나와라! 어머니 방망이의 힘은 탐욕을 부리지 않는 삶을 살아갈 수 있었다.

공부를 하매 모든 욕망을 놓아야 하는 순간이 있다. 마음공부는 잡는 것이 아니라 놓는 공부다. 한 티끌까지 모두 놓아서 모두와 하나 되는 공부이다. 나이가 들어 마음공부 하는 학인들이 제일 힘들어 하는 것이 돈에 대한 집착을 놓는 것이다. 마음공부는 마음속에 가짐을 놓는 공부다. 마음속에 집착한 바가 있으면 이 공부는 진전이 없다. 내면 깊숙이 돈에 대한 집착이 강한 사람은 허공과 하나 될 수 없다. 마음을 허공과 같이 가지는 것이 이 공부의 요지이다. 마음에서 마음을 내지 않으려면 마음을 낼 소지가 없어야 한다. 원願과 한恨이 있으면 이 공부는 진전이 없다.

김치 공장을 해서 큰돈을 번 학인이 마지막까지 놓지 못한 것은, 자식도 명예도 아니었고 바로 돈에 대한 집착이었다. 그 수행자가 집착한 그 돈은 자식들과 타인의 주머니에 들어갔을 것이다. 나이가 많다고 지혜로워지는 것은 절대 아니다. 한 살이라도 젊었을 때 바른 공부를 실천해야 한다. 나는 어머니 덕분에 돈·권력·명예에 대한 집착을 젊은 나이에 놓을 수가 있었다.

어제의 내 마음과 내 몸짓이 지금의 나와 무슨 관계일까? 벌써 타인이 되어 버렸거늘. 오늘의 이 마음과 이 몸짓이 내일의 나와 무슨 관계일까? 내일이 되면 또 타인이 되어버릴걸. 우리는 매 순간 집착해 나를 만들고, 만든 마음에 빠져 행복과 불행을 평가한다.

"일체개고一切皆苦" 모든 것이 괴롭기에 밖을 향해 끝없는 행복을 찾아 헤맨다. 그냥 이대로 사랑하고, 마음 짓을 그칠 줄 알면 되거늘

있고 없음, 옳고 그름, 좋고 나쁨에 집착하는 것은 안이비설신의眼耳鼻舌身意로 들어와서 일으킨 바람 속에 기거하는 것이

다. 그 바람이 잠자고 나면, 있고 없음, 옳고 그름, 좋고 나쁨은 없다. 인생은 인연이고, 그 인연에 집착하면 공부는 벌써 물 건너간 것이다.

그냥 오고 갈뿐. 삶은 이 순간뿐이니 순간을 즐겨야한다. 고통이든 행복이든 그것이 존재한다는 것은 경이로운 일이다. 그래서 나의 인생은 다 좋았다.

출리심出離心이 없고선 참 행복은 없다

사람들은 번뇌의 파도 끝에서 행복을 찾으려 한다. 파도도 바다이지만 파도가 바다이기를 깨닫기 전에는 파도는 파도임을 대大포기해야 한다. 파도 안에서 행복을 찾으려 하는 이는 어리석고도 어리석다.

부처님 가르침의 가장 큰 근본은 무념無念과 무작無作이다. 쉽게 말해서 마음에서 마음을 만들지 말 것이며, 마음을 짓되 지은 바가 없도록 하라는 말씀이시다. 그래서 도道는 '할 뿐!'이란 말이 생겼다. '밥 먹을 때 밥 먹는 것이 도道고, 잠잘 때 잠자는 것이 도道'라는 말도 그리해서 생긴 말이다.

중생은 하고 나서 꼭 다시금 새기고 집착한다. 그리해서 집착한 바를 반복한다. 그 반복이 현상계를 만들고, 지금의 나를 만들었다고 보면 된다. 바른 도道로 가는 길은 먼저 자신을 보려고 관심을 내면으로 돌려야 한다.

도道를 행하려는 자! 내면세계를 돌아보라. 무엇이 나를 이 토록 육도윤회를 하도록 하는지 알면 그 모든 것은 힘을 잃는 다. 모르니 계속 나를 그 놈에게 맡기고 그 놈이 시키는 대로 산다.

'마음이 불편하다. 불안하다. 불행하다. 힘들다…' 그 놈이 만든 마음은 또 그와 같은 마음과 현상계를 계속 만든다.

이 돌고 도는 수레바퀴에서 내리려는 출리심을 내지 않고선 우리는 도道하고는 인연이 없다. 그저 수레바퀴 안에서 좀 더 나은 환경과 조건을 만날 뿐.

수레바퀴가 올라갈 때는 좋겠지만, 내려갈 때는 힘들고 불행 하다. 이것을 계속 반복한다. 이만큼 배우고 눈치 챘으면 이 세 상과 나에게서 벗어나려는 출리심을 낼 때도 되었다.

어머니의 인연

어머니께서 오빠로 부르시는 한 분이 계셨다. 곤경에 처했을 때 어머니를 여러 번 구해주신 동네 오빠였는데, 훗날 정부의 고위직 공무원이 되셨다. 어머니의 동네 오빠에 대한 충성심은 상상 이상이다. 양력 설날이 되면 세배를 가곤 했고, 서울을 갈 때면 후암동 집을 방문해 인사를 드렸다. 사모님께서 시인이셨 던 것으로 기억한다.

그 분께서는 정치인이셨지만 경제인이기도 했다. 말년에는

S기업의 일도 좀 보신 것으로 알고 있다. 전해들은 이야기로 그 기업 회장은 관상 보는 철학가를 대동해 인재를 뽑는다고 세간에서는 회자되고 있었다.

S그룹 회장을 경제인으로만 생각하지만 그 분이 『논어』의 대가라는 사실을 잘 모른다. 그 분이 S기업을 세우는 데는 『논어』라는 철학적 바탕이 있었다고 보면 된다. 조선의 통치철학이 성리학이라면 그 기업의 철학은 『논어』이다.

한국 제1의 기업이 2500년 전 공자의 가르침이 바탕이 된 사실은, 그분과 정신적 교류를 하지 않은 사람들은 모른다. 나도 전해들은 이야기로 그 분이 일본에서 공부하고 경남 의령의 고향 땅에서 미꾸라지 농사를 시작했고, 논 한마지기에 벼 2섬이 소출되는 시기에 미꾸라지를 키워 시장에 파니 벼 4섬의 돈을 벌었다고 한다. 그리고 미꾸라지를 키우는 논에 메기를 풀었더니만 벼 8섬의 소출이 나왔다고 한다. 미꾸라지를 잡아먹는 메기를 풀었는데 오히려 소출은 증가되었다는 것이다.

S기업이 현재 한국을 대표하는 기업이 된 것은 그 그룹 회장의 '발상의 전환' 때문이다. 농사만 짓는 곳에 미꾸라지를 키웠고, 미꾸라지를 잡아먹고 사는 메기를 풀어 오히려 미꾸라지의 소출을 증대시킨 것은, 위기 속에서 오히려 발전이 가능하다는 것을 증명한 것이다.

어머니의 정치력

경북 도지사가 임명을 받으면 대구도청으로 가기 전에 우리 집을 먼저 방문하였다. 오빠가 고위 정치인이라서 그런가 싶기도 하지만, 가끔 높은 분으로부터 전화가 오곤 했다. 어머니는 당시 대통령교의 열성신도였다. 안방에는 대통령과 영부인의 사진이 걸려있었다. 경북도정道政에 관한 민심을 청취하시는 듯 보였다. 한번은 대통령께서 구미 상모 집을 방문하셨는데, 점심때가 되어 어머니께서 만든 국을 맛있게 드신 인연이 있었다고 들었다.

한 번은 H그룹의 J회장이 찾아 온 적이 있었는데, 가고 나서 어머니께서는 저 사람은 말년에 교도소 갈 것 같다고 말씀하셨다. 뒤에 그 분은 교도소 신세를 지게 되었다.

어머니께서 한식당 사업을 그만 두신 후에도 점심때가 되면 고위공무원들이나 정치인들이 자주 방문을 했다. 하루는 국회 안에서의 발언으로 수감되었다 풀려나신 Y의원이 방문하셨는데, 어머니가 계신 방에 다른 손님들이 가득 차서 아들이라 인사드리고 점심을 겸상하게 되었다. 교도소에서 나온 지 얼마 되지 않았을 때였는데, 그 분과 겸상을 하면서 느낀 것은 안광眼光이 호랑이 눈빛 같았고 마치 큰 산을 마주하고 있는 기분이었다. 사람을 대하는데 이런 기운을 느낄 수 있는가 그때 처음 느껴보았다.

훗날 다시 국회의원이 되었을 때 다시 상봉하였지만 첫 만

남의 느낌과는 사뭇 달라져 계셨다.

어머니의 정치력으로 내 나이에 맞지 않게 사회의 지도자들을 만날 수가 있었고, 그분들의 흥망성쇠를 지켜보게 되었다. 돈도 권력도 명예도 다 부질없음을 저절로 배우게 되었다.

어머니께서 전해 준 가르침

어릴 때 어머니께서 전해 준 가르침들이다.

1. 여자는 반드시 방석위에 앉혀라.
외할머니의 유언이셨다고 들었다.

2. 출세하려면 여자 말을 들어라.
성공한 남자에게는 훌륭한 어머니와 묵묵히 집안의 주인노릇을 하는 아내가 있다고 한다. 땅의 주인은 여자이니 여자의 말을 잘 들어야 남자가 이 땅에서 뜻을 펼칠 수 있다고 한다.

3. 요리를 할 때나 어떤 일을 하거나 기초를 튼튼히 해라.
가장 기초적 양념인 소금조차 어머니께서는 3년 이상 물기를 뺀 천일염을 선택해 밤새 가마솥 뚜껑 위에 볶는 것을 보았다.

4. 사상이나 이념보다 사람이 먼저다.
어머니께서는 일제 강점기 때는 독립군을 숨겨 주었고, 1946년 대구 좌익계열이 일으킨 식량 폭동사건 때는 경찰들을 숨겨주었고, 우익세상이 되었을 때는 좌익운동가들을 숨겨주었다고 한다.

5. 돈 빌려 준 사람을 배웅할 때는 반드시 문 밖까지 나가 배웅하라.
그래야 사람을 잃지 않는다고 들었다.

어머니께 들은 이야기인데 외증조부께서는 기이한 도인이셨다고 한다. 외할머니께서 무남독녀이셔서 외증조부께 들은 말씀을 어머니께 전해주셨고, 어머니께서는 나에게 전해주셨다. 6.25 전쟁이 터지기 전에 돌아가셨는데 당신의 산소를 논이 넓게 펼쳐진 들판의 조그만 야산에다 쓰셨는데, 치열한 낙동강 방어전투 시 왜관지역에서 총알 한 발 안날라온 산소였다고 한다.

어머니로부터 전해들은 말로서, 대한민국이 잘 사는 날은 포항 들판이 메워질 때(포항제철소가 세워지는 것을 말함)이고, 조만간 사람이 달나라에 갈 것이며, 안방에서 서울 일을 한 눈에 보는 날이 올 것이라고 말씀하셨다고 한다.(텔레비전을 말한 것 같다.)

돌아가시기 전에는 곧 전쟁이 터질 것인데, 낙동강을 잘 지켜야 나라가 산다고 하셨다고 한다. 할아버지께서 가끔 어머니를 방문하셔서 이런저런 이야기를 해주셨는데, 어머니께서는 도인 할아버지의 영향을 받으셨는지 아침 8시가 되면 고깃국을 끓여 놓고, 병든 환자를 둔 이웃들이 찾아오면 한 냄비씩 퍼주곤 했던 것이 기억난다. 예전에 결핵환자들이 많았는데, 결핵환자들은 잘 먹어야 회복된다고 하셨다.

본인은 당신의 동생들과 달리 초등학교의 공부조차 못한 한恨으로, 일반학교를 다닐 수 없는 가난한 학생들이 다니는 고등공민학교를 후원하셨고, 훗날 멀쩡하게 좋은 기업에 입사할 수 있는 큰 형님을 고등공민학교 수학선생으로 봉직하게 해서,

학교가 폐교될 때까지 큰형님께서는 학교를 맡아 운영할 수밖에 없었다.

어머니 기일

오늘은 어머니 기일이다. 다른 형제들은 성당에서 위령미사를 올렸을 것이라 본다. 나는 대구 대관음사 큰절에서 제주祭主가 되어 기일제를 올렸다. 제사를 도와주는 보살님들께서 모두 오셔서 참배를 해주시니 고맙고도 고맙다. 어머니 기일제사 때 아버지와 먼저 가신 형님 세분도 함께 상을 차려드린다. 부모님에 대한 효도와 먼저 가신 형님들에게서 받은 우애에 대한 보은으로 내가 할 수 있는 것은 스님들께서 거행하시는 법공양의례의 기일 제사다.

돌아가신 분이 가셨으면 어디로 가셨을까? 내 마음 안에 있을까, 마음 밖에 있을까? 다 내 마음 안에 계신다. 세상은 우리의 마음 그 이상도 이하도 아니다. 저승이든, 이승이든, 세상은 다 내 마음이 투영된 그림자 세계이다. 내가 내 마음으로 지극히 기원하면 어느 세계에 있든 그들은 나의 기원과 축복을 받는다. 특히 돌아가신 후 49일간은 매우 중요하다.

그때는 존재양식이 건달바乾達婆라 불리는 신神이다. 해석하자면 음식은 먹지 못하고 향기만 흠향하는 신이다. 그래서 상갓집에 가면 향을 주야장청晝夜長川 피우는 관습이 생겼다. 내가 경험 한 바에 의하면, 죽어도 내 육체를 떠나지 못하고 한참 동안 주위에 있었다. 한 사람을 생각하면 그 사람 앞으로 바로 순간이동이 되었고, 심지어 생각한 사람의 미래까지 오고가고 할 수 있었다. 저절로 알 수 있었던 것들이 엄청 많았다. 저절로 알게 되는 의식체가 되는 것이 건달바신이 아닌가 싶기도 하다.

하지만 여기에서 냉혹한 현실이 있으니, 살아생전 나의 행위, 업에 대한 엄정한 평가가 있게 되고, 그다음 내가 가야할 다음 세계가 결정되었을 때, 그 때에는 내가 나 자신을 위할 수 있는 것은 그 어떤 것도 없었다. 그 시점에서 필요한 것은 남이 나를 위해주는 마음뿐이었다. 살아있는 사람들이 죽은 나를 위하여 해 주는 기도! 바로 그것이었다.

나는 그것으로 말미암아 기적같이 다시 살아날 수 있었고, 지금까지 수행자로서의 삶을 살고 있다. 제발 49재齋* 하는 것을 미신으로 생각하지 말라. 죽은 자에게는 49재가 반드시 필요하다. 오늘 기일제 의례 중에 내 마음속에서 일어나는 말은 이와 같았다. "나는 지금 행복합니다. 내가 행복한 것처럼 아버님, 어머님, 형님들께서도 행복하십시오."

산 자의 행복이 죽은 자들도 행복하게 만든다. 또 죽은 자들이 행복하니, 죽은 자들과 인연되는 모든 친·인척들이 행복해

---

* 49재齋: 죽은 사람의 명복을 비는 천도(薦度 : 죽은 영혼이 좋은 곳에 태어나도록 기도함)의식이다.

질 것이다. 그리해서 나는 살아있는 나의 권속들을 행복하게
한다. 그들은 나로 인해 행복한지 모를 것이다. 그것이 더 나를
행복하게 만든다.

어머니 산소를 다녀오며

어머니께서는 왜관 천주교 묘지에 계신다. 1년에 2~3번 방문한
다. 먼저 그 산의 산신에게 잔을 한 잔 친다. 그리고 가지고 간
제물을 놓고 삼배를 드린 다음, 불경독경 공양을 드린다. 두 번
째는 어머니 묘 아래 줄에 계신 친구의 부모님산소에 똑같이
공양을 드린다. 한 사람의 밝은 광명을 향한 공덕이 사방 9족
族, 상하 좌우 9대代까지 천상에 태어난다는 이야기가 있다.

세상 것으로 보은報恩은 못하더라도 주변 친인척들의 왕생
극락住生極樂은 꼭 이루어지리라 믿는다. 그리해서 후손들까지
모두 다 이 세상이나 저 세상에서나 행복해질 것을 염원念願
한다.

죽음에 즈음 했을 때

어머니께서 미리 당신이 묻힐 산소자리를 30년 전에 준비해두
셨다. 그 당시 유명한 지관에게도 물어보셨다고 하셨다. 그 장

소를 멀리서 보면 거북이가 막 출발하려는 모습의 뒷발 위치에 있다. 당대에 발복하는 자리라고 하였다. 특히 막내가 잘된다고 하였다.

그런데 어머니께서는 그 자리를 마다하시고 천주교 묘지로 가셨다. 그 땅을 팔아 단 얼마라도 생활비로 쓰시라는 배려인지 돌아가시기 전에 당신은 천주교묘지로 간다고 하셨다. 그리고 숨 거두시기 일주일 전에 "너희 아버지가 어서 가자고 문 앞에 와 있다." 하시며 "조금만 기다리라." 하셨다.

나는 어머니 옆을 지키며 천수경을 낭독해 드렸다. 그때 어머니의 인연경전은 천수경이었다. 보통 금강경을 추천한다. 막상 돌아가시니 천주교묘지로 갈 수 밖에 없었다. 주변 친척들이 다 천주교인이니 자연스럽게 그리 될 수밖에 없었다.

돌아가신 곳은 예전에 살던 집을 정리하고 건평 100평에 대지 100평 합산 200평인 집이었다. 이사 온 날 꿈에 외할머니께서 나타나셔서 "이 집에서 너는 죽을 것이다. 잘 살다 오너라." 하셨다고 한다. 마지막 가는 순간까지 역시 그 집을 떠나지 않으셨다.

수양 누님과의 인연

어머니께서 돌아가신 집은 이제 허물어지고 빈 공터만 남아있다. 동네사람들이 텃밭으로 쓴다고 이야기는 들었는데, 한동안 가보지 않아서 어찌되었는지 잘 모르겠다.

그 집은 산 아래 큰 길 쪽에 있었고, 산중턱 위로 올라가면 과수원이 하나 있었다. 어느 날, 과수원집에 살고 있는 중년의 한 부인께서 단정한 한복차림으로 내려와서 어머니께 큰 절을 올리고 '어머님'으로 모시겠다고 하였다. 그렇게 어머님으로 모시겠다는 사정 이야기는 이러했다.

대구에서 유명한 집안의 사람으로 사업실패를 하고 상심하여 그전에 사둔 과수원집에서 자고 있는데, 갑자기 "신神 받아라!"라는 소리에 잠을 깨 신을 받게 되었고, 그 날 이후 신이 시킨 공부를 하였다고 한다.

며칠 뒤 신이 말하기를 저기 아랫집에 사는 할머니는 천상의 선녀가 지상에 내려와 있으니 가서 어머니로 삼고 모시라고 해서 인사드린다고 하였다.

이렇게 해서 내 팔자에 없는 수양누님이 한 분 생겼다. 그 분은 매일 새벽마다 목욕탕을 가셨고, 대구에서 명문 집안사람인지라 차마 신 받은 무당이라는 신분을 밝히지 못하고 대신 정식 절을 개창하게 되었다. 스님을 모시고 와 삼시예불三時禮佛을 하고 한 쪽 방에서 무당의 소임을 하셨다.

수양누님께서 하신 말씀 중에 나에게는 친할머니께서 제일 안타깝게 생각하신다고 하였다. 98세에 돌아가신 할머니께서는 어릴 적 방학 때마다 큰집에 가면 다들 자는 한밤중에 나를 깨워 곶감을 주시곤 "네가 잘 되어야 우리 집안이 다 잘된다." 라고 하셨다.

할머니께서 돌아가실 때 기이한 일이 일어났다. 종형님께서 할머니께서 숨 거두시기 전에 부고를 쓰셨다고 한다. 그런데 할머니께서 돌아가시고 나서 나는 한 번도 보지 못한 고모들이 달려오셨다. 그 분들은 6.25때 피난 와서 할머니와 인연이 되어 수양딸들이 되었다고 한다. 그런데 꿈에 나타나서 "내가 숨도 안 끊어졌는데 벌써 부고를 쓰는구나." 하시더란다. 그렇게 해서 나는 그 날 처음으로 할머니의 수양딸이자 나에게는 고모이신 분들을 보게 되었다.

위의 사실들을 보면 어찌 영혼이 없다고 말하겠는가. 그냥 막 살아서는 안 된다. 잘 생각하고, 잘 행동해야 한다.

말뚝 부모님 (어머니로부터 들은 이야기)

옛날에 어느 마을에 '업둥이'라는 이름을 가진 사람이 있었다. 갓난아기 때 마을 어귀 성황당에 버려진 아기를 마을 사람들이 돌아가면서 키워서 마을 공동의 아들이자 머슴이 되었다.

나이 서른이 넘어 마을 어른들이 추렴을 하여 장가도 보내주고 집도 장만하여 주었다.

업둥이 입장에서는 가정도 가지고 집도 가졌지만, 항상 가슴 속에 허전한 것이 있었는데 바로 자신에게 부모님이 없는 것이었다. 그래서 마당 한 곳에 말뚝 두개를 박아두고 하나는 아버지, 다른 하나는 어머니라 부르며 지극정성으로 그 말뚝을 살아있는 부모처럼 섬겼다. 그 말뚝을 마당에 박고 나서 업둥이는 재산이 불처럼 일어 마을 전체에서 제일가는 부자가 되었다.

그러던 중 어느 날 밤 질투와 시기에 불타는 이웃사람이 도끼로 그 말뚝을 내려쳤다. 내리친 순간 그 말뚝에서 붉은 피가 솟구쳤다. 비록 생명이 없는 말뚝이지만 지극정성으로 마음에 마음을 더 해 섬긴다면 그 속에 생명이 깃든다는 이야기가 우리에게 까지 전해져 온다.

이런 현상을 심리학 용어로 '피그말리온pygmalion 효과'라 한다. 내 안에 내 하느님을 온 몸과 온 마음과 온 영혼을 다해 섬겨보자.

생명의 하느님은 나의 정성에 의해 탄생됨을 우리는 알아야 할 것이다.

태안 해인해상공원에서

소나무 숲이 우거진 아름다운 바닷가에서 목 놓아 불러본다.

그 분을.

밀려오는 바닷물을 보고,
내 얼굴을 스쳐지나가는 바람을 느끼며,
아스라한 수평선 너머 바다와 하늘이 닿은 그 곳을 보며,
등 뒤로 부터 내게 전해져 오는 해송의 기운을 느끼며,

하늘, 바다, 소나무, 부드러운 모래…

이 모든 분들에게 나는 단 한마디의 호칭으로 목 놓아 불렀다.

"어머니~~~"

| 제 2 장 |

인간은 왜 태어났는가?

축복의 아침

우리는 사랑이니, 서로 사랑합니다.
우리는 자유이니, 서로 자유롭습니다.
우리는 평화이니, 서로 평화롭습니다.
우리 모두는 하나이시고, 그 하나는 조건 없는 사랑이시니
나는 우주의 모든 해, 달, 별을 사랑합니다.
나는 지구와 지구의 모든 생명을 사랑합니다.
나는 인류의 모든 형제들을 사랑합니다.
나는 나를 낳으신 아버지, 어머니를 사랑하며
나와 한 몸인 나의 모든 이웃들을 사랑합니다.
오늘도 이 하나에 사랑, 자유, 평화가 가득 하옵나이다.

삶이 소중한 이유

삶이 소중한 것은,

텅 빈 존재에서 나와서 다시 텅 빈 존재로 가기 때문이다.

그래서 이 순간이 소중한 것이요,

우리 모두가 다 소중한 것이다.

소중한 것을 소중하게 대하지 못한 것이 죄로서 소중한 것이 우리에게 다가와 고난을 준다.

복이나 행운은 이 세상 그 무엇이든 소중하게 대한 결과로 오는 것을 우리는 눈치 채야 한다.

아!

아직도 우리는 이 세상을, 서로 서로를 마구 대해도 괜찮을 것이라 착각하는가?

심지어 이런 소식을 전하는 사람까지도 그렇게 대하는가?

준비~~땅!!

초등학교 운동회 날 달리기 했을 때를 기억하는가?
출발선에서 딱총소리와 함께 내 달렸던 그 때 그 시절을 생
각해보자.

준비~~ 땅!

행복도 건강도 성공도
준비된 자에게 온다.

나의 행복시작은
남을 행복하게 해 줄 준비가 되어있는가에서 출발하며,

나의 건강시작은
세상 모두와 나 자신이 화해하고 용서하였으며 조화로운가
에서 출발한다.

나의 성공시작은
나의 주관점을 포기하고 나와 세상을 객관적으로 보기 시작
하였는가에서 출발한다.

자~ 이제 준비하시고 땅! 출발.

사종인간四種人間

땅에 동서남북 4방향이 있듯, 그 땅위에 살고 있는 인간人間에게도 네 종류가 있다.

1종 인간: 살기만을 위해 사는 인간

대다수의 사람들이 다 여기에 해당된다. 살기만을 위해 사는 동물적 존재들의 자각과 같다하여 즘생(짐승)—중생이라는 단어가 여기에서 유래된다.

2종 인간: 목적, 목표를 위해 사는 인간

부와 권력, 명예를 위해 사는 인간들이 있고, 더 나아가 도道를 이루고저 하는 목표를 두고 사는 인간들도 있다. 각자의 원함에 따라 다양한 목적, 목표가 있다.

3종 인간: 남을 위해 사는 인간

부와 권력, 명예, 도道를 이루지만 그 결과의 방향이 남을 위한 인간들이다. 2종과 3종은 객관적 경계를 나누기가 힘들다. 부와 권력을 죽기 전에 남을 위해 사용하는 이가 있는 반면, 살아생전에 남을 위하는 자들이 있다.

4종 인간

살되 산 바가 없으며, 가지되 가진 바가 없는 삶을 사는 생生이다. 흔히 보살이라 불리는 참 성인聖人이라 하겠다.

사람이라 해서 다 같은 사람이 아니다. 나는 1, 2, 3, 4종 인간 중에 어디에 해당되는가? 우리는 다같이 1종 인간으로 출발했다. 2종 인간이 되면 부와 권력, 명예를 누린다. 그 자리에서 만족하고 탐닉한다.

세상사 시작이 있으면 끝이 있다. 그 끝에서는 자기가 누린 부와 권력, 명예는 온데 간 데 없을 것이다. 3종인간이 되어서 남을 위해서 산다 하지만 남을 위해 사는 '나'가 있다면 반드시 그 삶에는 고통과 번민이 끊어지지 않을 것이다. 남을 위해 산 '나'가 반드시 남들을 원망하고 원수가 되는 시간이 올 것이다. 결국 우리가 나아가야 할 방향은 4종인간이다. 오되 온바가 없고, 가되 간바가 없는 무생인無生忍*이 되어야 한다.

오늘 밤 나는 우리 모두가 무생법인無生法忍**을 이루시기를 간곡하게 기도한다.

---

* 무생인: 무생법인의 준말.

** 무생법인: 불생불멸不生不滅의 진리를 확실하게 인정하고 거기에 안주하여 마음을 움직이지 않음.

돈 잘 버는 법

현대는 자본주의 사회이다. 즉 자본, 돈이 주인인 시대이다.

그런데 사람이 돈을 따라가면 반드시 탈이 난다. 사회의 모든 부조리와 탈선, 사건, 사고가 사람이 돈을 따라가서이다.

이제 돈 잘 버는 법을 말씀드리겠다.

돈 잘 버는 법은 '스스로 돈보다 더 가치 있는 존재가 되는 것'이다.

돈보다 더 가치 있는 것이 무엇일까? 먼저 건강이다. 돈이 아무리 많아도 건강을 잃으면 아무 소용없다.

그러니 먼저 건강하자.

다음, 세상 것에 돈보다 더 중요한 것을 생각해보자. 생명, 자연, 철학, 문학, 예술, 과학… 수없이 많다. 이 많은 것을 아는 것을 한마디로 '공부'라 한다.

모르는 사람들은 '공부하면 밥 나오나?'라고 하지만 공부하면 돈이 나온다. 돈 보다 더 중요한 것을 공부하면, 내가 돈보다 더 중요한 존재가 된다.

무엇을 공부하든 돈보다 더 중요한 것을 공부하자. 돈이 저절로 나를 따라오게 된다.

물질과 정신적 물질: 잘 사는 법

물질에 물질의 가치를 정신적으로 두게 되면 그 물질은 정신적 물질이 된다. 예를 들어, 땅속에 반 쯤 묻혀있는 바위가 있어 사람들이 앉아 쉬기도 한 바위를 조각해서 거룩한 부처님이나 성모마리아의 상으로 만들었다고 생각해보자.

많은 사람들의 엉덩이를 받아주는 역할을 하는 바위가 어느 날 솜씨 좋은 석공을 만나 거룩한 형상으로 만들어졌을 때, 그 바위 덩어리는 반대로 많은 사람들로부터 경배를 받고 소원을 들어주는 역할을 한다. 이 순간에 물질이 정신적 물질로 바뀌어 지는 것이다.

팔공산 갓바위 부처님 앞에 오늘도 많은 사람들이 소원을 빌러 올 것이다. 생명력 없는 바위 부처님에다 그렇게 소원을 비는데도 소원이 이루어지는데, 살아있는 사람 부처님들에게 소원을 빌면 얼마나 잘 이루어 질것인가? 다만 내 앞에 있는 사람을, 내 옆에 있는 사람을 부처님으로 생각하는 것이 먼저일 것이다.

내 곁에 있는 모든 물질을(사람을 포함해) 다 부처님, 하느님으로 여기시어 거룩하게 공경한다면 그 어디 안 이루어질 소원이 있을까?

사랑하고 사랑하고 또 공경하고 공경하자.

바로 나의 부처님, 하느님들을!

마음만 먹으면 누구나 깨우친다

미국의 마이크로소프트사MS 창업주 빌 게이츠는 1990년대 이후 21세기 초반까지 세계에서 가장 부자이다. 사람들에게 물어보자. 당신은 빌 게이츠가 되고 싶은가 석가모니가 되고 싶은가. 어떤 대답이 나올까? 독자인 당신은 어떤 쪽을 택하고 싶은가요? 이미 여러분은 정답을 갖고 있을 것이다.

세계 최고의 부자가 된다는 것은 오로지 65억~70억 인구 중에서 한 사람만이 가능하다. 그렇다면 석가모니는 어떨까? 그것도 단 한 사람이 될 수 있다는 생각이 든다. 그러나 그렇지 않다. 부처께서는 일찍이 누구나 부처가 될 수 있다고 했다. 모든 사람에게는 부처의 씨앗이 내재하고 있을 뿐 아니라, 그 씨앗을 키워 깨달음의 길에 들어 설 수 있다고 거듭 거듭 강조했다.

깨달음enlightenment이란 무엇인가?

그것은 바로 열린 마음open mind이다. 즉 깨달음은 마음의 문을 여는 것이다. 가슴을 조금씩 열어 우주를 내 품에 안는 것이다. 수많은 선각자들은 깨달음에 대해 참으로 묘한 언어를 동원해 설명하고 있다. 그들의 이야기를 듣고 있으면 점점 더 헷갈리고 만다. 사실 깨달음이란 어떤 말로도 표현할 수가 없다. 노자는 일찍이 말했다. '도가도 비상도道可道非常道.' 즉 "이것이 도道라고 말을 해 버리면 그것은 이미 도(道)가 아니다."라는 뜻이다.

우리는 이따금 "인간은 무엇을 위해, 어디서 와서, 어디로 가고 있는가?" 하고 의문을 품는다. 이 물음은 인류가 탄생한 이후 지금까지 끊임없이 반복되어 온 가장 중요한 화두이다.

부처는 무엇이고, 하느님은 누구인가. 그래서 이와 같은 물음에 대한 명쾌한 해답을 얻고자 종교에 귀의歸依하거나 도인道人을 찾아 헤매기도 한다. 불경과 성경, 코란을 아무리 뒤진들 그 속에서는 진리眞理를 발견할 수 없다. 참으로 안타깝고 답답한 일이 아닐 수 없다. 사람은 결코 경전이나 성경을 위해 태어나지 않았다. 모든 경전은 사람을 위해 존재한다.

현대인들은 너무나 바쁘게 생활하다 보니 '나' 자신을 되돌아 볼 기회를 갖지 못한 채 허송세월만 한다. 이제 우리는 '나'의 본바탕이 무엇이고, 내부 정신세계에 무엇이 있는지에 대해 깊은 관심을 가질 때가 됐다. 우리는 의식세계의 본질이 무엇인가를 스스로 일깨워 앎으로써 진리의 세계에 거듭나야 한다.

내 안의 나를 찾으면 찾은 그것이 나를 구원하고, 내 안의 나를 찾지 못하면 찾지 못한 그것이 나를 파멸시킨다.

여러분! 이 말을 결코 가벼이 여기지 마시고 이 글을 읽는 동안에도 거듭 되씹어 보시기 바랍니다. 진리는 멀리 떨어져 있지 않습니다. 바로 내 안에서 미륵과 메시아를 구하십시오. 너무나 가까운 '당신'이기에 지나쳐 버리고 있는 것입니다. '내안의 나'를 찾는 것이 바로 깨달음으로 가는 지름길입니다.

공부 중의 으뜸 공부는 바로 만물의 근원인 마음자리를 공부하는 것이다. 그것을 깨달음, 각성覺性, 진아眞我 등 어떤 말로 표현해도 좋다. 우리는 그것을 그저 '마음'이라 부르며, 마음공부야말로 공부 중에 으뜸가는 공부다. 예로부터 수많은 사람들이 이것을 알고자 공부했으며, 이것을 찾고자 이 길을 걸었다. 그러나 그 길은 너무나 험난했다. 어떤 방법으로 가야할지 몰랐기 때문이다. 이제 의문들을 하나씩 풀어 드리고자 한다.

성인聖人이 되기 전에 현인賢人되기

예부터 세상이 어지러워지면 당장 찾는 것은 현인들이었다. 부처가 되기 전에 먼저 현인이 되어 볼 것에 생각해 본다.

현인은 먼저 세상에 일어나는 현상의 본질을 먼저 보고, 본질이 만들어 낼 현상을 미리 예고하고 대처해갈 방법을 대중들에게 알려 준다. 그럼 세상의 다양한 현상을 일어나게 하는 본질은 무엇일까? 우리 각자들의 의식이다. 민심이 천심이란 말이 그리해서 생겨난 것이다.

우리들의 의식에는 3가지 요소가 있다. 첫째가 변계소집성遍計所執性, 둘째가 의타기성依他起性, 셋째가 원성실성圓成實性이다.

변계소집성은 쉽게 말해 세상 것들을 두루 계산해서 알음알이로 만들어 집착하는 것으로, 자라보고 놀란 가슴 솥뚜껑보고 놀라는 마음이다. 우리는 과거에 자라를 본 것을 가지고 현재에 솥뚜껑을 자라로 착각하며 살아가고 있다. 투명한 유리잔에 붉은 색 음료수를 담으면 붉은색 잔이 되고, 푸른색 음료수를 담으면 푸른색 잔이 된다. 우리들에게는 다 같은 투명한 유리잔이 있으면서도 각자의 업식을 담아 '나'라는 아상을 삼고, 우리 모두 아상들의 공동 업식業識이 삼계三界*라는 기세간器世間**을 만들었다 보면 될 것이다. 삼계는 결국 '나'란 아상들의 집합체인 것이다. 돌고 돌더라도 본질을 알고 돌면 보살이고, 모르고 돌면 중생이다.

의타기성은 연기의 법칙이라 보면 된다. 세간의 모든 존재와 일, 현상들은 그물망처럼 서로가 얽혀 일어나고 사라진다. 결과를 보고 원인을 알고, 원인을 살펴 미래의 일에 대처하면 바로 현인이 된다. 지금 우리가 살고 있는 지구의 코로나 팬데믹pandemic은 지구촌 인류들의 공업共業이라 보면 된다. 우리가 무엇에 집착했기에 이런 현상이 일어났는가? 나만 잘 살고자 하는 이기적 자아집착의 결과이다. 지구는 다양한 생명체들의

---

* 삼계三界: 1) 중생의 마음과 생존 상태를 세 단계로 나눈 것. ①욕계는 탐욕이 들끓는 세계로, 지옥·아귀·축생·아수라·인간·육욕천(사왕천, 도리천, 야마천, 도솔천, 낙변화천, 타화자재천)을 통틀어 일컬음. ②색계는 탐욕에서는 벗어나서나 아직 형상에 얽매여 있는 세계로 초선, 이선, 삼선, 사선이 있다. ③무색계는 형상의 속박에서 완전히 벗어난 순수한 선정의 세계로 공무변천, 식무변천, 무소유처천, 비상비비상처천을 말함. 2) 삼각三覺을 말함.『시공불교사전』

** 기세간器世間: 세간은 변하면서 흘러가는 현상을 뜻함. 생물들이 거주하는 자연환경, 곧 산하대지.『시공불교사전』

군집합체이다. 모든 생명은 다 살고자한다.

　지구촌의 모든 생명들이 함께 살아가야할 길을 모색하지 않으면 인류는 지구상에서 곧 소멸될 것이다. 자연보호, 기후문제가 더 이상 형이상학적 문제가 아닌 실질적 생존의 문제가 된 것이다. 너와 나를 가르기 전에 우리 모두가 하나임을 인식하지 않으면 결코 인류는 서로가 서로에게 큰 해를 끼치며 망해져갈 것이다.

　『금강경』의 일체중생을 무여열반에 들도록 하되 한 중생도 들게 함이 없는 것이 보살이란 말은 각자의 중생성을 어떻게 다스려야 하는 질문의 답이기도 하다. 하고도 함이 없는 행(무위행)이 우리를 바른 열반으로 인도하는 길이다.

　정치의 순수 우리말은 '다스림'이다. 다스림의 어원은 '다 살림'이다. 기득권층만 사는 것이 아니고 다 살려야 진정 참 정치이다. 대중의 일시적 인기에 힘입어 나서지 말고, 모두를 다 살릴 묘수가 없으면 아예 나서지 말일이다.(일주일 정도 무문관에 들어가 자신을 돌아보면 답을 알 수 있다. 자신이 얼마나 하늘을 담을 수 있는지, 자신의 주소를 알면 자기위치에서 세상을 위해 헌신할 수 있는 길은 충분히 있다.)

　대한민국이 이만큼이라도 살게 된 것을 한 두 사람의 정치인에 의해 이루어졌다고 착각하지 말자. 단군 이래 국난을 당할 때 마다 이 나라를 구한 이들은 하고도 함이 없는 하늘을 마음에 담아낸 이들이었고,* 묵묵히 자기자리에서 기득권층들의 박해를 받았던 민초들이었고, 나라를 위해 목숨을 희생한 성웅 聖雄들이었다.

앞선 자리에 있다고 뒷자리에 계신 분들과의 평등심을 놓친다면 올바른 현인이라 할 수 없다. 왜냐하면 앞선 자리에 있어본 사람들 중 십중팔구는 다 초심을 놓치고 자신도 나라도 다 망친 사례가 역사에 비일비재하다. 최소한 우리 모두가 다 부처임을, 내가 아무리 잘나도 대중들과 같은 불성의 투명체 유리잔에 불과함을 알아야 하며, 온 곳도 갈 곳도 지금 이 자리도 열반의 자리임을 인식한 자라야 성웅聖雄의 지도자가 될 수 있다.

다음 대한민국의 지도자가 누가 되든 위와 같은 지도자를 선택하지 못하는 우리 국민들 역시 책임이 크다. 모두가 다 함께 살아야만 하는 지상과제에 공감하고 그렇게 실천하려는 의지를 가진 이를 뽑아야 한다. 민심은, 하늘은, 양날의 칼이다. 나에게 권력도 주지만 나를 비참한 처지로 몰아넣기도 한다.

하늘을 담을 그릇을 가진 사람이 없다고 하늘을 탓하지 말고, 우리 모두가 하늘을 담을 그릇이 되도록 열심히 공부하자. 그러면 불자들 중에서, 하늘을 담을 훌륭한 지도자가 나올 것이다.

---

* 예전부터 하늘을 마음에 담은 이들을 표현하기를 '저 분은 천심天心을 가진 분이야.'라고 했다.

모두의 행복을 위하여

남을 행복하게 해줄 때 나의 행복은 시작된다. 지금 순간이 만족스럽지 못하다면 돌아보자. 과연 내가 남을 얼마나 행복하게 해주었는가?

우리는 근본지성 뿐만 아니라 반드시 실천지성도 갖추어야 한다. 그리고 실천에는 여러 도구가 필요하다. 방편이라고 불리는 지성력이 필요하고, 실천에 필요한 수단과 환경도 필요하다. 그만큼 근본지성을 터득하는 것보다 더한 시간과 노력이 필요하다는 의미이다.

근본을 모른 채 실천하게 되면 오히려 타인에게 독이 된다. 그럼에도 인류는 많은 시행착오를 통해 성장해 왔다. 실패에서 또 다른 업적을 낳았고, 그 업적으로 새로운 세계를 창조했다. 좋다고 생각한 것이 나쁜 것이 되었고, 나쁜 것이 좋은 것이 될 수도 있었다. 인류는 비틀비틀하면서 중심을 잡고 여기까지 온 것이다. 진보와 보수 둘 다 옳은 것도 틀린 것도 아니다. 인류사는 좌우를 오고가며 중심을 잡고 전진해 왔다. 통합하면 분산하고 분산하면 통합하기를 반복했고, 위아래 역시 바꿔가며 역사를 만들어 왔다.

아직도 인간성에는 많은 동물성이 내재되어 있다. 그럼에도 현재 인간은 하늘을 향해 더 한걸음 나아가고 있지만 여전히 동물성과 신성神性의 딜레마dilemma에 빠져있다. 문명은 신성을 향해 가지만 생존방식은 더욱 더 비지성적·비양심적으로 하는 움직임도 여러 방면에서 자행되고 있다.

우리가 간과하고 있는 것은 지역적 특성과 문화적 특성에 따라 사회적, 국가적 개성이 존재함을 인정하지 않는 것이다. 이로 인해 오히려 전체의 행복과 평화를 막는 큰 장애가 됨도 인지해야 한다.

또한 이러한 판단이 인류의 보편적 인권을 박탈할 수 있다는 것도 상기해야 한다. 종교적 신념이 타인의 인권을 침해하는 행위가 공공연하게 벌어지고 있는 작금 아프간의 탈레반 치하에서 볼 수가 있다.

종교적 신념으로 생긴 갈등은 같은 종교, 같은 종파 안에서도 일어난다. 종교가 인간을 위한 것이 아니라, 인간이 종교의 노예가 되어 수천 년 동안 소중하게 키워 온 인간존중의 환경을 무너뜨리고 있다.

경제사상 역시 신자유주의로 인한 폐해가 속출되고 있고, 인간의 경제행위로 인해 전 지구적으로 환경이 악화되고 있다. 생존과 생활에 많은 물질이 수반되는 까닭에 인간은 스스로 자신들의 숫자를 줄이고 있다. 종족보존의 본능이 자연에 속할진데 그 자연의 속성마저 멀리하고 있다.

자기가 속한 집단의 이익을 위해 전체를 위한 도덕성을 버리면 자기가 속한 집단 역시 존재유지 가능성이 없어진다. 마찬가지로 개인이 이웃들의 안위와 안락을 생각지 아니하면 개인의 안위와 안락도 없어진다.

우리 모두는 하나의 고리로 연결되어 있는 존재이다. 한 곳이 병들고 썩어 가면 전체가 썩는다. 세상이 병들어 있으니, 나도 병이 나는 것이고, 내가 병들어 있으니 세상도 병들어 간다.

어떻게 하면 세상을 건강하게 하고, 행복하게 할까? 먼저 내가 건강할 방법을 찾고, 행복할 방법을 찾자. 그 방법은 이웃들의 건강과 행복을 위해 내가 무엇을 할까 고민하는 데서부터 시작된다. 사람은 혼자가 아니다. 혼자가 아니기에 인간이다. 더불어 행복할 방법을 찾아보면 너무나도 할 일이 많다.

먼저 도덕적 규범이라는 계율을 통해 각자의 행위를 결정해야 한다. 부동산 투기를 통해 부를 채우려는 행위는 주거환경을 악화시키고 더 나아가 국가의 인구수를 줄이는 직접적 행위가 된다. 생생지도生生之道라 했다. 도는 살리고 살리는 것이다. 결국 부동산투기활동을 하는 사람은 도道=하늘의 뜻에 역행하는 자이다. 흉년에 땅을 사지 말고, 사방 100리에 굶어 죽어가는 이웃이 없도록 하라는 경주 최부자 집안의 가훈을 상기하면 행복의 영속성은 결국 이웃들의 안위와 연결되어 있음을 알 수 있다.

성인은 가짐이 없어야 한다

중생의 가짐을 크게 7가지로 분류하면 이렇다.

첫째, 고집이 없어야 한다.
태어나 지금까지 오면서 나만이 가지는 특이한 고집이 있다.
이 고집으로 말미암아 팔자가 세다는 등 여러 소리를 듣는다.
세상이란 바람을 맞을 때 고집이란 바위 덩어리가 있으면 항
상 바람을 맞을 수밖에 없다. 그것이 고난이고 환란이 된다.

둘째, 버릇이다.
나만의 특별한 버릇이 있으니 이것으로 말미암아 병이 생기
고 인생의 기로가 바뀐다. 고집과 버릇이 지금 내게 있는 병과
환란을 가져다 준 주범이다. 이것을 빨리 알아내고 버려야 함
이 우선이다.

셋째, 알음알이다.
즉 지식이나 수도하였던 과거의 '내가 알았음'이란 의식이
현재의 나를 과거에서 벗어날 수 없는 원인이 된다.

그 이외 넷째, 돈에 대한 집착, 다섯째, 권력욕, 여섯째, 자존
심, 일곱째 개성과 같은 특징들이 나를 과거에서 벗어날 수 없
는 쇠고랑이 되어 영원히 윤회의 틀 속에서 돌고 돌게 만든다.

이 일곱 가지 가짐을 포기하는 것이 참 성인의 길이다.

운명의 길은 욕심의 정반대의 길이다

욕심을 비우지 않으면 우리는 욕심과 정반대의 운명을 맞이하게 된다. 스스로 가지는 바램이 욕망인지, 소망인지 잘 살펴보아야 한다.

현재를 소중하게 생각하는 감사感謝하는 마음에 소망所望이 깃들고, 현재를 싫어하고 하찮게 생각하는 마음에 교만驕慢이 싹튼다.

감사와 사랑의 마음에 존중과 존경심이 깃든다.
세상의 모든 이를 존중하고 존경한다면.

나의 운명運命의 길은 어디로 갈까?
세상에 하찮은 것이 있고 교만심으로 가득한 마음이 원하는 길은 어디로 갈까?

욕심을 비운 만큼 운명은 안락安樂할 것이다.

세상을 보는 눈

세상을 어떻게 보느냐에 따라 세계관이 달라진다. 같은 세상이지만 다른 세계로 비쳐진다. 그래서 어떻게 보느냐는 매우 중요하다.

세상의 본질을 공空으로 보면 이 세상은 하나이다. 모두를 하나로 보는 안목은 매우 중요하다. 그리고 세상은 상대적 힘에 의해 생성되고, 서로가 서로에게 영향을 주는 관계적 세계이다.(이런 관계적 세계를 연기법이라고 한다.)

또 언어와 사유로 표현되는 세계가 있고, 언설로 표현할 수 없는 세계가 있다. 언어와 사유만 고집하게 되면 점점 완고해져 서로 간에 소통이 끊어진다. 진리眞理는 무언어, 무사유의 세계에 속한 것이다. 언어가 사람사이에 있어 문명을 만들었지만, 단어와 소리가 다르다 하여, 생각의 방식(사상)이 다르다 하여 배척과 박해를 받는 경우가 지구상에는 허다하다.

말이 끊어진 시간, 생각이 끊어진 시간을 통해 진리에 접하는 시간을 자주 가져야 한다. 진리만이 우리를 자유롭게 하며, 서로 간에 조건 없는 사랑을 가능하게 한다.

그리해서 우리는 본질적 세계의 공空을 반드시 체험해야만 되며, 상대적 세계의 관계성을 존중尊重하고 배워야 된다. 결론은 이 세계는 유무상생有無相生의 안목으로 보아야 바르게 보는 것이다.

온 삼라만상이 한 점 속에 있다

부처는 겨자씨 안에 태산을 넣고, 범부는 태산 안에 겨자씨가 있다. 작다, 크다하는 것은 눈에 보이는 물질계의 일이요, 마음의 세계인 실상계에서는 마음의 무한함이 자유롭다.

옛날에 오만권이라는 이름을 가진 고을 태수가 있었다. 그는 책 5만권을 읽고서 과거에 장원급제하여 일약 넓은 지역을 다스리는 태수가 되었다.

오태수가 자기 관할 지역에 계시는 큰 스님을 찾아 가서 부처는 어떻게 해서 태산을 겨자씨 안에 넣을 수 있는 가를 물었다. 큰 스님이 하시는 말씀이 "그대는 책을 5만권을 읽어 태수가 되었다는데 그대 작은 몸에 책이 5만권이나 들어갈 공간이 어디 있단 말이냐?" 이 말에 태수는 퍼뜩 깨우쳤다는 말이 전해져 내려온다.

마음은 크고 작음이 자유로워 한 점의 마음에 온 우주를 담을 수 있고, 온 우주를 가득 채우고도 남을 마음도 한 점의 마음도 담지 못할 수가 있다.

이 마음을 잘 알고 잘 다스려야 신인神人이 된다. 온 우주를 담은 마음이라도 한 티끌조차 담을 수 없는 마음이 될 수 있고,
한 티끌의 마음이라도 마음먹기에 따라 온 우주를 담을 수 있음이다.

현재심이 행복일 때 무의식이란 운명을 이긴다

뉴스에서 빈센트 반 고흐의 '몽마르트 거리'란 작품이 경매에서 178억에 팔렸다는 소식을 전해주었다. 그런데 고흐는 살아 생전에 단 한 작품도 팔아보지 못한 가난한 화가였다.

그런 그의 사후에 이렇게 자기 작품이 고가일지는 아마 본인도 몰랐을 것이다. 그의 작품 중 '아이리스'란 작품은 6천만 달러(약 678억 원)가 넘는 것으로 알고 있다.

누가 물었다고 한다.

"고흐 씨는 언제 가장 행복한가요?"

그의 답이 "지금 그리고 있지 않습니까."

즉 지금 그림을 그리고 있는 이 순간이 제일 행복하다는 뜻일 것이다. 운명이 아무리 그를 힘들게 했어도 그가 꿋꿋하게 그림을 그려 그의 작품이 후대에 많은 이들에게 아름다움과 영감을 주고 있으니 그의 인생은 성공한 것이다.(본인은 힘들게 살았지만 불자의 입장에서 보면 훌륭한 보살도를 행한 것이다.) 그냥 힘들다고 아무런 일도 하지 않았으면 그는 자기이름과 작품을 후대에 남길 수가 없었을 것이다.

현재에 집중하는 것!

그것만이 운명이란 또 다른 이름인 각자의 무의식을 이길 수가 있다.

도道가 무엇이냐는 질문에 '밥 먹을 때 밥 먹는 것이 도다.'라고 답한 옛 선사들의 의도 역시 우리가 현재에 집중하는 것이다. 우리가 기도하는 것, 명상하는 것, 108배 절하는 것, 수식관을 수행하는 것 다 알고 보면 현재심에 집중하라는 것이다. 우리가 재미있을 때, 가장 하고 싶은 일을 할 때 현재에 잘 집중한다.

이렇게 살아도, 저렇게 살아도 다 일체개고이다. 그럴 바에 수식관수행(들숨 관세음보살, 날숨 감사합니다. 하루 100번, 200번, 300번…) 다라니기도, 금강경독송기도, 사경기도 등등 해봄이 어떠한가!

재미없는 인생이라고, 행복하지 않다고 불평불만만 하지 말고, 부지런히 부처님께서 가르쳐주신 수행법을 하다보면 어느날 타고난 운명을 극복하고 훌륭한 보살도를 행하고 있는 자신을 발견하는 날이 올 것이다. 관세음보살 감사합니다.

주인의식

모 대학교 근처에서 김밥장사를 하셨던 할머니께서 평생 모은 전 재산을 대학에 기부하셨다는 기사를 읽은 적이 있다. 왜 그런 결정을 하셨을까? 학교 앞에서 학생들을 상대로 500원,

1,000원짜리 김밥을 평생 팔아온 할머니입장에서는 어느 날 학교가 자기 것이라는 생각이 들었을 것이다. 이름하여 주인의 식이다.

우리가 이 세상을 살매 한시바삐 세상의 주인이라는 의식을 가질 필요가 있다. 성인聖人이 된다는 것은 세상의 주인이 되는 것이다. 그 주인을 일러 아버지, 어머니라 부를 수도 있다. 그래서 사생자부四生慈父라 일컫는 부처님이 계시고, 하느님 아버지라 부르는 여호와도 계신다.

세상의 종일 때는 남을 원망하고, 남의 잘못이 남의 잘못으로만 느껴진다. 주인이 되면 원망할 남이 없다. 다 자기 탓이고, 자기의 부족함이라 생각된다. 그리고 남의 잘못도 나의 잘못이 된다. 좋은 것을 보면 같이 기뻐하고, 나쁜 것을 보면 같이 안타까워하고, 슬픈 일에는 같이 슬퍼하게 된다.

주인의 마음을 표현하는 좋은 말이 있다. '사무량심四無量心'이다. 중생을 기쁘게 하고, 중생의 슬픔을 그치게 하며, 중생의 기쁨이 나의 기쁨이 되며, 나를 버리고 일체중생과 평등한 마음이다.

이 마음은 세상의 주인이 되고서야 생길 수 있는 마음이다.

중생을 사랑하는 것은 중생을 기쁘게 하는 것이다. 다르게 표현하면 임을 사랑하면 임을 기쁘게 할 일을 해야 된다. 어떠하면 임을 기쁘게 할까 고민해야한다. 그것이 사랑의 시작이다.

중생의 슬픔을 그치게 하는 것은 내 사랑하는 임의 슬픔을

그치게 하는 것과 같다. 어떠하면 임의 슬픔이 그칠까 고민해
야한다. 그것이 바로 임을 사랑하는 것의 시작이다.

　세상 모든 존재와 평등한 마음을 모르는 수행자는 아직 갈
길이 멀다. 깨달았다 생각은 들지만 평등한 마음을 모르는 자
는 설익은 도과자道果者이다.

　남보다 나은 존재라 생각 드는 마음을 길들이는 법은 공경
하는 마음이다. 그래서 도道는 공경함을 닦는 것이다. 그렇게
한평생 살다보면 세상이 나를 공경하게 된다. 그래서 수천 년
동안 세상 사람들에게 공경을 받는 것이다. 천년을 공경 받고
나서야 그분이 성인聖人의 반열에 든다.

사무량심四無量心 기도문

모든 존재가 행복하소서.
더하여 행복의 인연을 짓게 하소서!
모든 존재가 괴로움에서 벗어나소서.
더하여 괴로움의 인연을 짓지 않게 하소서!
모든 존재가 고통을 넘어 행복으로 가게 하소서.
더하여 다시는 행복에서 멀어지지 않게 하소서!
모든 존재가 좋은 것은 가까이 하고,
싫은 것은 멀리 하려는 마음을 넘어 오로지 평등심平等心에 머
물게 하소서!

참회懺悔 기도문

뉘우쳐 잘못을 고치겠습니다.

하늘이 있어 내가 있음에도 하늘에 감사할 줄 몰랐고, 땅이 있어 내가 있음에도 땅에 감사할 줄 몰랐으며, 사람이 있어 내가 있음에도 사람들에게 감사할 줄 몰랐습니다.

내가 존재할 수 있는 허공이 있고 지금도 편안히 숨 쉴 수 있음에 감사합니다.

나를 포함한 지구의 모든 존재들에게 생명의 빛을 주는 해, 달, 별들에게 감사합니다.

파고 덮고 부수고 오염시켜도 묵묵히 있음의 도리를 다하는 땅의 모든 것에 진정 감사합니다.

나를 있게 한 나의 아버지, 아버지의 아버지, 또 그 아버지의 아버지 …….

나를 있게 한 나의 어머니, 어머니의 어머니, 또 그 어머니의 어머니 …….

이 모든 나의 아버지, 어머니에게 감사합니다.

이 모든 나의 아버지, 어머니의 후손인 나의 형제, 이웃들에게 그동안 마땅히 내 몸처럼 사랑해야 할 의미를 모른 체, 시기하고 질투하며 증오한 나의 잘못을 참회합니다.

조건 없이 사랑해야 할 나의 형제, 이웃을 나와 다름만 보고, 나와 같음을 보지 못한 나의 잘못을 진심으로, 진심으로, 참회합니다.

신명나게 사는 법

성직자들은 하느님, 부처님, 예수님의 길을 따라 가라 한다. 좀 더 솔직한 지금 심정을 밝혀보면 위의 말은 5% 부족한 말이다.

우리들이 진리의 속성을 따라가는 것이 삶의 이유인 것은 확실하다. 하지만 진리로 가는 길은 각자의 개성이 투영된 길로 가야한다. 석가모니는 석가모니의 개성, 예수는 예수의 개성대로 진리를 구현했다. 그러니 지금 나의 모습 역시 진리가 구현된 것이지 결코 진리와 다른 것이 아니다. 내가 걸어온 길에서 새로 난 길로 가는 것이지 처음부터 새로운 길로 가는 법은 없다.

다들 서울로 가야한다는 명제가 있다면 출발점은 각자 자기 방, 자기가 거주하는 집에서 출발한다. 그러니 각자의 출발점에 대해 인정하자. 출발점이 중간 경유지가 다르다 하여 원수 취급하고 적대적으로 대하지 말자. 가족, 연인, 부부, 동지, 친구, 도반 등등 지금 옆에 있는 사람들과 갈등이 있는 사람들은 있는 그대로의 모습들을 먼저 인정하는 법을 숙고해봐야 한다. 높은 산에서 마을을 내려다보면 마을전체가 다 한눈에 들어오고 마을길이 왜 저렇게 생길 수밖에 없는지 저절로 알게 된다.

자기 내면의 산을 높이는 법은 자신을 먼저 이해하도록 노력해야 한다. 잠재의식 속에서 지금 내 인생을 휘두르고 있는 상처받은 나의 영혼들을 찾아내고 인정하고, 사랑해주어야 한다. 그럴 때 남도 그렇게 이해해 줄 수 있고 사랑할 수 있다. 그렇게 하나씩 자기의식을 고양시켜가며 자기주변부터 이해하고, 사랑하자. 그것이 신명나게 사는 법이다. 내 주위를 사랑하지 못한 사람은 결코 신명난 인생을 살수 없다.

　도道는 이해하지 못할 것을 이해하고, 용서하지 못할 것을 용서하고, 사랑하지 못할 것을 사랑하는 것이다. 그러나 시작은 각자 자기내면의 잠재의식이다. 모두가 하나일진대, 모두가 '나'일진대 당연히 그 사랑은 시작과 끝이 같을 것이며, 위아래(과거와 현재, 미래: 사랑하는 이의 조상님들과 후손들), 좌우(가족, 주변친지. 친구)도 마땅히 같을 것이다.

　노파심에 덧붙이자면 한 번에 완벽해지는 법은 없다. 우리 모두는 별을 바라보며 걸어가는 나그네이다. 넘어질 수도, 길을 잘못 들 수도 있다. 하지만 별을 바라보는 것만큼은 잊지 말자. 결코.

인생에서 성공하는 법

인생에서 성공하는 법이나 기도해서 소원을 성취하는 법이 같다. 기도는 바라는 바를 이루기 위함이다. 그것을 위해서는 먼저 선행되어야 할 조건은 믿음이다. 그 소원이 이루어지리라는 믿음. 그 믿음이 당연지심이 되어야 한다.

　설사 잘못된 상황이 오더라도 과정일 뿐 나는 반드시 소원을 이루리라는 믿음을 가져야 한다. 그 믿음에 불보살님들의 가피가 내려진다. 가피는 몽중가피, 현증가피, 명훈가피가 있다.

몽중가피는 꿈속에서 불보살님들이 나타나 계시를 주는 것이요, 현증가피는 현실세계에서 기적같이 이루어지는 것이요, 명훈가피는 나도 모르게 이루어지는 것이다. 이 세 가지 가피 중 명훈가피를 최고로 친다.

명훈가피가 결국 나의 영혼을 성장시키고 궁극적인 깨달음과 행복을 가져다주기 때문이다.

믿음 다음에 필요한 조건이 집중이다. 오로지 한 마음에 집중하는 것이다. 집중력이 클수록 성취의 결과도 크다. 집중을 위해 불자들은 신묘장구대다라니 기도를 빠른 속도로 한다. 소리 내어 빠른 속도로 하다보면 다른 망상이 떠오를 사이가 없다. 경전독송도 좋고, 절수행도 좋다. 집중해서 하면 모든 것이 다 기도이다. 그렇게 하여 과거의 자기업식이 더 이상 현상계에 나타나지 않도록 하는 것이다.

'내가 낸데' 라는 마음이 멈추어지면, 나를 행복하게 하는 상황은 저절로 생겨난다. 이 모든 상황은 과거에 자기가 만든 업식의 과보이다. 자기 과보만 힘을 잃으면 현상계에서의 행복은 저절로 나타난다. 왜냐하면 우리 모두는 본디 다 부처이기 때문이다. 이렇게 해서 기도를 통해 행복을 맛본 사람은 자기 인생을 저절로 행복 되게 한다.

행복은 행복하다 하여 행복이 아니다. 행복을 모를 때 진짜 행복이다. 다 살고 나서 이 몸을 벗을 때 나는 정말 행복했구나

하고 알아챈다. 그 행복한 마음이 내생의 행복한 복을 받고 태어난다. 끝없이 계속될 중생의 삶에 이 정도는 알고 살아야 되지 않을까 싶다.

진정한 행복이란?

사람들은 조건이 갖춰져야 행복하다고 생각한다.
조건이 필요한 행복은 유위법이다.
조건이 없는 무위의 행복은 영원하다.
그것은 의식의 차원을 높이는 것이다.
'나'라는 의식을 넓이고 높이면 물질적 감성적 조건의 행복과
비교할 수 없는 행복이 있다.
다른 말로 깨달음이라고 한다. 즉 참 '나'를 찾는 것!
깨달은 자의 다른 이름이 아라한이라 한다.
아라한이란 번뇌가 끊어진 완전한 행복한 사람이란 뜻이다.

행복!
의식의 차원을 높이는 것이 진정한 행복이다.

성공과 행복의 생각

데카르트의 유명한 말 '나는 생각한다. 고로 존재한다.' 에 대해 숙고해보겠습니다. 우리는 자신 속에서 일어나는 생각에 대해 너무나도 큰 의미부여와 존재이유를 매긴다. 사실 우리에게 일어나는 생각은 우리 몸의 세포가 생성되고 소멸되는 것과 같다. 우리 몸의 세포는 지금도 생성되고 소멸된다. 생성되고 소멸되는 천 가지 생각 중에 단 하나가 우리를 변화시키고 개혁시키며, 발전하게 만든다.

생성하고 소멸되는 천 가지 생각 중에 10가지만 개혁과 발전의 생각에 긍정하고 동조한다. 나머지 990가지 생각은 개혁과 발전의 생각을 부정하고 신뢰하지 않는다. 마찬가지 이를 확대해서 인류전체에게 적용하면 천 명 중에 한명만 자기개혁과 혁신, 발전을 할 수 있고, 그 중 10명은 그러한 혁신적 아이디어를 동조, 긍정하며 추종한다.

나머지 990명은 그 혁신적 아이디어를 부정, 불신한다. 우리가 알고 있는 세계적 기업의 창업자들은 천 명 중 10명에 속하는 사람들이다. 빌게이츠, 잡스 등 그들은 혁신적 아이디어를 동조, 추종하였기에 지금과 같은 글로벌 기업을 만들 수가 있었던 것이다. 어떻게 하면 저 10명에 속할까 한 번 더 숙고해보면 답은 아주 간단하다.

상대를 보기 전에 먼저 '자기관찰'을 하면 된다. 자기에게 일어나는 천 가지 생각을 객관적으로 보는 연습을 하면 된다. 그리고 자기를 혁신, 발전시킬 수 있는 한 생각에 긍정, 동조하는 10가지 생각에 더 몰입하면 된다. '자기관찰'의 한 방법으로 명상을 추천한다.

명상은 3가지 구성된다. 1.집중, 2.자각=자기관찰, 3.판단중지(자기관점을 객관적으로 만드는 요소)로 되어 있는 것이 명상이다.

불교에서 사마타로 불리는 수행이 집중이다. 불자들이 하는 사경, 경전독송, 절 수행, 다라니기도 등등이 다 집중을 위한 것이다. 자각=자기관찰은 삼마발제, 또는 위빠사나로 불린다. 판단중지는 선나(참선)의 수행방법이다.

불교적 수행은 결코 현실세계와 뒤떨어진 수행이 아니다. 다만 수천 년 내려온 수행방법들이 현실과 동떨어진 관념적 수행으로만 받아들이는 대중들의 선택으로 말미암아 불교적 수행은 점점 현대인들의 선택에서 멀어진다. 참 안타까운 상황이다. 정말 현대인들의 선택적 특징을 잘 파악한 명상수행법이 절실한 작금이 아닌가 싶다.

사람은 어디서 왔나?

인류는 어디서 왔을까. 1859년 '찰스 다윈'은 생명 기원의 진화론을 주장했다. 즉 사람은 일종의 원숭이인 유인원에서 진화된 것이라는 적자생존의 이론을 제시했다. 어떤 도인道人은 창조주가 바닷가 모래에 알을 두개 갖고 와서 남자와 여자를 만들었으며 창세기 이전에 창조기가 있었다고 말한다. 창조론인 창세기 2장 7절을 보면 "여호와 하나님이 흙으로 사람을 지으시고, 생기를 코에 불어 넣어 시니, 사람이 생령이 된지라"하는 대목이 나온다. 이것은 천지를 창조하고 다음 6일째 되는 날 마지막으로 사람을 창조했다는 것이다.

사람을 흙으로 만들었다는 성경의 말씀을 곧이곧대로 믿는 이는 없을 것이다. 삼라만상 모든 존재는 그냥 그대로 존재해 왔을 뿐이다. 사람을 비롯한 모든 존재는 과거 현재 미래를 통틀어 없었던 적이 없었다. 따라서 사람은 원래부터 있었다. 여기에 대해서는 다시 언급할 것이다.

태어나기 1백 년 전에 그대는 존재했는가, 존재하지 않았는가? 존재했다면 어떤 모양이었는가? 태어나기 전 그대는 어머니와 아버지 안에 반반씩 있었을 것이다. 그렇다면 1백년 후에 그대는 존재하는가, 하지 않는가?

프랑스 화학자 라보아제는 "어떤 것도 창조될 수 없고, 소멸될 수도 없다"고 말했다. 생명, 존재는 시간과 마찬가지로 시작도 끝도 없다.

우주 본체에서 보면 생과 사는 존재의 장소를 이동한 것에 불과하다. 우리들의 나고 죽음은 본디 오고 감이 없는 것이다. 즉 우리는 온 바도 간 바도 없다.

인간은 왜 태어났는가?

인간이 태어난 목적은 인간의 근원이자 창조자인 신성神性의 본질을 깨닫는 데 있다. 그 신성은 '참 나'의 내면에 항상 자리잡고 있다. 그렇다면 참 나는 무엇인가. 존재하는 것과 존재하지 않는 모든 것이다. 삼라만상과 눈에 보이지 않는 모든 존재, 그것은 바로 우주 자체다.

나는 우주의 한 조각이면서, 그 한 조각인 나는 또한 우주이기도 하다. 인간이 하나의 잎이라면 우주는 본체인 것이다. 그러나 인간은 개체인 내 몸 자체가 '나'인줄 알고 살아간다. 언뜻 생각하면 우주 전체가 '나'라니 참으로 어처구니없는 주장이라고 여기기 십상이다. 그렇다. 이 어처구니없는 사실이 진리인 데야 어쩌랴.

우리가 인간으로 태어나지 않고 다른 생물체로 태어났다면 굳이 진리를 이야기할 필요조차 없다. 그저 주어진 자연환경에 따라 다음 생으로 자연스럽게 넘어가면 되기 때문이다. 그렇지만 만물의 영장靈長으로 모양을 갖춘 사람이라면 영장으로서의 응분의 일을 하지 않으면 안 된다. 그 일이란 바로 '나'의 본질이 무엇인가를 확연히 아는 것이다.

따라서 인간에게 주어진 참된 소명은 진정한 자아, 즉 본래의 모습을 찾기 위해 노력하는 것이다. 인생이라는 교육장에서 본래의 자기를 찾지 못하고, 그대로 무대를 내려간다면 항상 그 상태가 될 것이며, 결국 윤회를 벗어날 수 없다. 육신을 가지고 무대에 섰을 때만이 참 나를 찾을 수 있다는 점을 명심해야 한다.

천상계의 삶의 질이 인간계에서보다 나은 것처럼 보일 수도 있다. 그러나 영혼의 스승들은 인간의 삶이 훨씬 더 가치 있다고 말한다. 왜 그럴까. 다름 아니라 우리에게는 깨달을 수 있는 의식과 지적 능력이 있기 때문이며, 인간 세계에 널리 퍼져 있는 고통이 그 자체로도 영적인 변화를 위한 자극이 되기 때문이다.

게오르규는 인간이 육신을 받아 태어난 것은 '영혼의 진화'에 있다고 말했다. 사람들은 물질적인 잣대를 가지고 행복과 불행을 판단한다. 그러나 영혼의 눈을 뜨고자 하는 노력을 하지 않는다. 인간이 어떤 환경에 태어나건 영혼이 눈을 떠 신성神性을 발휘할 기회는 만인에게 공평하게 주어져 있다.

영광된 몸을 위하여

사람은 직립 보행을 한다.

이 말은 사람의 존재는 수직적 질서라는 뜻이다.

수직적 질서는 선과 후를 말함이니 먼저와 나중이 있다는 뜻
이다.

그 질서에 순응할 때 자신이 영광된 몸이 될 수 있다.

영광의 몸을 위해서는 먼저 나에 앞선 분(조상님, 선인)들을 영광
되게 하라.

그리고 나서야 질서에 순응한 천추千秋에 영광된 몸이 되리라.

지금 현시대의 인재상

현재는 4차 산업 혁명시대이다. 여러 기술이 융합되고 여러 사람들과의 협력이 필요한 시대이다. 예전에는 자기만 잘하면 조직과 사회에서 인정받을 수 있었지만 이제는 그렇지 않다.

현시대의 인재상은 '남을 성공시킬 수 있는 사람'이다.

남을 성공시킬 수 있는 사람은

① 상대에게 질문하는 사람이다.
   상대에게 호기심을 가지고 상대에 대한 정보를 알고 기억하려는 사람이다. 입에 발린 칭찬보다 자신이 이해하지 못한 부분을 이해해서 상대에 대한 깊은 앎을 취하려는 사람이다.

② 상대에게 조언해주는 사람이다.
   남에게 조언하는 것이 사회생활에서는 조심스럽다. 오히려 손해를 볼 수도 있다. 그럼에도 불구하고 조언해주는 사람이 있다면 그 사람은 나를 성공의 길에 이끌어주는 훌륭한 스승이다.

③ 상대의 감정 상태를 느끼고 안부를 물어주는 사람이다.
   사람의 인격은 생각, 행위, 감정으로 이루어져 있다. 감정을 교감할 수 있는 사람은 상대의 인격자체를 자신과 동일한 인격으로 취급한다는 뜻이다.

감정의 교감이 있고난 다음 동등한 인격주체끼리 협업과 융합이 가능한 4차 산업 시대의 인재가 될 수가 있다.

행복하기

상담전화를 받다보면 다들 같은 질문이 나온다. '언제쯤 이 어려움을 벗어날 수 있습니까?'라는 것이다. 우리는 다들 안다. '일체유심조!' 지금 이 처지가 자신들이 만든 것임을.

다들 알지만 현재 이 어려움과 고통에 절어있다. 그 말은 과거 의식 속에서 조금도 벗어나지 않고 있다는 것이다. 과거는 지나갔고 현재도 지나가고 있다. 과거심불가득, 현재심불가득이건만 우리는 과거와 이별하지 못한 채 현재 이 순간을 과거로 계속 점철하고 있다. 어떻게 하면 행복할 수 있을까? 숙고해 본다.

　우리는 흔히 미래에 행복할 것이라는 막연한 기대감에 산다. 그런데 현재에 행복의 씨앗을 뿌리지 않으면 행복이라 불리는 현상계는 나타나지 않는다. 지금 이 순간 행복의 감정을 뿜어 대지 않으면 행복의 현상계는 오지 않는다.

　지금 나의 경우를 열거해보겠다. 학교 주차장에 도착했다. 요즘 교사들이 차들을 많이 교체해서 주차장에 신차들이 즐비해 있다. 외제차들도 보이고, 하이브리드 차들이 눈에 많이 띈다. 교사들이 신차로 많이들 바꾸었으니, 출퇴근시간이 즐겁겠구나. 교사들이 즐거우니 학생들에게도 좋은 영향을 끼치겠구나하는 생각이 드니 나도 기분이 좋다.(눈앞에 나타난 현상에 다 좋다는 긍정심 가지기)

　교정을 지나치다 학생들을 만나면 서로 기쁜 인사들을 나눈

다. 작은 일에도 관심을 가지며 학생들과 교감을 한다. 작은 일이지만 학생들은 내가 관심을 가지는 것 자체가 기쁨이요 행복이다.(작은 기쁨, 행복의 감정 만들기, 타인과 더불어 자신도 기뻐하기)

학교일정을 마치고 집으로 돌아오는 길, 울창한 2km의 벚나무 가로수 길을 지나치며 14만km을 주행했지만 지금까지도 잘 달려주고 있는 이 차와 더불어 (감사하고 행복하기) 내가 처한 환경에 '나는 참 행복하구나. 라는 감정을 느낀다.

우리가 살고 있는 우주는 시간+공간이다. 시간을 느끼면 공간은 저절로 따라온다. 지금 이 순간에 행복의 감정을 느끼게 되면 행복의 공간은 저절로 따라온다.

내일 지구가 망한다해도 오늘 사과나무 한그루를 심는다는 스피노자의 말은 절대 공허한 말이 아니다. 부정심을 버리고 긍정심으로 마지막 하루일지라도 긍정적 마음과 행위를 하는 것! 이것이 우리를 행복하게 만든다. 부정적 현실일지라도 긍정심을 가지는 것. 이것이 우리를 행복하게 만든다.(부정적 감정에 결코 자신을 빼앗기지 말자.)

현재 이 순간의 당연함에 감사하자. 땅이 땅의 자리에 있음에, 하늘이 하늘의 자리에 있음에, 나의 팔다리가 잘 움직이고 있음에, 나를 괴롭혔거나 즐겁게 해주던 나의 이웃들이 있음에 감사하자.(혼자서 3년 정도 산속에서 살아봐라. 지나가는 바람도 반갑고, 작은 벌레, 새들도 반갑다.)

도시생활을 하는 수행자들은 이렇게 감사하면 된다.

비가와도 푹푹 빠지지 않고 말끔히 걸어 다닐 수 있는 보도

위를 걸어 다닐 수 있어 감사한다. 걷다가 버스나 지하철을 타면 멀리 걸어 가야할 길을 타고 갈수 있어서 감사한다. 직장이나 이웃들 중에 미운 사람이 있으면 그래도 내가 살아 있으니 저런 미운 사람도 만날 수 있다. 내가 아직 숨 쉬고 살아있음에 감사한다… 등등.

지금 나의 환경과 이웃들의 있음에 감사할 것을 찾으면 충분히 감사함을 찾을 수 있다.

감사의 생각을 자꾸 하다보면 감사의 감정이 생긴다. 감사의 감정이 생기면 마음은 일체유심조하여 감사의 환경을 만들어 낸다. 먼저 감사의 시간을 만들자. 감사의 시간이 있고서야 감사의 공간이 생긴다. 이것이 지금 이 순간 행복하기이다.

교만과 비굴함은 같다

복잡다단한 사회를 살아가는 이 시대의 우리들이 당당함을 갖추어 살아가기가 참 힘들다. 눈앞에 보이는 실리를 따라야만 생존할 수 있는 이 사회에서 당당한 아름다움을 가지고 살아가는 것이 불가능 할 수도 있다. 하지만 그 길이 마땅히 있다면 최선을 다해 그 길을 가야만 하지 않을까?

교만한 자!
사실은 알고 보면 불쌍하기 그지없는 자다.

본디 자기 것이 하나도 없는데 마치 자기 것 인양 착각하는 데서 연유하는 것이 교만이다.

현상계의 모든 것은 때가 되면 일어나고 때가 지나면 사라지는 것이 이치이다.

영원이란 시간 속에 찰라 같이 나타났다 사라지는 그 무엇이 나의 것이라 집착하여야만 자기만족이 되는 어리석고 불쌍한 자이다.

비굴한 자!

없음이란 현실에만 집착하여 꿈을 잃고 눈앞에 나타난 빈곤한 물질계에만 마음 빼앗겨, 가지고 싶은 욕망의 마음을 숨긴 채 남들 앞에 겸손한 체 할 수밖에 없는 처절하리만큼 못난 사람이다.

이런 사람은 남들보다 좀 더 나은 작은 물질이라도 갖추는 날 저절로 교만한 자가 된다.

이런 의미에서 교만한 자나 비굴한 자는 같은 자이다.

당당함을 갖춘 자는 사실 자기가 없는 사람이다.

좀 더 자세하게 표현하자면 자신만을 위한 사사로움이 없는 자이다. 전체를 생각하고 전체를 위한 행동을 하는 자의 몸짓, 마음 짓에는 천하가 담겨 있는 당당함이 배어져 나온다.

며칠 전 대한민국의 지도층에 있는 분들을 만난 적이 있다. 그 분들의 공통된 점은 당당함이었다. 사사로운 이익을 추구하는 것이 아니라, 한 국가의 공익을 추구하는 자들의 언행과 생각에는 정말 당당함이 배어져 있었다.

내가 존재하는 이유를 자신만을 위한 것이라는 유아적 생활 가치관을 가지고 살아가는 자는 언제나 교만과 비굴함이 숨어 있다.

우리 모두는 각자이지만 그 각자 하나하나는 우리 모두를 위한 존재이고, 우리 모두의 존재는 각자를 위한 존재임을 마음속 깊이 새겨, 당당함으로 이 한 인생을 살아가는 행복한 사람들이 되었으면 한다.

존재의 근원

우리가 살고 있는 광활한 우주의 끝 그 다음은 무엇이 있을지 생각해본 적 있는가? 학창시절 도서관에서 다른 사람들은 시험공부 할 때 나는 전공서적은 보질 않고 천문학과 물리학서적을 보았다. 그런 본능적 의문은 결국 나의 근원에 대한 것임을 후에 알았다.

우주의 끝은 없음이다. 지금 우주의 시작 전 역시 없음이다. 존재는 결국 있음과 없음이 합쳐진 것이다. 없음에서 있음이 나왔고, 있음의 끝은 없음이다. 있고 없음이 존재의 모든 것이다. 있음만 보았다면, 없음만 보았다면 존재는 다 본 것이 아니다. 있고 없음을 있게 한 바탕은 있고 없음의 차원이 아니다.

우리가 흔히 마음이라 불리는 존재는 사실 있고 없음의 차원적 존재가 아니다. 우주의 시작과 끝을 있게 한 바탕이 마음이다. 마음은 마음이라 불리기 전까지는 무엇이라 부를 수 없는 존재이다. 있는 것도 아니고, 없는 것도 아닌 그 존재를 우리는 마음이라 부르기로 한 것이다.

마치 바람이 불기 전의 허공과 바람이 부는 상태의 허공을 연상하면 된다. 바람은 바람이 일어나는 순간 바람이 된 것이요, 바람이 멈춘 순간 있고 없음과 아무 상관없는 존재가 된 것인데, 바람이 그쳤으니 바람이 없다라고 말하는 것이다. 있다 없어졌으니 없다 하는 것일 뿐, 처음부터 불지 않았다면 바람이라 말할 것이 있을까?

도道를 도라고 하는 순간 도가 아닌 것이 바로 이런 이치이다.

우리가 도道라고 가진 관념은 실상 도가 아닌데, 우스운 것은 그 도를 가지고 옳은 도이니, 그른 도이니 다툰다. 이순耳順을 지나가니 다 들리기 시작한다. 얼마 전까지만 해도 옳고 그름에 목매달았던 것 같았다. 중요한 것은 옳고 그름 이전의 우리들이다. 진정 중요한 것은 잊어버리고 있는 것이다.

듣게 되고 보게 되니 옳고 그름보다 안타까운 마음이 더 든다. 세상을 어지럽히는 자칭 도인이요, 스승이요 하는 분들을 보면 본인도 업을 지을 뿐만 아니라 순진한 대중들을 현혹시켜 대중전체를 오도의 세계로 끌고 가니, 그 분의 업이 얼마나 지중할 까 생각하니 그저 안타까울 뿐이다.

자신이 특별해서 특별한 호칭을 쓰거나, 복장을 남들과 다르게 하는 자들의 심리는 어떠할까? 과연 눈앞에 대중들과 자신이 지극히 평등한 존재라는 것을 느끼면서 그 자리에 있을까 하는 의구심이 든다. 진정 중생구제를 하고자 한다면, 진정 세상을 구할 책무의 보살도를 하는 자라면 어떤 자세, 어떤 모습으로 우리 곁을 왔을까 잠시만 생각해도 답이 나온다.

그러나 대중들은 특별한 호칭, 특별한 복장에 현혹되어 그가 자신과 달라서 그의 말에 신뢰성을 더 두고 싶어 한다. 도산공원에 가면 안창호선생님의 유언이 있다. '조선에 인재가 없다고 탓할 것이 아니라, 자신들이 스스로 인재가 될 생각을 하라' 똑같은 내용은 아니지만 비슷한 메시지일 것이다.

이제 뛰어나다고 착각하고 있는 남에게 기댈 생각지 말고, 스스로 하늘이 원하는 사람다운 사람이 되어 봄이 어떠한가!

| 제 3 장 | **나는 누구인가?**

'나'는 누구인가?

'나'가 누구인지도 모른 채 우리는 살고 있다. 그냥 살아가니 살아간다. 누가 살아가는 지도 모른 채 무엇 때문에 살아가는 지도 모른 채 살아있으니 살려고만 발버둥 치다 죽음을 맞이한다. '나'가 누구인지도 모르면서 '나'라고 믿는 육신과 마음을 편하게 하기 위해 온갖 선행과 복덕을 쌓아 더 잘살려고만 한다. 그것을 경계한 달마대사의 말이 다음과 같다.

"만약 제가 저의 본성을 보지 못한다면 부처에게 빌고 경전을 독송하며, 공양물을 바치고 계율을 지키며 불법에 헌신하고 선을 행하더라도 깨달음을 성취할 수 없습니까?"

그렇다. 그대는 깨달음을 성취할 수 없다.

"왜 성취할 수 없습니까?"

그대가 어떤 것을 성취한다 해도 그것은 모두 조건에 따른 것이며 업에 따른 결과다.
그것은 인과응보의 결과다. 그것이 윤회의 바퀴를 돌린다.
그대가 삶과 죽음의 바퀴 속에 매여 있는 한 그대는 결코 깨달음을 성취할 수 없다. 깨달음을 성취하기 위해서는 그대는 자신의 본성을 보아야 한다. 자신의 본성을 보지 못하는 한 원인과 결과에 대한 이 모든 말들이 무의미한 것이다.
_『달마선어록』

　내가 누군지 먼저 알아야 한다. 그다음에 실천이다. '나'답게 살아가는.

인생의 중요한 순서?

　① 살되 무엇이, 누가 사는지 먼저 알아야 한다.
　'나'라고 불리는 실체를 찾지 못하면 세상의 것을 따라가 세상이 변할 때 따라 변하고, 멸할 때 따라서 멸한다. 진시황, 이집트의 파라오 등과 같이 영생의 삶을 구한 이들은 세상의 모든 것을 누려본 자들이다. 우리들도 모든 것을 누려 보았다면, 영생을 구하려 할 것이다. 그 영생을 구하는 길을 일러준 이는 예수님이시다, 'Self means an Eternal'이라고 영문성경에 쓰여 있다. '내가 곧 영생이니라.'라고 해석하는데, 예수님 자신을 지칭하는 것이 아니라 각자의 자신을 두고 한 말이다. 각자자신 속에 답이 있다. 우리는 먹고 사는 것을 제일 중요하게 생각할 것이 아니라, 삶의 한순간 한순간에서 꿈을 깨고 참자아를 찾아보는 것이 더욱 중요함을 알아야 한다. 살기 위해서 사는 것이 아니라, 자아를 찾기 위해 사는 것이다.

② 나를 찾았으면 나를 알아야 한다.

만법유심萬法唯心이라 나는 결국 마음일 뿐이다. 나의 마음을 돌이켜 성찰, 관조해야 한다. 마음의 흐름과 변화를 관찰하여 마음에 달통해야 한다. 그래서 대승불교의 시작을 중관학*과 유식학**으로 간주한다. 요즘 월요일 수업에서 유식학에 대해 많은 시간을 할애하고 있다. 바로 나=마음을 아는 공부에 중점을 두고 있다.

③ 나를 알았으면 나를 증명해야한다.

증명이라 함은 내가 보고 만지고 느낄 수가 있을 때를 말한다. 마음공부 초심자들에게서는 자기마음을 증명하는 단계가 쉬울 수도 어려울 수도 있다. 처음에는 산들바람처럼 스쳐지나가는 나의 마음 흔적들이 점점 집중할수록 태산처럼 느껴진다. 그래서 한마음이 삼천대천세계임을 자각하게 된다.

④ 나를 알고 나를 증명해야만 나를 바로 쓸 수 있다.

똑같은 사람인데 어떤 이는 큰일을 이루어 내고 어떤 사람

---

* 　중관中觀 ①삼관三觀의 하나. 공空이나, 여러 인연의 일시적인 화합으로 존재하는 현상의 어느 한쪽에 치우치지 않는 진리를 주시함. 공空과, 여러 인연의 일시적인 화합으로 존재하는 현상은 둘이 아니라고 주시함. ②서로 대립하고 있는 그릇된 개념을 연기법으로 타파하여 분별과 집착이 소멸된 공空을 주시함.『시공 불교사전』

** 　유식唯識 모든 차별 현상은 오직 인식하는 마음 작용에 지나지 않는다는 뜻. 일체는 오직 마음 작용에 의한 이미지에 불과하다는 뜻.『시공 불교사전』

은 이루어내지 못한다. 쓰는 방법이 틀렸기에 그러하다. 나의 바람을 오로지 나의 욕심을 바탕으로 움직이는 이는 세상일이 너무 어렵고 힘들 것이다. 하지만 나의 바람=서원이 무위의 행이고(적멸한 나의 마음상태), 대지혜 광명의 힘을 일의 바탕으로 삼는다면 큰일을 이루어 낼 수 있다. 많은 이를 열반에 들게 하는 것, 많은 이를 행복하게 하는 것에 나를 쓸 수 있을 때 인생의 가치와 보람을 찾을 수 있다.

그 외의 일들은 다 고통이요, 무상함이요, 자기 인생에서 손님이 될 뿐 목숨이 다할 때 허망함에 몸서리를 칠 것들이다.

나만이 나인가?

'나'만이 '나'인가?
'나'를 있게 하기 위해서 수많은 '너'들이 모여서 '나'를 이루나니
'나' 는 곧 '너'로다.

'대한민국'만이 '대한민국'인가?
'미국'만이 '미국'인가?
'중국'만이 '중국'인가?
'일본'만이 '일본'인가?

우선 '나'를 먼저 깨달아야 한다.
그리고 '우리'를 깨닫자.
'우리'가 '우리'를 깨달았을 때 세계평화는 온다.
어찌 마음공부가 그냥 공허한 것이라 말하는가?
가장 현실적이고 나를 세계를 평화롭고 행복하게 할 수단이
아닌가?

한 물건과 그 사람

세상에 한 물건이 있는데
보지 못하는 사람이 보고
듣지 못하는 사람이 듣고
알지 못하는 사람이 안다.
한 물건에 대해선 물을 것도 알 것도 없다만,
안다 하는 그는 누구인가?

아상我相

누구든지 자기 목숨을 구하려 드는 사람은 잃을 것이며, 자기 목숨을 잃는 사람은 얻을 것입니다. — 루가복음 17:33

자기 목숨에 연연하고서는 절대 법을 구할 수가 없다. 법을 구하지 않으면 자유인이 되지 못하니, 살아서나 죽어서나 육체의 노예가 되어 빚쟁이로 산다.

육신에 집착이 강한 사람은 스스로의 아상 또한 강하다. 아상— '내가 나인데'라는 이 상은 언제나 최고의 자리에 있다. 어제도 최고였고, 그제도 최고였고, 1년 전에도 최고였다. 하지만 지금까지 우리는 최하의 자리에 머물며 더 높은 자리를 구하고 있다.

자신의 아상을 최하의 자리에 둔다. 그런 사람은 반드시 내일에 최고의 자리에 올라 더 이상 오름이 필요 없는 무상정등각을 이룬다.

자신 속에 있는 특히 야심과 허영심에 대해서도 돌아보자.

"야심이 얼마나 도나 종교적인 문제에 쉽게 들어오기 쉬운지, 허영이 미덕과 악덕, 순수와 부패, 선과 악 등의 심판자로 되어 수많은 사람들을 고통 속에 빠뜨리는지 실제 가해자 자신들은 모른다.

그 가해자들이 종국에 가서는 자신들 역시 피해자가 되어 지옥심에서 허덕이게 되는 것은 자명한 일이다."

행복은 나로부터

신앙인들이나 수도자들이 범하는 오류는 자신의 행복을 미루고 남의 행복을 추구하는 것이다. 그러나 먼저 자신의 행복이 무엇인가 찾아야 한다.

자신의 행복이 무엇인지 모르는 자가 자칫 남의 행복을 위할 수가 있을까?

먼저 자신의 행복을 마음의 평화에서 찾아야 한다. 마음의 평화는 적정寂靜에서 나온다. 남다른 감정이나 가짐(집착)에서 나오는 것은 곧 고통이 된다.

내가 남을 위하는 것이 행복이어야 하는데 그 속엔 곧 남이 나라는 당연성이 전제되어야 한다. 그리고 무위無爲의 행行이어야 한다.

그런 의미에서 수행의 목적을 두 가지로 가져야 한다. 하나는 자신의 불성에 대한 공경심이요, 다른 하나는 안이비설신의의 아상을 꺾는 것이다. 두 가지를 동시에 닦는 곳이 있으니 그곳이 절寺(사찰)이다.

눈앞에 부처를 보고 자신의 부처로 알며 예를 다하고, 눈앞에 부처를 보며 자신의 '내가 낸데'라는 아상을 꺾는 곳.

그 곳이 바로 절寺(사찰)이다.

그래서 수행도량이 필요하다.

그리고 함께하는 수행이 필요하다.

혼자서 하는 수행에는 아상을 더 집착하는 경향이 있다.

자신보다 못한 이를 섬기고 가는 이는 결코 틀린 길을 갈 수가 없다.

내 행복의 기준은 '나'이어야 한다

우리가 흔히 하는 실수가 남이 세운 기준으로 행복을 가늠하는 것이다. 하지만 진실로 내가 행복한 것을 놓치게 되면 아무리 남이 보기에 좋은 행복일지라도 내게는 불행이 된다. 좋은 직장과 잘 생긴 외모의 배우자와 결혼하면 행복할 것 같은 이가 결국 이혼하는 경우를 보았고, 심지어 부모가 바라는 이와 결혼해서 불행해지는 경우도 보았다.

우리는 자기가 원하는 일이 무엇인지 원하는 일을 해서 내가 진정 행복해 할 것인지 자신을 가늠해 보아야 한다. 자신이 원하는 것이 지금 당장 가족과 지인들의 인정을 받지 못할 지라도 자신이 원하는 삶을 살아야 한다. 자신이 원하는 삶을 산 자는 설사 좋은 결과를 보지 못하더라도 남을 원망하지는 않을 것이다.

그러나 타인이 원하는 삶을 살아서 행복해지지 않는다면 결국 남을 원망하게 될 것이다. 외부로 표출하지 않더라도 마음 깊은 의식 속에는 가까운 이에 대한 원망이 자리 잡을 것이다. 그 의식은 내생까지 가게 되어 그러한 일들은 가까운 이에게 다시 반복하도록 하는 업을 만들게 된다.

마음공부를 잘 하면 자기 전생과 가족과 주변인들의 전생인연을 보게 된다. 다들 서로 간에 청산해야 할 업으로 부부와 가족, 친척, 친지들이 되어 있음을 볼 수 있다. 마땅히 사랑해야 할 사람을 사랑하지 못했을 때, 이해해야 할 사람을 이해하지 못했을 때, 마땅히 용서해야 할 사람을 용서하지 못했을 때 부부, 부모자식, 형제, 친척, 친지로 묶이는 인연이 된다. 그래서 마땅히 용서하고, 이해하며, 사랑하게 된다. 그래서 그 업보가 다하게 된다. 우리가 현상계로 자꾸 환생하는 이유는 간단하다. 마땅히 이해해야 할 것을 이해하지 못해서, 사랑해야 할 것을 사랑하지 못해서이다. 그래서 이런 말이 있다.

도道는 이해하지 못할 것을 이해하는 것이며, 용서하지 못할 것을 용서하는 것이며, 사랑하지 못할 것을 사랑하는 것이다.

창조시대-1

수렵시대, 농경시대, 산업시대, 정보화시대를 거쳐 이제 창조시대에 접어들었다. 창조를 위한 조건을 나는 이렇게 말하고 싶다.

첫째, 자유이다.

창조를 위해서는 먼저 자유라는 덕목을 가져야 한다.

자유는 스스로 이유가 되는 것이다. 그 어떤 목적이 있는 것이 아니고, 사랑하면 사랑하는 행위 그 자체가 이유가 되는 것이지 다른 목적이 있어서 안 된다.

이 자유성을 얻기 위해서는 '~할뿐'이라는 도행道行을 해야만 한다. 그리고 과거를 닫아야 한다. 과거가 있는 자는 창조성을 가질 수가 없다.

자유의 덕목은 대나무를 연상하면 된다. 대나무는 곧고 바르게 자란다. 대나무가 곧고 바르게 자를 수 있는 것은 좀 자라면 과거를 닫고 과거를(대나무 속을) 텅 비운다.

겉은 있지만 속은 없다. 사람도 그와 같은 사람이어야 곧고 바른 사람이 되고 하늘을 창조의 캔버스로 활용할 수 있는 창조인이 될 수 있다.

창조시대-2

창조를 위한 덕목 중 2번째는 자재自在이다.

스스로 자自, 있을 재在.

스스로 있다는 뜻은 어떤 의미일까?

바로 남이 없다는 뜻이다.

모두가 '나'이기에 선악이 없으며 옳고 그름의 시비가 없다.

불상생의 계를 논할 필요도 없다.

내 손가락을 내가 먹었다면 그것이 살생인가? 죄인가?

하지만 모두가 나라면 전체의 나를 위하는 것이 당연할 터 모두의 나를 가치 있게 하는 것이 당연지심이 아닐까? 검소, 절

약 ……. 그러한 단어가 필요 없다.

사람 몸에 있는 세포의 수가 약 70조개라 한다.

지금 이 순간에도 세포는 생과 사를 반복한다.

이 세상에 있는 생과 사를 내 몸의 세포들로 비유해보면 된다.

죽음 역시 존재를 위한 것이고 생 역시 존재를 위한 것이다.

생과 사를 하나의 존재로 보고 나로 볼 줄 아는 지혜가 있어야
자제력이 생긴다.

그 자제력을 갖추어야 관觀이 된다.

그 때에 관觀자재보살이 되고,

그 자제력이 갖추어야 우리 모두를 위한 지혜智慧가 생긴다.

그 때에 지智자재보살이 되고,

그 자제력을 갖추어야 목숨(명命)을 자유자재로 결정한다.

그 때에 명命자재보살이 되고,

그 자제력을 갖추어야 생生을 자유자재 선택할 수 있다.

즉 어느 곳에 어느 시기에 태어날 것인가를 스스로 할 수 있다.

그 때에 생生자재보살이 되고,(달라이라마의 환생이나, 일타스님께서
미국중생의 구제를 위해 미국에서 환생하시겠다고 하신 사례)

그 자제력을 갖추어야 재財(재물)를 자유자재로 만들 수 있다.

그 때에 만중생의 생계와 행복을 위해 재물을 벌고 쓰는 재財
자재보살이 된다.

창조시대에는 위와 같은 보살의 덕목을 갖추어야 각 분야의
최고가 되고, 한 그룹의 책임자가 되며, 국가와 세계를 이끌어
갈 수 있는 지도자가 된다.

이제 마음공부하지 않으면 행복하게 살 수 없는 시대가 온 것이다.

마음공부하고 사랑하며 살자.

창조시대-3

창조시대의 3번째 덕목은 자비慈悲이다.

자慈는 사랑이다.

사랑은 우리 흔히들 남녀 간의 사랑을 연상하지만, 그 사랑은 짧게는 6개월, 길면 3년이면 끝난다. 이상적인 이성異性을 만났을 때 느끼는 사랑은 우리 뇌에서 분비되는 사랑 호르몬에 의해 생긴다. 정신적 사랑이라 착각하지만 사실 육체적 사랑이다.

그러다 집착을 사랑이라 착각하지만 그것은 사랑이 아니라 병이다. 집착과 목적이 있는 사랑은 불행한 결과가 생기기도 한다.(참 사랑은 하여도 한 바가 없는지라, 집착도 목적도 없다. 그냥 사랑할 뿐이다.)

자비慈悲의 자慈는 일체심에서 나오는 사랑이다. 나를, 남 아닌 나를 사랑하는 것이 수승한 사랑이다. 결국 깨달음이 가져다주는 사랑이다.

비悲는 사랑하는 임들의 고통을 먼저 알고 해결해주는 행위를 말한다. 사랑하기엔 임들이 도와 달라 하기 전에 먼저 해결해주려 노력한다. 이러한 마음을 관세음보살의 마음이라 한다.

임들의 고통을 해결하기 위해 사랑하다 보면 어느 날 나에게 무한한 창조력이 있음을 깨닫게 된다.

관세음보살

나는 나 하나뿐이다.
그래서 나는 고독하다. 애절하게.
그래서 나는 사랑한다. 애절하게 나를.
그래서 나는 나를 다 행복하게 하기 전에 열반에 들지 못한다.
그래서 나는 부처가 되지 않는다.
온 우주의 나가 부처가 되기 전에.

고故 공군 이모중사의 사건을 보며

공군 이모중사의 부친께서 통곡하시는 장면을 보면서 군대라는 조직 안에서의 성폭력사건에 대해 숙고해본다. 삼독의 하나인 탐욕 중 성욕이 사람을 죽게 하고, 살아있는 가족들에게 씻지 못할 상처를 안겨 준 것은 우리 모두가 인성교육에 소홀한 과보가 아닌가 한다. 오래 전에 정신세계사의 기자와 인터뷰한 내용을 다시금 연상하면서 서술해 본다.

수행자는 1단계, 먼저 자신의 이름과 이별해야 한다. '나'라는 개체성을 돌아보며 그 개체성이 결코 자신이 될 수 없음을 자각하여야 한다. 그냥 이름일 뿐. 그냥 인연의 조합일 뿐. 특별한 '나'는 존재하지 않음을 자각하여야 한다.

2단계, 내면에 내재되어 오랜 시간 저장되어 있는 남자·여자라는 성에 대한 집착과 이별해야 한다. 높은 도道를 행하는 남성수행자는 백호白虎와 이별해야 하고,(백호는 남성의 정액을 말함) 여성수행자는 적용赤龍(붉은 용은 여성들이 매달 하는 달거리행사를 말함)과 이별해야 높은 도에 든다.(삼계 중 무색계의 경계에 접하려면 반드시 남성과 여성에 대한 집착을 놓았을 때 가능하다.)

3단계, '내가 사람이다.'라고 나도 모르게 집착하고 있는 것과 이별해야 한다.(흔히 X새끼라는 욕을 들으면 화가 나는 이유)

4단계, '내가 사람이 아니더라도 살아있는 존재'에 대한 집착 역시 넘어서야 한다.(우리 내면에는 반드시 존재해야 한다는 강한 집착이 있다.) 이 존재에 대한 집착은 죽어서도 없어지질 않고 에너지체로 존재한다.(이름하여 영혼이라 불리는 존재이다.)

5단계, 비존재非存在의 나와 하나 되는 단계이다. 공성空性의 또 다른 나를 만나는 단계이다. 공성의 나에서 계속 머물 수가 없다. 공성에는 끝없이 생성·소멸 되는 '나'를 만나게 된다. 존재의 모든 것이 나오는 자리요, 소멸되는 자리이다.

이 5단계에서 다시 4단계로 환원해야 한다. 이때 존재의 모든 것과 다시 하나 되는 자리이다. 존재의 가치를 알게 되는 자리다. 모든 존재의 가치를 알 때 자연을 보호해야 하는 당위성이 생겨나고, 모든 생명에 대한 존중감이 발생한다. 4단계에서 다시 3단계로 내려온다. 이 3단계는 '내가 곧 사람이다.'라는 자리이다. 사람! 인류전체가 곧 나임을 자각하는 단계이다. 인류애라는 허상적 단어가 절실한 현실적 단어로 다가온다. 인종불문하며, 빈부귀천이전에 다 같은 사람임이 가장 중요한 명제임을 자각한다. 2단계로 내려오면 남자·여자라는 음양지도陰陽之道의 경계에 서게 된다. 여자는 우주를 있게 하는 음의 한 기둥이요, 남자는 양의 기둥이다. 이 두 기둥이 있어야 우주라는 집이 존립한다. 그만큼 음양-여자·남자는 우주라 불리는 자연전체를 창조하는 성품의 한 기둥이다. 그 소중함을 자각한다면 그 존중감은 이루 말할 수 없을 정도이다.(성폭력은 상대를 존중하지 않았을 때 발생한다.)

마지막으로 다시 본디 자기 이름의 존재로 돌아온다. 나를 떠날 때는 빈부귀천으로 구별되어 보잘 것 없는 나였지만 다시 돌아오니 나란 존재는 존재전체를 있게 하는 그 무엇이라고 형용할 수 없는 거룩한 곳에서 나왔음을 자각하게 된다. 지금 있는 그대로가 소중하며, 지극히 사랑하지 않을 수 없는 나가 아닌가!

위에 서술한 단계를 하나씩 경험한 인류가 30%이상 넘고, 인류사회의 규범으로 자리 잡는다면 이 지구사회는 있는 그대로의 정토사회요, 극락이 되지 않을까 생각해 본다.

자기 관觀하기

지구상의 식물들의 색상 중에 녹색이 대다수이다. 왜 식물들은 녹색이 많을까? 흔히 무지개색이라 이야기하는 빨주노초파남보의 일곱 가지 색상이 우리가 보는 빛이 분화된 색이다. 그 중에 흡수하지 못한 색상이 반사되어 우리들의 시야에는 녹색의 식물군들로 나타난다.

마찬가지로 내 모습 역시 공화空化되지 못한 업식이 형상으로 나타난 것이다. 나의 업식이 열반적정에 들면 더 이상 나는 현상계로 나타날 이유가 없다. 우리가 하루하루 살고 있는 것은 업식을 닦아 공화되어가는 과정이라 보면 된다. 인지되지 못한 생각, 행위의 반복이 식識으로 전환되고 식은 현상계화 시키고 있는 것이다. 하지만 우리가 생각과 행위를 인지하기 시작하면 식으로의 전환은 멈춘다.

우리가 명상을 하는 이유는 현재에 마음을 집중하여 자기인 식을 하기 위함이다. 들숨·날숨에 집중하고, 몸의 상태에 집중하고, 더 깊이 감정의 상태를 느끼면서 마음이 과거나 미래로 가지 않고 현재에 집중하도록 하는 것이다.

실상의 존재는 지금 이 순간에만 있을 뿐, 과거나 미래에는 존재하지 않는다. 하지만 업식에 사로잡혀 있는 중생은 과거행위로 인해 생긴 감정과 반복되는 생각으로 말미암아 현재 이 순간을 느끼지 못한 채 과거에 빠져 회한과 고통 속에 빠져 산다.

그 고통을 잊기 위해 마음을 미래로 보내 과거로 덮여 있는 현재를 잊으려 애쓴다. 반복되는 고통은 과거를 집착해서 생긴 것이다. 그러니 과거의 자기를 놓아버리는 수행을 해야 한다. 인지하지 못한 채 무의식으로 저장된 불만족의 자신을 찾아 이해, 용서, 사랑의 마음 짓기*를 통해 나를 해방시켜야 한다.

그것이 과거 자신의 해탈이다. 과거가 해탈되면 현재는 저절로 변화되기 시작한다. 과거가 공화되면 현재도 공화된다. 그 공에는 우보익생만허공**하니 내가 공화한 만큼 보배로움이 현재에 나타나기 시작한다. 그것을 중생수기득이익***이라 표현한다.

일체중생을 구원하려는 이유

제불보살님들의 서원들이 하나같이 일체중생을 성불成佛시키고자 하는 이유를 살펴보자. 부처님께서 제자들과 길을 가다 한 무더기의 해골들을 보고 예경하며 그들의 왕생극락을 기원

---

* 마음은 마음먹기이다. 우리가 결심한다고 표현하는 것이 곧 마음이다. 마음은 마음 짓기(마음먹기)를 통해 형성도 되고 소멸도 된다.

** 우보익생만허공雨寶益生滿虛空: 중생을 이롭게 하는 보배비가 허공에 가득하다.〈의상대사 법성게〉

*** 중생수기득이익衆生隨器得利益: 중생의 그릇대로 이익을 받아가도다.〈의상 대사 법성게〉

하였다는 기록이 있다.

『부모은중경』에서는 여자의 뼈가 검고 가벼운 이유가 아기를 낳을 때 서 말 서 되의 엉긴 피를 흘리고, 여덟 섬 네 말의 젖을 아기에게 먹임으로 그러하다고 한다. 다시 말하면 부처님에게는 세상의 일체중생이 다 전생의 내 어머니들이였기에 그들을 다 구원하여야 하는 마땅한 효심이 있다는 뜻이다.

세상 모든 존재가 나의 어머니들이기에 세상 모두를 구원한다는 도행道行은 유가儒家에서 도道의 근본을 효孝로 삼는 것과 일맥상통하다. 세상 모든 종교, 철학등 위대한 가르침들의 근본은 하나의 진리에서 나온 것이지 결코 둘에서 나온 것이 아니다.

'나'라는 현재 인식체가 어떻게 해서 있을 수가 있는지 숙고해보면 이 우주와 보이지 않는 상념체의 모든 존재가 있었기에 '나'가 있을 수 있음을 간파할 수 있다. 즉 내가 있음은 우주또는 존재의 있음이요, 우주·존재가 있음으로 내가 있는 바탕이다. 한 송이 꽃을 보고 창조주의 손길을 노래하는 시인처럼 현재의 '나'를 보고 전체를 느낄 수 있어야 한다.

나의 가치는 전체의 가치요, 전체의 가치를 숙성시킬 수 있는 자는 자신이 전체의 속성을 가진 존재임을 깨달은 자만이 가능한 것이다.

불가佛家에서 '성불成佛하세요'라는 인사말을 상용어로 쓰는 이유가 바로 이것이다. 부처는 자신이 전체임을 자각한 자요,

전체의 의미와 가치를 숙성시켜야 하는 필연성을 가진 자이다. 우리 모두가 일체중생의 산물임을 자각한다면 일체중생을 모두 함께 전체적(일체적)의미로 승화시키는 것은 너무나도 당연한 일이다.

그래서 우리 모두가 한 날 한 시에 다 성불함을 서원하고 기원하는 것이다.

내 것들이 '나'가 아니다

도道는 나를 찾아가는 길이다. 진리를 찾아 떠난 이를 사문沙門*이라 한다. 그런데 꼭 출가하여 삭발염의削髮染衣**해야 만이 '나'를 찾을 수 있는가 하는 부분은 재고해 볼 필요가 있다.

내 몸이 '나'인가 생각하여 보자. 오래 전에 맹장을 떼었고, 얼마 전에 쓸개도 떼어냈다. 나이를 먹어 치아도 여러 개 발치했다. 내 몸에 있을 때는 내 것이었지만 병이 나서 떼어내고 나니 내 것이 아니요, 심지어 '나'도 아니다. 내 몸이라는 것이 그냥 인연이 닿아 내 몸이 되었을 뿐, 본디 내 것도 아니요, '나'라고 할 것이 없다고 생각해 본다.

---

* 부지런히 모든 좋은 일을 닦고 나쁜 일을 일으키지 않는다는 뜻으로, 불문에 들어가서 도를 닦는 사람을 이르는 말. 『표준국어대사전』
** 스님이 되어 머리를 깎고 검은 옷을 입는다는 뜻.

우리는 흔히 생각과 마음에 대해 강한 집착을 한다.

내 생각이 '나'인가? 내 마음이 '나'인가?

진정 '나'라면 과거에도 '나'이고, 현재도 '나'이고 미래도 '나'이여야 한다. 그런데 생각과 마음은 매순간 변화한다. 심지어 현상에 대해 오해를 하다가 진실을 알게 되었을 때 오해한 생각과 마음은 한순간에 사라진다.

심지어는 오해한 과거를 부정하기도 한다. 지금 하고 있는 생각, 지금 내 마음이라 여기고 있는 이것들이 지금 존재할 뿐, 언제 어느 순간에 변형되고 사라질지 생각하면 생각과 마음에 대해서도 '나'라고 집착할 것이 하나도 없다. 그냥 지금 생각일 뿐, 그냥 지금의 마음일 뿐이다.

그럼 '나'는 어디에 있는가?

내 몸도 아니요, 내 생각도 아니요, 내 마음도 아니니 참된 '나'는 어디에 있는 것일까?

교과서적 답은 무아無我이다. 하지만 이 무아를 본인이 체험해야 한다. 또 체험하는 무아 역시 단계가 있다. 『화엄경』에서는 52계위로 설명하고, 선가禪家에서는 심우도의 10가지 장면으로 쉽게 설명하고 있다. 무아無我의 산이 있음을 아는 단계가 있고, 무아산無我山을 볼 수 있는 단계가 있고, 무아산을 향해 걸어가는 단계가 있고, 무아산을 오르는 단계가 있다.

수행자마다 현 단계가 다 다르다. 보는 이가 있고, 걸어가는 이가 있고, 오르는 이가 있다. 심지어 오르고 다시 내려오는 이도 있다. 이 길은 선행으로 채워진 공덕이 없고서는 갈 수가 없는 길이다. 그래서 불교를 착할 선善 가르칠 교敎, 선교善敎라 하는 것이다.

오늘은 과거와 현재, 그리고 미래이다

오늘이란 현재는 모든 시간대가 포함된 하나의 수직선이다. 그것은 마치 한 점과도 같은 의미와 실상을 포함하고 있다.

　이것을 수직적 질서라 하는데 이 질서는 내가 아무리 부정하여도 반드시 존재하는 실상계라 내가 이 세상을 벗어 날 수 없다.

　그러하니 과거의 관계들을 반드시 거룩한 관계로 복원하여야 하며, 질서에 어긋난 행위심을 찾아내 회개와 참회를 통해 바르게 하지 아니하면 무정의 돌부처가 될 수 있다.

　유정과 무정을 갖춘, 유와 무를 동시에 한 점으로 보고 마음과 육체의 실천행을 동반하여야 한다.

　한 사물을 보매, 한 사람과의 관계를 보매, 반드시 과거와 현재, 미래를 동시에 보는 '내'라는 속성에서 벗어난 관觀하는 자세를 가져야 한다.

도판은 천륜이다

도道의 계접系接은 수평적 질서와 수직적 질서에 의해서 이루어진다. 주는 자는 수평적 질서를 지켜야 되고(지극히 평등심을 가져야 되고) 법을 받는 자는 반드시 수직적 질서에 준해야 한다. 법을 얻고서 수직적 질서를 놓친 자는 법을 잃었다고 생각하면 된다.

법을 잃고서도 법을 가졌다 생각하는 자는 지금 착각을 하고 있는 것이다. 도판에서 많은 착각자들을 보았다. 도는 아공, 법공, 구공이지만 사람이라는 틀 속에서 전해져 내려왔다. 도가 결코 허공에서 허공으로 전해져 내려오지 않았다.

사람의 마음, 즉 이심전심에 의해 도도히 내려왔다. 그 흐름은 천륜이라는 틀 속에서 이루어졌다. 왜 스승을 아버지라, 나이 어린 선입자들을 사형이라고 부르는지(불가에서는 1시간 먼저 입산해도 사형이다.)를 무시하고, 얄팍한 도심을 얻었다하여 스승과 사형을 업신여기는 짓은 하지 말아야 한다. 초등학교 1학년 담임 선생님도 은사이시다. 배움과 깨달음의 가치를 안 자라면 결코 그런 행을 해서는 안 된다.

한 번 더 강조한다. 도판은 천륜이다.

평화는 질서에 대한 순종의 산물

평화는 평등과 조화로움이다.

세상 만물이 평등하다는 수평적 질서(법)와 조화로움이라는 선·후의 수직적 질서(법)가 동시에 구현되었을 때에 평화가 이 땅 위에 나타난다.

작금에 와서 평등의 질서가 너무 과하여 조화로움의 질서, 즉 먼저와 나중이 있음을 잊어버리고 사는 경향이 있다. 평등하다하여 결코 평화롭지는 못하다.

먼저와 나중을 모르는 세태는 곧 혼란스러운 결과를 맞이하게 된다.

우리는 우리 모두에게 서로 책임이 있다.

그 어떠한 사람도 이 책임에서 벗어 날 수가 없다.

내가 사람이라면 인류전체에 대한 책임이 있고 내가 생명체라면 생명체 전체에 대한 책임이 있으며 나 역시 지구에 살고 있다는 생각을 할 수 있는 사람이라면 지구전체에 대한 책임이 있다.

나의 잘못이 있었다고 가정하자.

잘못한 과거나 잘못으로 인한 아픔을 겪고 있는 현재가 있다고 보자.

과거에 대한 진참회가 먼저 선행되지 않는 현재 이 순간 시간은 흘러 현재가 되었지만 상황은 그냥 과거일 뿐이다.

이것이 선·후를 지킨다는 의미의 한 부분이다.

평등하다 하여 사람이 마음속에 예禮라고 생각하는 관습법을 어기는 것 역시 선·후를 모르고 조화로움을 깨는 행위이다. 서리산에서 그 어떤 사람은 평등함을 실천하고 있었다.

그 사람이 평등을 실천하고 있는 사람이라 하여 도(질서)를 구하려고 온 다른 수행자들 앞에서 세간의 예절과는 상관없이 그 사람과 평등하기만을 고집한다는 것은 도(질서)를 배우는 이의 태도가 아니다.

머리와 가슴은 거리가 멀다, 가슴과 마음은 더욱 더 거리가 멀다. 머리를 마음으로 착각하여 관념의 동굴 속에 갇혀 있으면서도 스스로 도인이라 깊이 믿고 계시는 많은 분들에게 전하고 싶다.

사랑은 실천이다.

도는 질서이며 역시 실천이다.

사랑 없는 도는 진정 도와는 거리가 멀다.

얼굴에 도道가 있다

얼굴은 얼+굴이다. 즉 얼이 들어오고 나가는 굴이다. 얼은 정신을 의미하는 순수 한국말이다. 즉 신神=하느님=부처님이 들어오고 나가는 굴이 얼굴이다.

법신불의 공신空身인 정신이 들어오고 나가면서 흔적을 남긴 것이 사람의 얼굴이다. 신神은 마음에 거하기에 내가 어떤 마음을 가졌느냐에 따라 어떤 신神이 들어오고 또 이전에 거하던 신은 나간다. 나가고 들어온 흔적들이 얼굴에 흔적이 남아 있으니, 나이가 어느 정도 먹게 되면 자기 얼굴에 자기가 책임을 져야 한다. 평소 내가 어떠한 마음상태로 살았는지가 다 얼굴에 남아 있게 되는 것이다.

얼=정신精神=공空에는 단 두 가지의 큰 질서(이치)가 존재한다. 수평적 질서와 수직적 질서이다. 조합을 하면 십자가(+)이다. 그래서 하느님의 진리를 상징하는 심벌인 기독교의 십자가와 불교의 진리를 상징하는 절 卍(만)자 역시 수평적 질서와 수직적 질서를 대변하고 있다.

사람의 얼굴에 당연히 수평적 질서가 있으니 눈과 입이다. 수직적 질서는 코와 귀이다. 눈의 수평적 질서는 눈에 들어오는 모든 사물을 평등하게 보라는 의미가 있고, 입의 수평적 질서는 입으로 들어오는 음식을 평등하게 골고루 섭취하라는 의미가 내포되어 있다.

수직적 질서의 코는 본디 각자의 아상을 상징한다.('저 사람 콧대가 높아'라는 말은 '저 사람 아상이 높아'라는 뜻도 된다.) 선과 후를 잘 살펴 자기의 아상을 세우라는 뜻이다. 나보다 먼저 앞선 분 다음에 나보다 뒤늦은 이 앞에 자신을 세우라는 뜻이다.

마지막으로 수직적 질서의 귀에 대해 설명하자면 제일 중요한 항목이다. 나보다 앞선 이의 소리를 잘 들으라는 뜻이다. 나보다 경험을 먼저 한 분의 소리를 잘 경청하는 것이 수직적 질서이다. 소리를 잘 들어야 하는 이 이치는 관세음보살의 득도 법인 이근원통법과도 통한다. 수행자에게 가장 중요한 질서 이다.

이근원통耳根圓通 수련법(수능엄경 이근원통장: 관세음보살의 득도법)

듣는 놈이 저절로 생긴 것이 아니라 소리로 인하여 그 이름이 있게 되었다.

듣는 놈을 돌이켜 소리에서 벗어나면 해탈한 놈을 무엇이라 부르리오!

하나의 근根이 본원本原으로 돌아가면 여섯 개의 근이 해탈 을 이루게 되리라. 여섯 개의 근도 이와 같아서 원래는 하나의 정밀하고 밝음에 의지하여 이것이 나뉘어 여섯 개와 화합하나 니 한 곳이 회복함을 이루면 여섯 작용이 다 이루어질 수 없어 서 티끌과 때가 생각을 따라 없어져서 원만하게 밝고 청정하 고 오묘하게 되리라. 남은 티끌은 아직도 배워야 하지만 밝음 이 지극하면 곧 여래이니라. _『수능엄경』

관세음보살은 소리를 관觀하는 이근원통 수행법으로써觀音 '온전히 통함圓通'을 이룬 성자이므로, '이근원통耳根圓通 관세 음보살'이라고도 한다. 그래서 그 분을 모신 법당을 '원통전'이 라 칭하기도 한다. 즉 세상의 소리를 지켜보는 '관법觀法'수행 을 제시하고 있음이 '관음수행'이다. 관음보살은 수행하실 때

에 귀로써 들을 수 있는 온갖 소리를 그대로 의식하는 '관청觀
聽'을 하여 도道를 이루셨다.

이근원통 수행은 처음에는 소리에 집중觀하는 단계이고, 다
음에는 '듣는 놈을 돌리는(반문문성反聞聞性)' 단계로 접어든다.
처음 과정이 끝나야만 반문문성의 과정으로 진입함은 물론이다.
먼저 소리에 집중하는 법을 알아보자. 소리를 집중하는 데
있어서도 다시 2가지 단계로 나뉜다. 내면의 소리內耳聲와 바깥
의 소리外耳聲가 그것이다.

내면의 소리

이는 자기의 체내에서 내는 소리 즉 염불, 주문, 독경소리 등
을 듣는 것이다. 염念의 방법에는 세 가지가 있으니 '관세음보
살'을 큰 소리로 염하는 것, 작은 소리로 염하는 것(금강염金剛
念), 마음의 소리로 염하는 것(유가염瑜伽念)이 있다. 염할 때에
는 귀로 그 소리를 들어야 한다. 처음에는 염불 혹은 염주念呪
하는 소리에 마음이 집중되었다가 안 되는 경우가 많지만 점
차 일념一念, 일성一聲에 마음이 집중되어 마음이 고요해진다.
여기에서도 보면 3단계를 설정한다.
일단 큰 소리로 염불이나 염주를 하는 것으로 되어 있다. 고
성염불高聲念佛이 그것이다. 그 다음 단계로 작은 소리로 염한
다는 것은 입 속에서 웅얼웅얼하는 것이다. 이 상태를 계속해
서 지속하다 보면 굳이 입으로 웅얼웅얼하지 않더라도 자동적

으로 마음속으로 염하는 상태에 도달하게 되는 것이다. 염불이나 주력 혹은 독경을 오랫동안 지속함으로써 수행의 힘을 얻는 경우는 이러한 경우이다.(마음속 염불이 끊어지지 않고 저절로 이어지는 단계)

외부의 소리

어떤 소리든지 물체에서 나는 소리를 듣는 것이다. 가장 좋은 것은 물이 흐르는 소리나 폭포소리 또는 바람이 불어서 풍경이 울리는 소리나 범패소리를 듣는 것이다. 처음에 마음이 소리에 완전히 집중하게 되면 능히 졸지 않고 마음을 산란하게 하지 않게 되며, 자연히 이런 경지를 계속 지켜나갈 수 있다. 바깥의 소리에 집중한다고 할 때 가장 보편적인 소리는 계곡에서 흐르는 물소리이다.(공부초기시절 삼매에서 폭포수가 떨어지는 광경을 본 수행자들이 많다.) 이는 가장 쉽게 정定을 얻을 수 있는 방법이다.

그러나 선사들 가운데는 소리를 듣고 곧바로 돈오하는 경우가 많았다. 예컨대, 백장선사百丈禪師 문하에서 어떤 스님이 종소리를 듣고 깨우쳤는데, 백장은 "뛰어나도다. 이것은 관세음보살의 입도하는 방법이다"라고 말하였다. 이 외에 향엄선사香嚴禪師는 대나무가 부딪히는 소리에 견성했고, 원오선사圓悟禪師는 닭이 날개 치는 소리를 듣고 오도하였다. 조선조의 서산대사西山大師께서 대낮에 닭 우는 소리를 듣고 오도했다는 것도 같은 맥락에 속한다.

이근원통의 마지막 단계는 반문문성反聞聞性이다.(가장 중요함)
듣는 성품 자체를 다시 반문한다는 의미이다.

그 들음을 버리고 듣는 놈을 돌리게 된 다음이라야 지극히
요긴함이 된다. 무릇 들음을 버리고 듣는 놈으로 돌리게 되면
불광명佛光明(부처님의 광명)과 보리수와 무설시無說示*와 중향처
衆香處**의 경지에 도달하는 것이 반문문성이다.

이근원통의 방법을 다시 정리하면 일단 외부의 소리 또는
내면의 소리에 집중한다. 소리의 종류는 바람소리나 물소리도
가능하고, 염불, 주문, 독경소리도 가능하다.

이때 염불이나 주문, 독경이 지니는 문자적 의미는 문제가
안 되고 오직 소리만이 문제가 되는 것이다. 그리고 마지막에
가서는 그 소리마저 떠나버린다. 이처럼 소리에 집중하는 이근
원통의 수행법은 『능엄경』에서 제시하고 있는 수행법이다.

---

*   무설시: 아무것도 설한 바가 없는 것을 보여주는 경지._작가해석.

**   중향처: 오분법신五分法身을 향해 비유한 것으로 계향, 정향, 혜향, 해탈향, 해
      탈지견향을 말함._작가해석.

천지창조는 소리로……

'천지창조는 소리(말씀)로 하였나니……' 예전에 성경에서 보았던 내용이다. 마음공부하다 보니 이제는 이런 생각이 든다.

소리(말씀)는, 말은 느낌을 만들고, 말은 감정을 낳고, 감정은 현상계를 창조한다. 왜 '정명론'이란 철학이 있는지도 이해할 수 있다. 소리, 말이 바르게 나왔을 때 현상계가 바르게 되는지. 공자가 왜 군군신신君君臣臣, 부부자자父父子子를 주창하였는지도.

바른 소리(말)를 내는 것이 바른 현상계를 만듦을 숙고해 본 자라면 마음에서 소리로 나오는 순간에 신중하지 않을 수 없다. 그래서 군자론에서 '군자는 말이 어눌하다.'라고 표현한다.

소리 이전에 마음이다. 그 마음을 신중하게 새기고 새기면(마음먹으면), 소리는 바르게 현상계로 투영될 것이며, 소리가 느낌과 감정이란 단계를 거쳐 물질화될 것이다.

느낌과 감정 역시 관찰해야 할 대상이다. 느낌과 감정의 머리채를 잡고 주체적인 주인이 되어야 함도 매우 중요하다. 느낌과 감정에 매몰되면 지금 이순간과는 떨어진 비현실인 이 된다. 도道는 지금 이순간일 뿐인데 감정에 매몰되면 과거나 미래로 가게 된다. 그럼 도道하고는 영 인연이 없는 수행자가 된다.

소리(말)—느낌-감정-현상계

세상이 이루어지는 단계만 숙고해보아도 소리, 느낌, 감정에
속지 않는다. 더 나아가 이 물질계가 마치 음파와 같은 소리로
이루어졌음을 인지하게 되어, 세상이 허망한 것임을 간파할 수
있다. (일체유위법 여몽환포영)

얼굴에 다 있다

손바닥과 발바닥에 몸 전체의 모혈이 있듯이 얼굴에도 신체의
각 부위와 통하는 모혈이 있다. 이마는 소장, 미간과 눈은 간,
눈 밑은 신장, 콧등은 췌장, 코끝은 심장, 미간과 볼은 폐, 입술
은 위와 장이 연결되어 있고, 머리의 두정頭頂은 신장과 방광,
귀는 신장, 호르몬분비기능과 관련되어 있다고 한다.

얼굴의 각 부분을 눌러 통증이 있다거나, 부위의 안색이 평
소와 다르다면 연결된 장기의 건강에 이상이 있을 수 있다. 어
서 병원으로 가 진단을 받아보는 것이 좋다.

눈과 눈 사이의 미간에 세로주름이 있는 사람은 간 기능이
약화된 사람이다. 화를 잘 내는 사람은 간의 건강에 항상 관심
을 두어야 된다. 미간에 가로주름이 있고 볼 주위가 거무스름
한 사람은 폐기능이 약화된 사람이다.

평소 세수할 때 얼굴 안색을 살피고 얼굴 각 부위를 세세하
게 눌러보아 건강 체크를 하는 것을 추천한다.

마음의 주인은?

지금 일고 있는 내 마음의 주인은 대체 누구인가?

맛의 근원은 맛 이전이다.

사탕이 입에 들어오기 전의 내 입안의 맛은 무미(맛없음)이다.

나의 귀에 들려오는 소리의 근원은 고요함-즉 무성(소리 없음)이다. 고요하기 때문에 소리가 들리는 것이지 지금 내 귀에 다른 소리가 들려온다면 그 어떠한 새로운 소리도 들을 수 없다.

촉감 역시 마찬가지로 무촉감(닿음이 없는 상태)이 촉감의 근원이다.

이런 이치로 지금 일고 있는 마음 역시 무심(마음 없음)이 내 마음의 근원인 것이다.

그 주인인 무심의 마음을 단 한번이라도 경험하여 보자.

그것만이 수십 평생을 살면서 저지른 죄와 업보에서 벗어날 수 있는 길이다.

백척만겁 일념돈탕진—『천수경』에 나오는 말로서 백척만겁의 업보를 단한번의 생각으로 돈탕진, 즉 다 없앨 수 있는 마음은 곧 무심이다.

그 무심을 경험하기 위해서는 체계적인 수련이 필요하다.

공부하는 것이야말로 하느님에 대한 제일 큰 효도이며, 세상을 살면서 가장 큰 공덕을 쌓는 것이다.

그 공덕(공부)이 있고서야 하느님을 체험 할 수 있으며, 부처의 자리에 들 수가 있다.

감정의 우물

누구나 감정의 우물에 빠질 수가 있다.

슬프면 슬픔의 우물, 기쁘면 기쁨의 우물, 자존심 상하면 자존심 상한 우물,

어렵고 힘들면 어렵고 힘든 우물 …….

우물이 우물이라는 것을 알면 되는데 우물이 아니고 자기마음의 주인이 되어버린다.

그렇게 주인의 자리를 내어주면 그 다음엔 감정에 휘둘려 모든 것이 자기마음에 들지가 않는다.

바른 소리를 들어도 바른 소리가 틀린 소리로 들리고

충언이 악언이 되고 종국에는 감정이 원하는 소리만 듣게 되어 자신을 망치고 이웃을 망치고 세상을 망치게 된다.

우리는 항상 조심하여야 한다. 마음을 조화롭게 조절하여 마음속에 내 마음이 없도록 경계하여야 한다. 도인道人은 서슬 퍼런 칼날 위를 걷는 듯 인생을 걸어야 하며, 태산이 움직이듯 인생을 걸어야 한다.

위의 말은 바로 조심하며 살아야 한다는 뜻이다. 걷다보면 어느 날 내가 세상이 되었음을 안다. 이 삼라만상의 주인이 되었음을 안다. 그런 다음에는 소아小我적인 감정조차도 즐기는 마치 휴가 같은 인생을 사는 때가 온다.

인격은 가면이다

"나는 이러이러 한 사람입니다."라는 것이 인격이다.

인격, 개인의식—의 영어표현은 PERSONALITY라고 한다. PERSONALITY의 어원은 가면극의 가면이라는 뜻이다.

우리가 "나"라고 의식하는 자아의식은 가면극의 가면과도 같은 것이라서 지금 쓴 가면을 벗고 다른 가면을 쓰면 다른 인격체가 되는 것이다.

'나'라고 집착하는 것들을 하나씩 다 벗고 나면 이 세상 그 어떤 것도 될 수 있는 자유인이 된다.

이 살아생전에 자유인으로 돌아가서 하느님의 신격을 맞이할 수 있나니 우리 모두 지금 쓴 가면들을 벗어던지고 자유인이 되어야 한다.

나의 필연성

내게 일어난 모든 일들은 다 필연성이 있다.

마찬가지 모든 사물과 사실에도 필연성이 있다.

그 필연성을 이해하는 것이 연기를 이해하는 것이고, 연기를 이해하는 것이 법을 이해하는 것이다.

그 법을 일러 로고스, 하나님의 말씀, 진리, 부처… 등 다양한 다른 이름들이 있다.

세상 모든 우연한 일들은 다 필연이다.

그 필연으로 말미암아 자연이란 이름이 탄생하였다.

자연! 스스로 그러함.

알고 보면 원인과 결과, 결과의 새로운 원인화…. 반복되는 원인과 결과이니 결과의 오늘, 지금 이 순간을 잘 관찰하여야 한다. 그리해서 현재의 결과에서 새로운 원인을 만드는 선택을 잘하여야 한다.

선택의 기준은 이렇다.

무아無我—내가 없어야 한다. 여기서 나란 내 육신의 욕망, 미움, 자존심등에 의해서 생겨난 생각, 행위 등을 견제하여야 한다.

나의 행위를 전체를 위함에 맞추어야 한다.

무공無功-나의 공功이 없어야 한다. 내가 하고도 함이 있으면 나의 공을 내세우고 싶어 한다. 나는 그냥 할 뿐이다.

무명無名-세상에 이름 내세우기를 하지 말아야 한다.

눈앞에 있는 이 허공을 느끼는 사람들이 역사 이래 소수였다. 그 허공은 스스로 자신의 내세움도 없으면서도 만물과 나를 있게 한다.

이름 없이, 공도 없이, 더구나 자신의 욕망 없는 선택!

이것이 너무 어렵다 생각지 말자.

거룩한 사람이 되기는 힘들지만, 거룩한 한 마음을 먹기는 쉽다. 그 한 마음이 쌓이고 쌓이면 언젠가 거룩한 행위가 나올 수 있다. 사람은 거룩하지 않다. 거룩한 행위, 마음만 있을 뿐!

그러니 한 마음, 한 행위를 위해 노력하자.

단 한번만 성공하면 된다.

이것이 선과 천국의 비밀이다.

아무리 나쁜 짓을 하였더라도 참 주인을 알고 주인의 행을 하였다면 그는 주인인 것이다.

주인으로서 영원과 찰라, 한 점과 무한한 우주의 시공을 '나' 삼아 아름답고 신나는 이야기를 만들어 나가는 것이다.

한 점이 나라면, 영원과 무한의 나도 '나'이다.

이것을 이해하기가 힘들 줄 안다.

가다가다 보면 이해되고, 이해하다 하다 보면 사랑하게 된다. 사랑하면 곧 내가 곧 '나'가 된다.

'나는 나다!'

I am that I am 나는 나다!

'나는 나다!'

모세가 시나위 산에서 10계를 받고, 산 아래 백성들에게 하느님을 어떻게 설명하면 되느냐라는 질문에 '나는 나다.'라는 답이 나왔다고 한다.

'나'라는 있음이 우리 모두에게는 제일 힘들고 큰 십자가이다.

그 '나'에 대한 굴레에서 벗어나게 하기 위해 부처님께서는 '공空'을 강조했다. 색즉시공, 공즉시색으로 존재의 '공성空性'을 확인하여 우리를 '나'로부터 자유롭게 가르쳤다. 이것은 아주 단순하면서도 즉효적인 방편이다. 마치 불난 집에서 놀고 있는 자식을 구하기 위해 멋진 수레가 집밖에 있다고 이야기한 '화택삼거'의 법문이다.

막상 밖으로 나와 보니(공空을 체험하고 보니), 공이 공이 아닌 것이다. 이 공은 비유비무非有非無이다. 있음도 아니요, 없음도 아닌 것이다. 공성空性에는 단 하나의 차원만 있는 것이 아니라, 또 다른 차원도 있다.

비유비무의 차원도 있지만 혹유혹무或有或無의 차원도 있다. 즉 늘 있기도 하고 늘 없기도 하다. 이것을 일러 대승에서는 쌍차쌍조라고 표현한다. 중도를 설명하기 쉬운 예로서 있고 없음을 다 막기도 하고, 있고 없음을 다 열어놓기도 함을 일러 쌍차쌍조라 한다.

쌍차쌍조를 이해하면 유有는 유이고, 무無는 무이다. 그 말은 나는 나이고 너는 너라는 말이다. 처음 출발할 때의 '나'와 공, 비유비무, 혹유혹무를 거쳐 쌍차쌍조를 지나보니 나는 나이고 너는 너이다.

이 말을 일러 성철스님께서 생전에 하신 '산은 산이요, 물은 물이다. 산은 물이요, 물은 산이다. 고로 산은 산이요, 물은 물이다.'라는 법문이다.

이렇게 한 바퀴 돌고 온 '나'를 무엇이라 부를까?

한 바퀴 도는 순간에는 자신이 하늘이요, 존재의 모든 것이었다. 모든 존재의 나를 경험한 나를 옛사람은 신인神人이라 불렀다. 이름 하여 하느님사람이다.

개는 개를 낳고, 소는 소를 낳는다. 그럼 하늘은 무엇을 낳으려 할까? 사람을 통해 또 다른 하늘을 낳으려 함이 하늘의 소치所致이다.

이 우주가 있는 이유, 사람이라 불리는 '만물의 영장'은 바로 하늘을 낳는 소치인 것이다. 붓다로 표현하는 부처님은 '깨달은 사람'이다.

결국 하늘이 원하는 사람다운 사람은 붓다(깨달은 사람)인 것이다.

오늘은 왜 내가 사람인지, 왜 이 우주가 존재하는지 그 이유에 대해 생각 보는 날이었으면 한다.

I am that I am.

왜 'I am'일까?

왜 'I am' 뒤에 목적어가 없을까?

그냥 존재할 뿐, 목적이 없다. 이름하여 무위인無爲人이 하느님인 것이다. 멍청하게 있는 것이 아니라 뚜렷하게 존재하니 '성성적적惺惺寂寂'이라 표현한 것이다.(안으로도 구한 바가 없고, 밖으로도 구한 바가 없음이 진정한 참 도인의 표상입니다.)

| 제 4 장 | 화火

십년공부 도로 아미타불~~

'십년공부 도로 아미타불~'

흔히 듣고 또 하는 말이다. 그러나 이 말 중에 숨은 뜻이 있다. 어찌해서 십년간 공부한 것이 다 허사가 될까?

『화엄경』에 이런 말이 있다.

"불자들이여, 만일 보살마하살이 한 번만이라도 성내는 마음을 일으킨다면 모든 악 중에서 그보다 더한 악은 없다. 왜냐하면 보살마하살로서 성내는 마음을 일으킨다면 진리의 문에 드는 길을 방해하는 백 천 가지 장애를 받기 때문이다.

그 백 천 가지 장애란 무엇일까?

이른바 보리菩提를 보지 못하는 장애와 바른 진리를 듣지 못하는 장애, 나쁜 갈래에 태어나는 장애, 여덟 가지 어려움 있는 곳에 태어나는 장애, 병이 많은 장애, 비방을 많이 듣는 장애, 어둡고 둔한 갈래에 태어나는 장애, 바른 생각을 잃는 장애, 지혜가 적은 장애, 눈, 귀, 코, 혀, 몸, 뜻의 장애, 나쁜 지도자를 가까이하는 장애, 나쁜 무리를 가까이 하는 장애, 나쁜 사람을 가까이 하는 장애, 악인과 같이 사는 장애, 선량한 사람과 함께 수행하기를 좋아하지 않는 장애, 바른 견해를 멀리하는 장애 등을 받는 것이다."

중생을 윤회토록 하는 원동력이 탐진치貪瞋癡 3독이라 한다.

그리고 10년 공부 도로 아미타불로 만드는 것도 탐진치*이다.
그 중에 한 번 화냄이 10년 수행의 공덕을 무너뜨린다.
　　수행자는 화를 내지 말지어다.

화

화를 내면 그동안 쌓은 공덕이 날아가고.
아상을 내거나 망상이 깊으면
잘못된 스승이나 인연이 온다.

화를 다스리는 게송

착한 것은 악한 것을 이긴다.
은혜를 베풀면 간탐**을 항복받고
진실한 말은 거짓의 말을 이기노라.
꾸짖지 않고 사납게 하지 않아도
언제나 성현의 마음에 머무르면

---

* 　탐진치貪瞋癡 탐욕, 분노, 어리석음을 뜻함.

** 　간탐: 인색하고 욕심이 많음. 제 것은 아끼고 남의 것은 탐냄. 『시공불교사전』

나쁜 사람이 화를 돋우더라도
돌산처럼 움직이지 않을 수 있으리라. _『아수라경』

예로부터 큰스님들은 어떤 사람이 참다운 수행자인지 아닌지, 도(道)가 익었는지 설었는지를 구분하는 방법으로 그가 어떻게 노여움을 다스리는지를 살폈다고 한다.

화를 자주 내는지, 잘 참는지를 보면 수행의 성숙도를 알 수 있다는 것이다.

아수라阿修羅란 싸움을 좋아하는 귀신을 말한다.

이 경에서 부처님은 다스리는 법을 게송으로 가르치고 있다.

화를 잘 내는 사람은 외워 두면 도움이 될 것이다.

인종간의 이유 없는 혐오감의 원인

미국, 유럽에서 아시아인들에 대한 이유 없는 테러가 발생한다는 뉴스를 보았다. 코로나 펜데믹pandemic 이후 발생하는 사회적 현상이라 하지만 근본 원인은 각자의 두려움이다.

마음 속에 두려움이 생기면 편협한 시각을 가지게 되어 잘못된 판단을 하게 되고, 잘못된 판단은 근거 없는 악감정을 만든다. 그러한 감정은 지하에 있는 마그마가 약한 지표면을 뚫고 분출하여 화산이 되는 것처럼 자기보다 약한 상대를 보았을 때 분출된다. 일본이 대한민국에 가하는 차별적 행위 역시 알고 보면 타국에 대한 두려움이 원인이다.

섬나라인 일본의 환경은 주변 국가가 힘이 없을 때는 편안하지만 국력이 센 국가가 주변에 있으면 불안의 정도가 대륙의 국가가 가지는 위기감보다 더 크다. 대륙은 도망갈 곳이 있지만 섬나라는 도망갈 곳이 없다. 그러니 위기감에 대한 두려움이 더 클 수 밖에 없다. 지리적으로 단절된 섬나라 사람들의 특성 중에 과거에 저질렀던 비도덕적 행위에 대한 죄책감 역시 대륙인들 보다 희박하다.

사람은 누구나 잘못을 저지르고 나서 느끼는 양심의 가책은 같다. 다만 죄책감이 생활을 하는데 지장을 준다면 어쩔 수 없이 가볍게 치부할 수 밖에 없다. 사방이 바다로 막힌 공간에서 살아가는 이들에게 죄책감은 생존력에 큰 마이너스적 힘으로 작용한다. 그래서 일본에서는 신사참배나 목욕을 통해 죄의식을 씻는 경우가 많다. 그들 나름대로 생존의 방식이다. 굳이 이해하자면 이렇게라도 이해해야 한다. 우리가 강한 국력을 가진다면 그들은 다른 약한 나라로 그들의 두려움을 분출시킬 것이다. 개인 간의 일도 같다.

남들에게 위협적인 언행을 하는 사람, 친절함보다는 불편한 분위기를 만드는 사람들은 다 자기 속의 두려움을 극복하지 못하여 남들에게 그런 언행을 하는 것이다. 진정 강한 사람은 상대의 그 어떤 모습에도 여여如如하다.

세계평화를 원한다면 우리 인류는 각자의 두려움부터 먼저 극복해야 한다. 개인 간의 다툼이나 국가 간의 전쟁이나 원인은 다 두려움이다. 그 두려움이 개인은 과거 어린 시절의 상처 받은 영혼에 숨어있고, 국가는 역사 속에 숨어있다. 개인은 마음공부를 통해 자신을 관하는 습관을 길러야 하고, 국가는 바르고 투명한 역사관을 가져야 한다.

개인이나 국가나 과거를 왜곡하면 불행한 인생, 역사가 반복된다. 가해자가 피해자가 되고, 다시 피해자는 가해자가 되는 돌고 도는 세상바퀴에서 한 발자국도 벗어나질 못한다.

| 제 5 장 | **사랑론**

사랑론 1

인생의 목적은 사랑이다. 우리의 영혼은 그 사랑을 통해 성장하여 살아생전의 인격人格이 되며 그 인격이 죽어서 신격神格을 결정한다. 부처님, 하느님, 전체 우주를 사랑하는 것이나 한 사람을 사랑하는 것이나 사랑의 크기는 같다. 단 한번만이라도 사랑다운 사랑을 한다면 사랑과 하나가 될 수 있다. 그러한 사랑은 시공을 뛰어 넘는 거룩하고 위대한 신神도 될 수 있다.

사랑의 출발점을 선택하였다면 그 사랑의 목적지는 처음과 끝이 같고, 위아래도 같으며, 좌우도 같아야 한다. 하지만 인과로 이루어진 세상에서 좋음이 나쁨이 되고 사랑이 무관심이 되는 것은 세상 것의 특징이다. 사랑의 대상을 선택했으면 변화될 수 없고 이해할 수밖에 없는 조건이 있다. 상대의 부모, 형제, 친구, 과거, 가족사, 직업, 습관 등등이다. 사랑을 선택했으면 그것은 같이 지고 갈 십자가이다. 처음에는 가볍게 느껴지다가 그것이 무겁게 느껴졌다면 그 사랑은 변질되었다고 보면 된다. 변질된 사랑은 곧장 미움과 증오로 바뀌고, 훗날 무관심으로 변하게 된다.

사랑이 우리의 영혼을 성장시키듯, 자신의 인격 역시 계속 성장되어야 한다.

성장이 멈춘 사랑은 사랑이 아니다. 사랑의 성장은 자신의 일부분을 포기하도록 만든다. 그러한 부분이 없다면 사랑이 아니다. 그리고 영원한 사랑은 영원한 사랑을 꿈꾸는 자에게만 일어나는 것이지, 영원한 사랑을 꿈꾸지 않는 자에게는 일어나지 않는다. 이것이 사랑의 긍정적 힘이다.

사랑의 시작은 아는 것부터이다. 알아야 이해하고 이해해야 용서도 가능하고, 용서되었을 때 진정한 사랑을 할 수 있다. 완벽한 인격체가 이 세상에 어디에 있을 것인가! 한 눈 파는 것은 현실의 무게로 올 수도 있고, 상대로부터의 권태감에서 부터도 온다. 세상의 사랑은 상대적이다. 상대가 서로를 위해 자신의 성장을 가속화시켜야 한다. 영원한 사랑은 영원한 성장이라고 보면 된다. 그리고 얼마나 사랑하는가 가끔은 표현할 필요도 있다. 그 사랑의 표현이 사랑을 평생 가도록 만들 수도 있기 때문이다.(5일장을 다녀오는 길, 남편이 끝까지 놓지 않고 잡아준 손길에 한 아내는 6.25 전쟁터의 의용군으로 끌려간 남편을 50년간 기다렸다고 한다.)

요즘 주변에 결혼생활을 끝내는 부부들이 많아 나 자신도 많이 아프다.

마음속에 아버지, 어머니, 형님, 동생처럼 여겼던 사람들을 더 이상 남으로 여기는 것이 한 순간에 가능할까? 가벼운 연애를 했다면 모르겠지만 수십 년간 가족으로 지낸 상대와 상대의 가족, 친구, 친척, 친지들까지 남으로 대하라는 것이 참사랑을 한 사람에게는 정말 어려운 일이다.

세상 것에 대한 집착은 다 놓지만 사랑만은 놓지 못하였기에 보살이 존재한다. 아무리 잘못하여도, 자기를 잊고 있어도 보살은 찾아가 중생이 필요한 것을 채워준다.

나는 부처를 포기한지 오래다. 보살이 되고 싶은 사문으로서

이 세상에 존재하고 있다. 아마 살아서나, 죽어서나 그러할 것 같다. 다시 돌아오고 싶지 않은 마음도 자주 일어나지만 그리할 수 없는 것이 아직도 사랑하기 때문이다.

사랑합니다. 우리 모두는 사랑입니다.

사랑론 2

우주의 모든 존재의 본질적 의무는 사랑이다. 우리가 인생을 가진 것도 사랑하기 위해서이다. 그런데 그 사랑하기가 만만치 않다. 사랑이 현실세계에서 뭔지 돌아보았다.

사랑은 결국 조화로움이다. Harmony! 서로 다른 존재가 하나 될 수 있는 것은 조화이다. 조화로울 때 개체의 속성도 살아있으며, 두 개체가 더욱 더 가치 있는 존재로 변화된다. 조화롭기 위해서 무엇이 필요할까?

먼저 왜 조화로워야 하는지 근거와 예절이 필요한 것 같다. 왜 상대를 인정해야 하는지(보통 사랑에 눈먼 자에게는 필요가 없다. 그런데 유효기간이 지난 자들에게는 필수이다. 그 필수과목은 스스로의 인식전환을 위한 공부를 통해서만 가능하다.) 먼저 그 이유를 체득해야 한다.

한 사람을 사랑하는 것이 온 우주를 사랑하는 것과 같다는 의미를 알아야 되는데, 주변을 돌아보면 쉽게 이혼들을 한다.

사랑에도 예절이 있어야 하는데 이혼하는 커플 중에서 예절을 생각하지 못한 경우도 많다. 서로 존중함을 놓치게 되면 사랑의 유효기간도 일찍 다가온다.

조화는 결국 상대에 대한 이해에서부터 출발한다.

이해는 더 자주 관심가지고, 상대에게 무엇이 필요한지 찾아내어 상대에게 도움이 되도록 해야 한다.

그 조화로움의 극치를 이루신 분들이 결국 우리들이 부르는 성인聖人들이시다.

지금 성인이 못된 바야 누구나 사랑에 서툴 수 있다.

하지만 우리는 한 사람을 처음부터 끝까지 사랑할 수 있는 조화로움을 체득해야 한다.

그렇게 사랑한 그 한 사람이 실상 온 우주와 가치가 같다. 만인을 사랑하는 것이나 한 사람을 사랑하는 것이나 하늘의 입장에서는 똑같다.(이 사실을 이해할 수만 있다면 그것 역시 큰 깨달음이다.)

우리가 가야할 길의 끝에는 저런 사랑이 있을 것이다. 알고 사랑하고 알고 이별할 것이다.

세간의 사랑

사랑할 땐
상대의 모든 부족한 부분까지 다 사랑하고,

사랑이 끝났을 때는
상대의 티끌같이 부족한 부분조차도 받아들일 수 없다.

수양딸들과의 사랑

나는 40대에 60세의 수양딸이 있었다. 아버지라 부르고 싶다
여러 번 청하였는데 할 때 마다 그럴 수 없다 거부하다 결국 허
락하게 되어 부녀지간의 정을 나눈 한 인연이 있었다. 처음에
는 공부이야기만 하였다가 나중에는 바깥양반의 바람기 때문
에 힘들어 한 것을 공유하게 되었다. 여자를 집안까지 끌어들
여 잠자리를 하니 마음고생이 심한 상태였다. 산을 내려갈 때
마다 가서 위로 해줄 수밖에 없었다.

　세간의 사랑은 이렇다. 처음에는 그 사람만 사랑할 것 같지
만 때가 되면 다른 이를 사랑하게 된다. 세간의 사랑은 이렇다
하고 수용하면 될 터인데 마음고생에 몸까지 상하는 모습을
보며 안타까워 한 기억이 난다.

　또 서리산에 있을 때 암환자들이 많이 찾아와 인연을 맺게

되었는데, 그 중에 한명이 또 수양딸의 인연을 맺게 되었다. 본인이 암에 걸려 어려운 처지에 놓여 있음에도 철없는 남편 때문에 마음 고생하는 것을 옆에서 지켜보게 되었다.

출가 전에 맺은 한 인연의 수양딸은 내가 출가한 후 30세 나이에 먼저 갔다. 급성위암에 걸려 한 달 만에 내 품안에서 마지막 숨을 거둔 그 아이는 짝사랑했던 남자로 인한 마음의 병으로 급작스럽게 병이 진행되었다. 서울병원에 있다가 마지막 가는 길에는 나의 곁에 있고 싶다하여 대구 영대병원 호스피스 병실로 옮겨왔다.

나의 수양딸들은 다 남자 때문에 힘들어 했다.

지금 두 딸은 대구 큰절 2층 납골법당에 있다. 부모는 산에 묻고 자식은 가슴에 묻는다고 했던가. 나의 인연 수양딸들은 죽어도 내 곁에 있다.

사람이면 다 사람인가?

요즘 세상을 둘러보면 불현듯 느낀다.

사람이면 다 사람인가?!

부처를 깨달은 사람이라 칭한다. 근데 부처를 달리 이야기하면 그냥 사람다운 사람이다.

부처라 불리는 성인이 진정 사람다운 사람인 것을 인지한다면 부처가 되지 못한 평범한 중생은 정말로 부끄러움을 느껴야 한다.

하지만 사실은 그렇지 않다. 부처는 특별한 존재이고, 짐승스러운 중생이 정상에 가까운 것이 인간사회이다.

속가에 두고 온 딸아이를 시집보냈다.

보내는 축사에 이렇게 말했다. 사람이 사는 이유는 서로 사랑하기 위함이고,

하늘을 사랑하고, 땅을 사랑하고, 사람을 사랑하기 위함이다. 천기를 읽기보다는 지세를 볼 줄 아는 것이 유리하고, 지세를 보는 것보다 내 앞에 있는 사람의 안위를 걱정하는 것이 더 행복한 지름길이라고.

인생의 가장 중요한 때는 지금 이순간이고, 가장 중요한 사람은 지금 내 앞에 있는 사람이며, 가장 중요한 일은 그 사람을 행복하게 해주는 것이라고.

그냥 평범하지만 이런 것을 실천하며 알콩달콩 잘 살아주었으면 한다.

구름타고 바람 잡는 것이 도道인줄 알지만 도道는 그냥 내 앞에 있는 사람을 이해하고, 용서하고, 사랑하는 것이다.

남과 달리 내가 나은 경지에 있다는 생각도 공부를 바르게 한 사람 입장에서 보면 다 우스운 일이요 부끄러운 생각이다.

평등심을 놓친 스승은 더 이상 스승이 아니고, 수직적 질서를 놓친 수행자는 더 이상 수행자가 아니다.

증오와 애정

증오와 애정의 본질은 같다.

다 마음이 있으니 증오도 애정도 생길수가 있다.

누구를 사랑한다는 것은 곧 마음이 갔다는 뜻이고 마음이 갔다함은 곧 온갖 숨겨진 마음의 작용이 나타난다는 뜻이다.

그러니 사랑 뒤에 곧장 따라가는 것이 증오를 비롯한 부정적 감성들이다.

그럼에도 불구하고 사랑을 하라는 것은 사랑을 통해 우리의 영혼은 하느님께 더 가까이 다가갈 수 있기 때문이다.

지금 내가 누구를 미워하고 있다면 반드시 그를 한때 사랑하였을 것이다.

알지 못했던 사람을 미워하는 경우는 드물다.

사람에게 있는 기질지성氣質之性의 본성은 반드시 애증愛憎이 반드시 교차한다.

하지만 사람의 본연지성本然之性의 본성은 그 어떤 경우에도 사랑할 수밖에 없는 당연지칙當然之則이 있다. 차마 그렇게 할 수 밖에 없는 본성이 우리들 내면에 다 내재되어 있다.

지금 내가 누구를 미워한다면 그 마음은 나의 본연지성이 아니고 기질지성이라고 보면 된다. 끊임없이 쏟아나는 나의 기질지성은 영원히 길들이지 않을 것 같지만 때가 되면 더 이상 자신의 생각이 차마 이해할 수밖에 없고, 용서할 수밖에 없고, 사랑할 수밖에 없음이 된다.

옛날의 한 선승이 수년간 목검을 휘두르다가 어느 날 부터 목검을 휘두르지 않게 되었다. 그 때에 한 선비가 찾아가 묻기를 "요즘은 왜 목검을 휘두르지 않습니까?"라고 했다.

그 목검선승이 말하기를 "가난한 집안에는 도둑이 들지 않는다."라고 했다.

때가 되면 더 이상 도둑이 들지 않는다.

도중에 포기하지 말기를 끝까지 가기를 빈다.

인연의 과보

세상사의 인연을 다 본 한 스님께서 입에 달고 다니셨던 말씀이 '참 묘하구나' 이었다. 지금 일어나는 일은 조금도 빈틈없는 한 덩어리의 허공 속에서 일어나는 일이고, 이 허공은 과거지연過去之緣을 한 치도 틀림없이 다 기록하고 있다. 마치 레코드판처럼 소리를 기록하였다가 때가 되고 상황이 되어 레코드를 틀 수 있게 되었을 때 과거에 녹음한 소리를 똑같이 내듯이 우리 맞이하는 이 현실은 과거에 다 우리가 녹음한 것들이다.

저 역시 전생의 아내였던 사형스님과의 악연을 3년 동안 견뎌 내어야 했다. 전생에 3년 동안 괴롭혔던 과보가 다하니 두번 다시 볼일이 없어졌다.

지금 힘든 과정은 다 전생과보를 소멸하고 있는 업장소멸이라 보시면 정확하다. 우리 보살님께서 전생에 많은 사람들을 이끌던 수령이었다. 인자하고 능력 있는 분이였는데 단 한사람 집안의 아내에게는 엄격하고 무지막지하였다. 그 착한 아내는 묵묵히 자신의 처지를 감내하였고 원망과 복수하고자 하는 마음을 가슴속에 넣고 살다 그렇게 죽었다.

하늘은 조금도 빈틈이 없다. 내가 그러하였기에 똑같이 지금 받고 있는 것이다. 내가 한만큼 내가 다시 받게 되면 그 인연도 끝날 것이다.

단 불자로서 하실 수 있는 처방은 있다.

부군에게 잘못한 전생의 업에 백배사죄하는 마음으로 금강경 백독,

부군이 편하신 마음으로 남은 여생을 행복하게 사시기를 기원하며 금강경 백독,

그리고 마지막으로 본인이 더 이상 이 세상에 나지 않을 것을 기원하며(무생법인의 삶을 살기를 기원하며) 금강경 백독.

합산 3백독을 해보시길! 절을 하실 수 있으면 하루 108배를 나누어서 하셔도 좋다. 36독x3=108독. 절을 하시면서 금강경 독송기도를 하시면 더욱 더 업장소멸의 기간이 짧아진다.

알고 살면 좀 쉽게 지나간다. 모르면 더욱 더 힘들다.

이제 아셨으니 편히 가시기를 기원한다.

사람은?

사람은 각기 다름을 가지고 있다. 그것을 인정하지 않으면 스스로 갈등이 생겨 행복하지 않게 된다. 사람은 또한 서로 같은 공통의 부분을 가지고 있다. 서로 다른 것 같지만 같음의 존재이기도 하다. 한 개인의 다름을 따라가면 그 깊이와 양이 끝이 없다.

하지만 전체의 같음을 보면 사람은 무엇보다도 쉬운 결과물이다. 사람은 사람인 것이다.

결론은 이렇다.

다르지만 같고, 같지만 다르다. 그렇게 인정하면 사람을 대할 때 마음의 갈등이 없다.

사람을 대하면서 마음속에 갈등을 가지는 것은 수행자로서 바람직하지 못하다.

사람을 인정하되 같고 다름을 다 인정하고, 더 나아가 있음과 없음에 집착 말며 있음은 있음이요, 없음은 없음임을 알자.

부처가 소가 되다.

깨달았다고, 부처가 되었노라 하늘을 뚫고 땅을 가를듯한 기쁨을 맛보았다고 해도, 사랑을 실천하지 못하면 축생이 된다.

세상 모든 별들이 내 자식이요, 세상 모든 존재들이 나의 것인 것을 알았다손 치더라도 내 탐욕을 놓지 못하면 소가 되리라.

나 혼자 깨닫고, 나 혼자 완성되면 나는 나가 되는가?

세상에 남은 티끌 하나까지 다 깨달았을 때 내가 다 깨닫는 것이다.

옳고 그름의 기준이 여기에 있건만 세상인의 기준은 옳은 이 그른 이를 나눈다. 우리 곁에 온 관음보살이 옳은 모습으로 와 계실까 그른 모습으로 와 계실까!

옳음도 그름도 다 자유자재하리라.

악마는 결코 악마의 탈을 쓰지 않는다. 천사의 탈을 쓰고 마구니행을 계속하기에 악마의 소리를 듣고, 천사는 악마의 탈을 써서라도 중생을 도우려고 애를 쓴다. 천사는 어떤 탈을 쓰는가 개의치 않고 어떤 평판에도 구애받지 않고 천사의 행을 한다.

깨닫고 행하지 않으면 소가 된다.

소가 되어 깨닫지 못한 부처님을 섬겨야 할 것이다.

그러니 깨달아 부처가 되었다면 살아생전 소처럼 중생부처님을 섬겨야 할 것이다.

그리고 나서야 부처소리를 들을 수 있다. 그것도 죽고 나서.

살아생전에 부처, 하느님, 미륵, 재림예수라고 스스로 칭한 자는 다 축생이 된다.

사랑이 진정 무엇인지 묻는다면

"사랑이 진정 무엇입니까?" 라고 누가 묻는다면
　'무엇이라 대답할까.' 라고 자신에게 물어보세요.
　저한데 들은 것들 말고요.
　……
　……
　……
　내가 지금 하는 사랑이 진정 사랑만 있는지 돌아보세요.
　혹시 그 사랑 안에 증오와 미움이 같이 들어있지 아니한지.
　'이만큼 사랑하는데 너도 이만큼 사랑해주어야 하지 않니?'
라는 마음이 숨어있지 아니한지.
　그것이 충족되지 않으면 곧장 증오로 바뀌어 질 것이 아닌
지 돌아봅시다.
　진정한 사랑은 사랑하되 그 사랑조차 돌려드리는 것입니다.

사랑할 때 사랑하지 못한 회한

친구여! 사랑할 때 사랑하지 못한 회한을 아는가?

　아픈 목을 용각산으로 달래가며 피 터지게 노래한 개런티를
술값으로 대체하며 그것도 모자라 군인에게 총과도 같은 기타

를 잡혀가며 군인노릇하기 싫어하는 더구만* 상병의 술값을
댄 너의 친구사랑을 생각하면 산속에서 도道 닦는답시고 앉아
있는 지금도 내 마음이 숙연해진다. 그 때, 그 이후에도 더 너
를 사랑하지 못하였던 것이 못내 아쉽고 회한이 든다. 군인시
절 끝나고 나서 무심히 돌아서버린 서울 땅에서 너는 얼마나
아팠을까. 네가 그토록 아플 때 까지 무심하였던 나 자신이 얼
마나 무정한 놈이던가! 친구의 친구까지 모두를 사랑한 너의
행行을 지금 이제야 내가 흉내 내고 있단다. 마땅히 사랑하여
야 하지만 사랑하지 못한 친구를 사랑하듯이 이제 내게 오는
모든 사람을 사랑한단다. 조건 없이.

　다음에 만나도 이런 이야기는 못한다. 오늘 따라 하늘이 새
파랗네. 하기야 하늘이 어데 가나. 오고 갈 데가 없는 게 우리
인데…. 나이 먹고 혼자 산속에 있으니 별 타령을 다 하는 구
나. 춥다. 미숙씨 따뜻하게 해주고, 너도 감기 조심해래이.

활짝 열림 보살님

어제 대구큰절에서 활짝 열림 보살님을 만났다. '활짝 열림'을
법명으로 가진 공부와 행을 겸비한 훌륭한 수행자이셨다. 한때

---

* 　군복무시절 친구들이 붙여준 별명이 '더구만'상병이었다. 군대용어로 말끝
　　에 항상 '~더구만'을 많이 쓴 결과로 붙여진 별명이었다.

'열린 교회' '열린 선원' '열린 법당' 등등 많은 '열린'이란 단어가 유행했었다. '열림'에 대해 숙고해보자.

'열림'이란 안과 밖이 통한다는 뜻이다. 즉 아상이 높으면 열려있다고 볼 수가 없다. 또 상처 입은 자아로 말미암아 자신을 스스로 닫아놓고도 닫아 놓았는지 모르는 경우도 있다. '열림'이란 내 앞에 있는 대상에 대해 좋고 나쁨을 다 받아들인다는 뜻이다. 좋고 나쁨을 다 받아들이면 상대를 인정하는 것이요, 인정하면 소통이 되기 시작한다. 소통이 되었을 때 상대의 아름다운 모습을 보게 된다.

아름답다는 뜻은 '다 좋다'는 뜻이다. '열림'이란 다 좋게 보는 것이다. 우리가 살고 있는 이 세상은 우리가 창조했다. 창조를 하고 난 후 창조주의 첫 느낌은 '아름답다'였을 것이다. 최초의 우리는 이 세상을 아름답게 보았을 것이다. 그러다 점점 마음의 문을 닫기 시작하였고 나와 남을 가르고, 좋고 나쁨을 가르고, 옳고 그름을 가르고 난 뒤엔 아상과 비슷하면 아군이요, 다르면 적군으로 분류하고 끝에 가서는 서로 상처 입히고 괴롭히며 죽이기를 반복한다. 그런데 상처 입히고 죽이는 대상이 바로 자신의 연장선에 있는 존재들이다. 즉 내가 내 팔을 물어뜯고, 내 다리에 상처를 입히는 꼴이다. 개는 개를 낳고 소는 소를 낳는다. 우주라 불리는 하늘은 무엇 때문에 존재할까? 또 다른 우주, 또 다른 하늘을 낳으려는 것이 존재의 속성이다.

그런데 우주 의식체, 하늘과 내가 하나라는 의식체가 생겨야 또 다른 우주 또 다른 하늘을 낳을 수가 있을 것이 아닐까 생각해본다. 모두에게 활짝 열린 이, 모두를 다 아름답게 볼 수 있는 이 그리고 모두를 위한 존재의 행을 다 한 존재를 우리는 보살님, 부처님이라 부른다. 그래서 세세생생, 허공계가 다할 때까지, 중생계가 다할 때 까지 자신의 서원을 실천하는 관세음보살이 계신다. 관세음보살은 나와 따로 분리되는 존재가 아니다.

관음이 우리를 보면 바로 우리 모두가 관음이요, 우리가 관음을 볼 때는 우리 모두가 관음의 비추어진 모습이다. 그러니 바로 내 옆에 있는 분을 섬기면 관음을 섬기는 것이다.

도인道人은

도인道人은 자유인이요, 자기가 사는 세상에 책임을 지는 이다.

나 혼자 사는 방에 오늘 아침 파리 한마리가 날아다녔다. 그 파리의 창조주는 누구인가?

바로 나다.

나이기에 그 파리는 내가 책임지어야 한다.

밤 새 문자를 28통 받았다. 어렵고 힘든 또 다른 '나'들이 보낸 것들이다. '우야꼬' 하며 안타까운 마음에 기도를 해본다. '책임질지어다. 책임질지어다. 그리고 행복 할지어다.' 라고 기도한다.

인생은… 세상은…

인생은, 세상은

⊙ **생주이멸**生住異滅[모든 사물(마음)이 생기고, 머물고, 변화하고, 소멸하는 네 가지 현상]하고,
⊙ **생로병사**生老病死(사람이 나고 늙고 병들고 죽는 네 가지 고통)하며,
⊙ **성주괴공**成住壞空(사겁四劫인 성겁成劫·주겁住劫·괴겁壞劫·공겁空劫)을 말함.
  • 성겁成劫 : 세계가 처음에서부터 다 이루어질 동안을 말함.
  • 주겁住劫 : 세계가 이루어진 뒤부터 머물러 있을 때를 말함.
  • 괴겁壞劫 : 세계가 헤어질 동안을 말함. - 수재, 풍재, 화재에 의해서 괴멸.
  • 공겁空劫 : 세계가 완전히 괴멸壞滅하여, 다시 다음 세계가 이룩되는 겁에 이르는 사이의 기간.

이것을 인식하지 못하고 살다 어느 날 죽음이 오고 멸망을 맞이할 때 너무나 고통스럽다. 고통도, 죽음도, 멸망도 당연함을 알면 더 이상 고통과 죽음이 나를 휘두를 수 없다. 그러기 전에 공부하자.

인생의 의미가 거저 잘 먹고 잘 살기만이 아님을 제발 인식하자.

인생의 의미는 배움이다. 성인聖人이 되기 위한 배움이다.

그래서 인생의 의미는 또 베풂과 사랑이 된다. 나의 가장 소중한 것을 남들에게 줄 수 있는 마음을 배우는 것이요,
원수를 내 몸처럼 사랑할 수 있는 방법을 배우는 것이다.

마음의 힘

고교1학년 때 대구 계산성당옆 성물가게에 상본을 사러갔다가 사온 책이 칼릴 지브란Kahill Gibran의 『정신력의 기적』이라는 책이었다.
마음의 힘, 정신의 힘에 대해 단숨에 읽어 나가면서 자신의 정신력을 테스트 해보았지만 영 신통찮았다.
하지만 마음의 힘이 물질계를 창조한다는 확신을 가졌었다.
그 책의 저자 칼릴 지브란이 한 말이다.
마음공부 수행자들이 한번 새겨볼 말이다.

소유가 아닌 빈 마음으로
사랑하게 하소서

받아서 채워지는 가슴보다
주어서 비어지는 가슴이게 하소서

지금까지 해왔던 내 사랑에

티끌이 있었다면 용서 하시고

앞으로 해나갈 내 사랑은
맑게 흐르는 강물이게 하소서
위선보다는 진실을 위해
나를 다듬어 나갈 수 있는 지혜를 주시고

바람에 떨구는 한 잎의 꽃잎으로 살지라도
한 없이 품어 안을
깊고 넓은 바다의 마음으로 살게 하소서

바람 앞에 쓰러지는 육체로 살지라도
선善 앞에서 강해지는 내가 되게 하소서

철저한 고독으로 살지라도
사랑 앞에서 깨어지고 낮아지는
항상 겸허하게 살게 하소서.

모정母情의 길

강릉 왕산면 대기리 뒷산에 모정의 길이 있다. 고 차순옥여사께서 26년간 가족의 평안을 위해 돌탑 3,000여개를 쌓아 이루어진 길이다. 오래 전부터 돌탑 쌓기로 건강을 찾고, 가족들의 어려움이 풀려지는 기적 같은 일들을 매스컴을 통해 접한다.

맨손으로 돌탑을 쌓는 것이 얼마나 힘든 일일지, 해보지 않은 이들은 그 노고를 상상도 못한다. 다 마음의 소산인데 이치를 알면 이해도 되고, 어려운 처지에 놓였을 때 어떠한 자세로 살아야 힘든 처지에서 빨리 벗어날 수 있는지 가늠이 된다.

답은 무심이다. 한 사람의 무심이 자신의 건강과 가족의 평안, 심지어 세상의 평화까지 가져 올 수 있다. 마하라 불리는 온 세계에 가득하여 한 치의 틈도 없는 법신의 허공이 반야般若(지혜)의 성질이 있고, 전지전능의 힘이 있다. 이 허공법신이 우리들의 몸속에도 있다. 몸속에 있는 허공을 우리는 마음이라 부르고, 그 마음이 순수해 졌을 때 자성불이라고 부른다.

돌탑 쌓기는 다른 생각이나 갈등 없이 오직 돌탑 쌓기라는 단 하나의 마음적 행위를 해야 만이 가능한 일이다. 그것도 3,000여개라니….

마하의 끝도 시작도 없는 허공 맷돌에 '나'라는 작은 허공의 마음이 순수해져서 맷돌을 돌리는 손잡이인 '어처구니'가 되는 순간, '나'라는 업식이 풀리면서 마하의 허공에 전달된다.

작은 마음이 마하의 마음이 되는 순간에 모든 고충은 기적같이 해결된다.

　기도는 내 마음을 순수하게 하는 것이다. 오직 한 마음만 가지되, 차후에는 그 한 마음마저 놓아버리고 무심의 경지에 도달하면 기도의 성취는 자연스럽게 이루어진다. 이 이치를 이용해 기적의 기도도량들이 생기게 된 것이다.

　사람들은 이치는 생각지 않고 결과만 본다. 어디가면 하나의 소원은 이루어진다고 한다. 가는 길이 쉬운 기도처가 있던가? 다 어려운 길이다. 어려운 길을 잡다한 마음을 가지고 갈 수 있는가? 한마음으로 가게 되고, 그 한마음마저 힘쓰기가 극에 달할 때 놓아버리게 되는 순간, 기도처로 가는 길에 소원은 다 이루어지는 것이다.

　이 이치로 생활 속에 기도를 하면 된다. 밥 먹을 때 밥만 먹으면 도道고, 똥 눌 때 똥만 누면 그게 도道다. 이 쉬운 것을 우리는 실천하지 못한다. 그래서 도道를 행行이라고 한다.

예수님께서 오신 이유

예수님이 이 땅에 오셔서 우리들에게 전하려 했던 것은,
　바로 우리들이 사랑으로 이루어졌다는 것이다.
　그리해서 우리는 사랑 안에서 모두 하나가 될 수 있고
　살아서 이 땅에 하느님의 나라(조건 없는 사랑의 나라)가 이루어
지기를 바라셨고, 죽어서는 하느님과 하나 되어 하느님 나라에
들기를 원하셨다.

　돌아가시는 그 순간에도 당신을 죽음으로 몰아넣은 사람들
의 죄를 묻지 말라고 기도하셨다.

　그 분이 이 땅에 오셨음을 축하하며 우리 모두가 그 분의 사
랑과 하나 되기를 빕니다.

구도求道와 복福에 대하여

죽지도 살지도 못한 삶이 있음을 아는가? 다시 죽자니 지옥이 기다리고 있음을 알고, 계속 살자니 첫 번째 죽었을 때의 지옥보다 더한 지옥이 있으리라는 것을 알게 된 자의 선택은 저도 모르는 구도의 길이었다.

아무 생각 없이 차를 곧장 몰고 간 곳이 대구 반월당에 위치한 삼영불교서점이었다. 가서 미친 사람처럼 책을 골랐다. 대부분 불교경전이었고, 특별하게 칼 세이건Carl Sagan과 스티븐 호킹Stephen William Hawking이 쓴 책도 있었다. 왜 그 책을 골랐는지 나도 모른다. 그 때 고른 책들을 다 읽는데 3년이 걸렸다.

지금 돌아보면 나는 복이 많은 사람이다. 그 당시 결혼도 하였고, 3살 난 딸아이도 있었다. 그럼에도 불구하고 구도의 길을 갈 수 있었다. 아버지와 어머니에게 물려받은 재산이 좀 있었던지라 가장의 도리를 하지 않아도 지낼 수가 있었다.

하지만 복은 언제나 한계가 있다. 아마 전생에 지은 복이 있어서 공부를 시작할 수 있었지만 공부 끝까지는 그러하진 못했다. 그것을 느끼는 순간이 있었다. 공부한 산의 이름은 기억나지 않지만 어느 날 가져간 양식이 바닥났다. 허기진 배를 따뜻한 물로 채우려고 코펠에 물을 끓이고 있었는데 산 아래 절간 마당에 널려 있는 빨간 고추가 눈에 들어왔다.

절간으로 내려가 마당에 말리는 고추를 한 움큼 쥐었다. 쥔

순간 연세가 지긋하신 비구니스님께서 빗자루로 나의 등을 때리면서 '도둑이야~~'라고 소리치셨다. 허겁지겁 도망쳐 거처로 돌아와 물을 다시 끓이며 훔쳐 온 고추 두 개를 코펠 안으로 찢어 넣는데 까닭 없는 눈물이 주르륵 내렸다.

그때 알게 된 것이 이 공부는 복이 없으면 절대 하지 못한다는 것이었다.

부처님을 상징하는 단어 두 가지가 복과 지혜이다. 지혜는 복을 쌓지 않으면 얻을 수 없는 것이다. 지혜의 속성에 자비가 있고 당연히 세상과 타인에 대한 복을 짓는 것이 지혜의 열차를 탈 수 있는 승차권인 것이다.

초기시절의 공부

산 아래 민박집을 잡고 밤이 되면 산을 올라 자리 잡고 공부하다 새벽이 되면 내려왔다. 그 당시 같이 공부한 이들의 도명道名은 A사, B사, C사, D사, E사 등 사史자 돌림으로 나의 도명은 선사仙史였다. 시일 박영만 선생님의 가르침을 받는 사람들은 주로 대구지역의 입시학원원장, 교사, 약사, 전직 공무원 등 다양한 사람들로 구성되어 있었다.

마음자리 설명과 선정체험으로 이루어진 공부법에 훗날 '지구점 수련'이라는 체험성이 아주 높은 수련법은 D사와 E사가 나가서 만든 수련단체의 주요한 수련과정이 되었다. 그 수련법을 기초로 해서 여러 단계의 수련법을 창안한 D사는 유명한 수련단체의 수장이 되었다.

일반인들이 접근하기 어려운 마음공부를 널리 대중화한 것은 대단한 업적이다. 순수 수련단체로 많은 이들이 자성을 체험하는 바람직한 수행처가 되기를 간절히 바라는 마음 또한 있다.

마음공부를 하다보면 자신이 특별한 사람이라고 착각하는 경우가 허다하다. 정말 극복하기 어려운 마장인데 대다수의 수행자들이 빠져 허덕이고 있다.

내가 공부한 도의 계접系椄*은 수평적 질서와 수직적 질서의 만남으로 이루어진다. 전하는 이는 지극한 수평적 질서, 전함을 받는 이는 수직적 질서를 타야만 계접이 이루어진다.

스승도 배우는 학인도 다 잘해야 계접이 이루어진다. 스승은 평등심을 실천해야 하고, 학인은 천륜이라는 수직적 질서를 실천해야 한다. 스승 역할하는 이들의 가장 큰 유혹은 평등심을 놓치고, 자신도 수직적 질서를 타는 것이다.

그래서 각자가 제 역할을 잘 하는 방법 밖에 없다. 공부에 대한 순수성을 지켜나가야만 우리 모두가 성장할 수 있다. 길어야 100년도 안 되는 명줄을 가진 인간이 순수공부에만 매진해도 모자랄 판에 세상 것에 대한 야망으로 허송세월해서는 너

---

* 계접이란 말은 전등록에 나오는 단어로 "도를 어떻게 이어 가십니까?라는 뜻이다.

무 아까운 인생이 아닌가.

사람으로 태어나기 힘들고, 사람으로 태어나도 좋은 법을 만나기 힘들고, 좋은 법을 만나도 좋은 스승을 만나기 정말 힘들었노라고 앞서 간 도인선배님들의 말씀이 지금까지도 전해지고 있다.

오고가는 인연을 잘 관찰해야 하며, 진리와 잠시라도 인연이 되면 자기인생사 중에 가장 소중하게 여겨야 할 것이다. 이 세상이 있는 이유가 결국 진리의 구현이며, 그것을 눈치 채지 못하고 세상 것에 팔려 마지막 가는 순간까지 자기 부처님, 자기 하느님을 못보고 가는 경우가 대다수의 인생들이다.

자기 부처님, 자기 하느님을 찾고 증명하여 이 세상에 구현해야 한다. 그것이 우리가 사람으로 태어난 연유이건만 그저 살기만을 위해 살아가는 것이 보통의 인생이다.

금생에 인연을 못 만났다면, 작복作福하고 선업善業을 쌓아 내생의 인연이라도 만들어야 한다. 왜냐하면 우리에게는 끝없이 남아있는 생生이 있다. 그저 한번살고 마는 생이 아니다. 이것을 알면 함부로 절대 살 수가 없다. 작은 일이라도 작복하고, 선행하며, 틈틈이 공부해야 한다.(요즘처럼 공부하기 좋은 때가 없는 듯하다. 각자가 가지고 있는 휴대폰으로 훌륭한 법문을 들을 수 있는 이런 좋은 세월을 언제 다시 만날 수 있을고!)

국가 공무원과 지구(하늘) 공무원

국가공무원은 국가를 위하는 공무원이다. 신분과 직계 자손까지 생활을 국가가 보장해준다.

지구공무원(하늘 공무원)은 지구와 우리 모두를 위한 공무원이다. 그 분이 하는 생각, 말, 행동 하나하나는 오로지 지구-하늘-우리 모두를 위한 것이다. 그분들의 직계가족은 물론 위로 9대代 아래로 9대까지 하늘의 보살핌을 받는다.(집안에 도인이 나면, 9족族, 상하 좌우 9대까지 해탈한다고 한다.)*

"부처된 자가 쉬는 곳이 있으니 산 밑에 소이다"라는 말이 있다. 마음공부한 자가 마음을 쉬게 하는 곳이 있으니 곧 만인을 섬기는 자리이다. 만인을 위한 공무公務의 자리가 바로 도인의 참 된 자리이니, 부처되어 만인 위에 있을 생각으로 공부하시는 분이 있으면 지금 당장 그 마음을 포기하심이 옳다.

---

*   백성욱, 『분별이 반가울 때가 해탈이다. 백성욱 박사 법문집』(파주: 김영사, 2021), p329. "그대 한 사람이 공부하면 상하좌우上下左右 9대代가 편안하다. 또 도인 한 사람이 공부하려면, 상하좌우 9대가 도와야 한다. 상하좌우 9대는 온 우주 전부를 말하는 것으로 경계가 없는 셈이다."

하늘공무원의 역할은 서로 다르다

토굴주변에는 과실나무들이 심겨있는 밭들이 많다. 지금은 복숭아 철은 지나갔고, 감과 사과가 익어가고 있는 중이다.

열매를 얻기 위해서는 먼저 씨앗인 종자가 필요하다. 자연에서는 종자를 얻는 시기가 있고, 종자를 심고 싹이 나서 어린 묘목까지 키우는 시기가 있으며, 묘목을 성장한 나무로 키우는 시기, 시간이 지나 나무에서 열매를 맺게 하고 그 열매를 수확하는 시기가 있다.

세상을 둘러보면 열매를 수확하는 것만 보인다. 도판에서 오랫동안 있다 보니, 보이지 않는 곳에서 묵묵히 자기역할을 하는 도인들을 엿보게 된다.

나의 경우는 수행자의 가슴에 도의 씨앗, 종자를 심게 하는 역할이 아니었는가 싶다. 종자 안에는 모든 것이 다 담겨 있다. 종자의 순수성이 떨어지게 되면 훗날 결과물인 열매가 부실해진다. 순수성에 매진하다보면 평범한 사람들의 눈에는 뜨이질 않는다. 그리고 대중의 실천성과는 멀어진다. 나의 큰 딜레마였다. 씨앗을 심어야 하는데 씨앗을 만들려하는 사람들이 귀하니 좀 더 대중적으로 다가가면 순수성을 놓게 되어 도의 씨앗이 될 수 없고, 그러다 보니 나의 역할은 나름대로 힘든 과정이었다.

도반들 중에 열매만 취하는 이들도 더러 있었다. 하지만 내가 보기에는 열매만 취하려 하고 그들의 영혼 속에 있는 순수

한 도의 씨앗을 외면하게 만드는 엉뚱한 업을 만들고 있었다.

곧장 바른 길로 가는 수행자를 본 적이 없다. 아직까지는. 나 역시 갈 지之자로 이 길을 걸어왔다. 자기가 걸어온 길을 돌아보면 금방 눈치 챌 수가 있다. 도의 종자에서 얼마나 내가 멀어졌는지를.

첫 도명道名 선사仙史에 대해서

신선 선仙자는 참선 선禪자의 고어古語라고 옥편에 나와 있다. 사기 사史는 역사 사, 관리 사라고 나와 있다. 글자대로 해석하면 참선하는 관리라는 뜻이다. 가끔 나를 두고 '하늘공무원'이라고 스스로 표현하는데, 도명대로 살아가기 위함이다.

참고로 신선神仙에 대해 우리가 오해하는 것이 있어 한 말씀 드리고자 한다. 우리가 가지고 있는 신선에 대한 관념은 중국 도교의 영향을 받은 신선이다. 중국신선에는 3종류가 있다. 천선, 지선, 인선이 있다. 천선은 허공과 합치되어 위로 상승한 도인이라 하고, 지선은 땅에 살며 5~600백세의 삶을 살며 명산을 유람한다고 되어 있다. 인선은 무병장수하는 이를 말하고 시해선尸解仙은 죽고 나서 신선이 되는 이를 일컫는다.

그러나 고대로부터 내려오는 한국선도의 신선은 다르다. 한국의 신선은 탐구인세貪求人世라 하여 세상을 구하려는 것을 탐하는 존재라고 기록되어 있다. 세상에 나아가 나라를 건국하거나, 위기에 처한 나라를 구하고, 백성을 교화하는 존재를 신선이라고 한다. 도명은 자기만의 완성으로 나아가는 길이다. 사람마다 길은 다르지만 목적지는 같다. 개성에 따라 가는 길이 다를 뿐 우리의 목적지는 다 한곳이다. 선사이든, 불사이든, 석사이든 간에 …….

개인이든 국가이든 과거가 투명해야 한다.

우리의 관념에 있는 신선과는 진짜 마음 공부하는 신선과는 괴리가 있음을 전장에서 밝혔다. 마음공부를 하다 보니 우리의 역사가 너무 왜곡되어 있음을 자연적으로 알게 되었다. 지식이 존재화 되면 잘못된 지식이라도 계속 존재하려는 성질이 있다. 한번 잘못된 지식이 입력되어 관념화 되면 곧 인격체가 되어 버린다. 그러나 개인이나 국가나 과거가 투명하지 않으면 결코 바르게 일어설 수 없다. 넘어진 자 넘어진 땅을 밟고 일어선다는 옛 선사들의 가르침이 결코 허황된 말이 아닐 것이다.

가까운 중국과 일본을 보면 분노에 차기도 하지만 안타깝기도 하다. 저렇게 왜곡하면 미래에 나라가 쓰러질 것이며, 개인이 과거를 왜곡 또는 본인도 모르게 감추고 있으면 현실은 점점 자기본성과 괴리되어 간다. 그 끝은 역시 건강이 무너지고 자기존재도 무너지게 된다.(나의 건강이 무너진 이유는 사회적으로 훈련된 인격이 자연인격을 무시하려는 데서 기인했다.)

C 스님과의 인연

어느 큰스님께서 열반에 드시고 나서 한 때 C스님의 법문이
세간에서 인기가 있었다. 대구근교 모 암자에 주석하셨는데 개
인적인 인연을 이어가게 되었다. 요사채 한편에 일반인 수행자
들이 기거하였고, 약간 모자라신 동생분이 군기반장을 하셨을
때의 어느 설날이었다.

많은 사람들이 줄지어 스님께 세배를 드리고 있었는데, 스님
께서 하시는 말씀이 "저기 저놈은 세뱃돈을 오백만원 가지고
왔네." 하셨다. 한참 뒤편에 줄서서 기다리시는 그 분이 와서
세배를 하시곤 돈뭉치를 내어놓았는데 정확하게 오백만원이
었다.

법문도 훌륭하셨지만 저런 신통력도 가지고 계신 스님께서
하신 말씀이 "너는 중이 되었으면 기가 막힌 중이 되었을 텐
데, 출가할 나이가 넘었으니 (그 당시 조계종 출가자격이 40세까지였
다.) 그만 돈이나 벌어라. 돈도 도道다. 너는 이제 돈 벌면 큰 부
자 된다."

저런 말씀을 해주셨는데도 나는 돈 벌기보다는 공부가 좋았
다. 지나서 하는 말이지만 공부를 목숨위에 놓지 않으면 마음
공부는 안 된다.

조오현 스님

오늘은 조오현 스님의 다비식이 있는 날이다.

스님이 쓰신 책을 보고 27년 전 가출을 하여 구도의 길을 갔다. 나에게는 큰 스승님이셨다.

스님께서 말씀하시기를 '절간도 교회도 소음뿐이고, 팔만대장경은 죽은 쓰레기이다, 서울역 노숙자들에게 무엇이 필요한가 생각해보는 것이 진짜 도道다.'

형상과 소리에 잡히지 말라는 큰 가르침이셨고, 세상에는 남이 없으니 어려운 이웃을 돌보는 것이 곧 나를 돌보는 것이 바른 길임을 말하셨을 것이 아닌가 사료된다. 마음속에 살아만 계셔도 든든한 스승님들께서 한 분씩 가시는 것이 나에게는 부모님이 돌아가시는 듯하다. 대보살로 환생하셔서 다시 우리 곁에 오시기를 기원합니다.

조오현 스님의 법호는 설악이요, 법명은 무산이시다. 즉 무산스님보다 조오현이란 속명俗名으로 유명하신 것은 시인으로 등단하셨고, 속명을 필명筆名으로 쓰셨기 때문이다.

출가도 인연 따라

대우자동차에 근무할 때 전설의 판매 왕이었고, 어느 날 홀연히 사라져 가톨릭 수도원 수사로 십 오년 이상 있다가 월정사로 출가하여 스님이 된 고등학교 동창친구와 연락이 닿았다. 조계종 출가나이가 50세로 되었으니 출가하기를 권하였다. 처음에는 조계종 선가의 맥을 잇는 성수스님에게로 권하였는데 어느 날 갑자기 한국불교대학대관음사로 급히 오라고 전화가 왔다.

그곳에서 처음 뵌 분이 지금의 은사스님이신 우ᄆ자 학學자 스님이시다.

대구에서 자라난 사람이 대구절로 출가하는 것에 대해 망설이는 나에게 은사스님께서는 경주 감포에도 우리 절이 있으니 그곳에서 행자생활을 하면 된다고 말씀하셨다.

고교동창 친구스님께서 미국 만행을 위해 화주를 청하시는 자리에 나는 비싼 행자로 팔려서 출가했다.

덕분에 나는 경주 감포에 있는 절로 출가하여 무문관의 한 작은 방에서부터 행자생활이 시작되었다.

전생인연을 만나다

처음에는 혼자였다가 어느 날 행자들이 대구 절에서 오게 되었다. 혼자서 행자 생활을 하다 갑자기 행자들이 늘어나게 되고, 행자반장이 대구 절에서 왔는데, 처음에는 사이가 좋았다가 말 한마디 잘못한 덕분에 행자 시집살이가 시작되었다.(도올 김용욱 선생을 폄하하는 말끝에 그만큼 공부하시고 난 다음 평가하시는 것이 어떠냐는 말 한마디 덕분에 3년간의 미운털 박힌 인연이 되었다.)

20년 연하의 행자반장으로부터의 군기는 나이 50에 겪기에는 정말 힘들었다. 밤마다 108배로 참회하며 이 인연의 업이 풀어지기를 기도했다. 3년이 지난 어느 날 전화가 왔다. '왜 그렇게 스님을 미워했는지 저도 모르겠습니다.'라는 진솔한 대화로 그 분과의 인연은 끝이 났다.

그 날 그 분과의 전생인연이 스쳐 지나갔다. 전생에 아내였던 그 분은 결혼 후 출가한 나를 3년 동안 기다리다 떠나갔다. 3년 동안 돌아오기를 기다리게 했던 업으로 나는 그 분으로부터 그런 고초를 받게 되었던 것이다. 원수는 외나무다리에서 만난다고 했던가. 출가나이를 꽉 차서 출가한 탓에 그만 둘 수도 없었다. 무조건 이 과정을 넘겨야 했었다. 업보는 반드시 찾아온다. 피할 수 있으리라 생각하지만 하늘은 조금도 빈틈이 없다.

전생기억

직지사에서 사미계 집체교육을 받을 때였다. 경상북도와 직지사의 합동소방훈련을 하고 있었다. 소방헬기가 대웅전 뒤편에 물을 쏟아 붓는 장면을 단체로 관람하고 있을 때 갑자기 전생의 장면이 앞을 지나갔다.

대웅전에 불이 나서 불길이 점점 커져 가는 가운데 부처님을 모시고 못나왔다고 발을 동동 굴리며 통곡을 하고 있는 한 어린 스님의 모습이 보였다.

전생기억과 현재의 심정이 연결되는 순간 주위사람들이 있음에도 나는 통곡을 했다. 그 장면을 본 아사리*스님께서 빙그레 웃으시며 나를 위로해주었다. '다시는 그런 일이 없도록 하실 겁니다.'라고.

이상한 것은 내가 본 장면을 아사리스님께서도 보셨는가 하는 것이다.

직지사에서 삼보일배중에 땅에 대한 감사함을 뼈저리게 느낀 순간이 있었다.

집체교육 기간 중에 일주문에서 대웅전까지 삼보일배를 하게 되었다. 전날부터 눈이 많이 와서 눈이 쌓여있는 길 위를 삼

---

* 아사리: 교수教授·궤범軌範·정행正行이라 번역. 제자를 가르치고 지도할 자격이 있는 승려. 5회 이상 안거하고, 계율에 밝고, 의식을 지도할 수 있는 승려.『시공불교사전』

보일배를 하였는데, 교육기수생중에 외국인들이 다수 있었다. 외국인스님의 교육받는 모습을 취재하기 위해 방송국기자들이 카메라를 들고 따라왔다.

중간쯤 왔을 때 갑자기 나의 눈에서 참회의 눈물이 쏟아져 내렸다. 땅을 밟고 살면서 한 번도 땅에 대한 감사의 마음을 하지 않은 것에 대해 너무나도 미안한 마음이 들고 그 순간 내 눈에는 눈물이 쏟아져 내려왔다. 그 모습을 찍으려는 카메라맨과 눈물을 흘리려는 모습을 보이지 않으려는 나와 묘한 모습이 연출되었다. 고개를 돌리기도 하고, 입술을 깨물기도 하였지만 쏟아져 내리는 눈물은 멈추어지질 않았다.

땅에 대한 감사함을 우리는 너무도 모르고 살고 있다. 머리로 관념적으로 감사해야 한다는 것이 아니라 진실로 감사함을 느껴야 한다. 그러한 감사함을 느끼도록 하는 것이 삼보일배수행이 아닌가 싶다. 땅에 대한 감사함을 절실히 느낀 자만이 천하를 얻을 수 있는 자격이 있지 아니한가 싶다. 정치하시는 분들이 단체로 삼보일배를 하면 대한민국의 정치판이 좀 더 나아질까 싶다.(정치적 위기가 생겨 그 상황을 벗어나려고 하는 것이 아니라 진솔한 삼보일배의 모습을 보고 싶다.)

은사스님의 가르침

처음 입산해서 은사스님의 저서인 『완벽한 참선법』으로 선관
쌍수禪觀雙修를 실참했다. 이 공부법으로 주간참선반, 야간참선
반, 시민선방의 지도법사 소임을 맡기도 했다. 실참교재로 구
내서점에서 800권 이상 판매된 것을 보면 시간만 주어진다
면 이 책 한권으로 누구나 쉽게 참선의 진수를 맛 볼 수 있는
교재다.

　은사스님께서는 당신의 깨달음을 『무일선교법장』이란
1,469쪽의 방대한 저서에 다 녹여내셨다. 아마 한평생 공부해
도 다 해보지 못할 실참경지를 가지고 계시는 스승님이시다.
당신께서는 깨달음은 자내증自內證이라 사람마다 다 다르게 느
끼고 느낀바 표현 역시 다 다르기 때문에 실참수행자들이 가
지는 어려움을 생각하셔서 객관성을 가지고 이 어려운 경전불
사經典佛事를 완성하셨다고 한다.

　진정 바른 수행자가 되려 한다면 『무일선교법장』을 탐독하
기를 권한다. 은사스님께서는 깨달음의 단계를 '무일無一의 오
도체계悟道體系'로 피력하셨다.

1. 업아業我-심사자기心使自己 즉 마음이 자기를 다스리는 업으
　로 이루어진 자기의 단계를 말함이요,
2. 몰아沒我-심멸인무心滅人無, 마음이 사라지고 사람이 없는 상
　태의 단계.
3. 묘아妙我-지현사심智顯使心, 지혜가 나타나 마음을 다스리는

단계.

4. 공아空我-지심원융智心圓融, 지혜와 마음이 원융한 단계이다.

무일無一은 은사스님의 법호이시다. 법호와 법명이신 우又자와 학學자를 보면 은사스님께서는 관세음보살님의 화신이시다. 더 이상 공부할 이유가 없는데도 중생들을 깨우치기 위해 함께 다시 공부하시는 듯하다.

은사스님을 뵙기 전까지 나의 병명은 교만이었다. 아마 전생의 병도 교만이었음을 수행기간 중에 내내 느꼈지만 그 병을 고치기는 정말 어려웠다.

물욕도 내려놓고, 명예욕도 내려놓았지만 한 소식한 도인이라는 가짐은 내려놓기가 정말 힘들었다. 은사스님을 처음 뵈었을 때 하대하지 않는 언행에 충격을 받았고, 가까이 모시면서 당신의 실천하는 모습에 감동을 받았다. 보통 시자를 1주일 정도 하면 2주 이상 몸살을 앓는다.

나는 은사스님과의 인연을 통해 나의 병을 고쳤고, 더 큰 공부를 이루었다. 그것만 해도 은혜로움이 바다를 다 채우고도 남는다. 하지만 내려오는 절집의 전통적 관습과 달리 운영되는 무일문도의 가풍은 출가수행자들이 느끼기에는 타 문중과 다를 수도 있다.

나는 이렇게 생각한다. 수행자는 공부만 하면 된다. 출가해서 공부하다 몸을 바꿀 때가 되면 사람 눈에 뜨이지 않는 산허리 양지바른 터에 앉아 그냥 홀연히 바꾸면 된다고 생각한다.

나의 육신은 땅의 거름이 될 것이요, 뭇짐승의 먹이가 될 것이니 그만하면 충분하다고 생각한다.

그러나 출가수행자들의 생각이 다 나와 같지는 않다. 스님이전에 사람이요, 사람이다 보니 먹고 입고 자는 문제가 있다. 스님들의 노후생활이 천주교 사제들과 같이 보장되어 있지 않으니 다들 그 문제에 집착하지 않을 수가 없다.

그리고 시간이 지나감에 따라 자기만의 수행풍을 가지려는 경향도 있다. 나 역시 나이가 들고 몸이 예전처럼 움직이지 않으니, 절집의 관습대로 수행할 수 있는 처지가 되지 못하다.

구름이 모였다 흩어지듯 절집의 인연 역시 모여지고 흩어지는 것이 아닌가 싶다. 하지만 처음 출가해서 뵈었던 사형스님들의 모습은 처음 뵙는데도 다들 익숙했다. 아마 전생의 인연들이 아니었는가 싶기도 했다.

행자생활 중에 하산한 수행자들 역시 눈에 익숙했다. 그때 느끼기에 우리는 전생에도 수도 없이 같이 출가한 수행자들이 아니었는가 하는 생각이 들었다. 지금 일어나는 현상들은 단 한번 일어나는 현상이 아니고, 수도 없이 반복된 과정이 아니었는가 하는 생각을 했다.

부처님의 가르침을 완성하기 위해서는 부단한 노력이 필요하다. 단 한 번의 실천이 쌓이고 쌓여 결국 나를 완성한다. 오늘 이 글을 읽는 수행자 역시 한 번 더 도전하기를 바란다. 그 도전들이 모여 나를 완성시킴을 믿고 무소뿔처럼 앞으로 나아가기를 바란다.

스승과 제자 그리고 도반

불법을 공부하는 수행의 길은 마치 산 정상을 오르는 것과 같
다. 오르는 길인지라 '가짐'이 적은 사람이 공부하기가 쉽다.
'가짐'은 다른 말로 집착이라고 표현해도 된다. 눈앞에 보이는
것에 시시비비하기 보다는 자기 속을 들여다 보아 나에게 어
떤 '가짐'이 있는가 살피는 것이 수행자의 본분이다.

산의 정상을 오르는 길은 한 가지 길이 아니다. 수많은 길이
있을 수 있다. 근기에 따라 업의 상태와 깊이에 따라 올라갈 수
있는 길이 다 다르다. 그리고 어떠한 때는 같이 걷다가 서로 다
른 업의 경계를 만나면 헤어져 서로 다른 길을 갈 수도 있다.

우리는 보통 제자가 스승을 선택하는 줄 안다. 하지만 실상
은 스승이 제자를 선택한다. 스승은 업과 인연에 따라 제자를
선택하여 같이 길을 간다. 끝까지 가는 제자도 있는 반면 도중
에 다른 길로 보내는 제자도 있다. 마음은 모두가 다 성불하기
를 바라지만 본인 역시 가고 있는 길에 맞추어 법을 전한다.

이 불법의 진수는 말과 글에 의해 전등된 것이 아니라, 마음
과 마음, 이심전심에 의해 전해져왔다. 마음이 닿지 않으면 아
무리 좋은 말과 글을 전해도 법은 전해지질 않는다. 도반 역시
마찬가지다. 지금은 같이 가지만 서로 다른 경계를 맞으면 헤
어지게 된다. 같이 가지만 목적지가 다를 수도 있고, 서로 다른
길로 가지만 목적지가 같을 수도 있다.

정승靜勝! 고요할 정, 이길 승. 정승이란 말이 『서장書狀』에 나

온다. 가장 으뜸공부는 마음을 고요하게 하는 것이란 뜻이다. 마음을 고요하게 한다는 뜻은 마음에서 마음을 만들지 말라는 옛 선 지식인들의 가르침이다. 세상일에, 눈에 보이는 것에, 귀에 들리는 것에 마음을 요동치게 하지 말고, 마음에서 마음을 만들지 않는 연습을 많이 해야 한다.

그러면 세상전부가 다 환하게 보인다. 그리고 세상 전부가 다 나의 몸이요, 나의 분신임을 깨닫는다. 거기에서 큰 자비와 지혜가 나온다. 그래서 도저히 이해하지 못할 이를 이해하게 되고, 용서하지 못할 이를 용서하게 되고, 사랑하지 못할 원수를 사랑하게 된다. 너와 나, 옳은 이와 그른 이, 적과 아군을 나누는 것이 불법이 아니다.

모두를 하나로 보는 것이 부처의 눈이다.

바르게 공부한 수행자

바르게 공부한 수행자는 절절한 부끄러움을 느껴본 자이다.

그러기에 자신의 욕망을 위해 남을 이용하지 않는다.

자기성찰은 부끄러움을 아는 자만이 참된 성찰을 할 수 있다.

세계평화와 극락세계를 꿈꾼다면 먼저 자기성찰부터 하여야 한다. 그 성찰은 지독한 부끄러움을 느낀 후에야 가능하리라.

요즘은 부끄러움을 모르는 자칭 도인道人들이 많다. 공부시작을 공부마침으로 알고 있는 자들도 너무 많다. 자기도 속이고, 남도 속이는 형상이다. 자기가 있고, 남이 있는 자는 지독한 지옥 맛을 볼 것이다. 자기를 속인다고 지옥이 없을 것이라고 착각하는 자칭 도인道人들도 결국 지옥중생일 수밖에 없다.

나를 닦는 이유가 남을 편안히 하고 섬김에 있는데, 오히려 남들이 나를 섬기기 위해 공부한 자들은 마귀다. 마귀는 자신이 마귀인지 모르니 계속 마귀 짓을 하고, 사람을 위하는 보살과 천사는 자기가 보살과 천사인줄 모르니 보살과 천사의 행을 한다. 그만큼 진실한 성찰이 어렵다는 말이다. 똑같이 모르지만 보살과 천사는 당연함으로 하고, 하고는 한 바가 없고, 마귀는 무조건 자기가 옳고, 자기의 행은 하늘이 하는 바라 선전한다. 정작 중생이고, 부처고 다 하늘이요, 부처이다. 알고 모르고의 차이요, 자각해서 '나'로부터 떠나느냐, 아니면 떠나지 못하고 육신의 가죽포대기 속에 갇혀 있느냐의 차이일 뿐이다.

우리는 본디 다 부처이다. 참된 수행자는 자기가 깨달았을 때 세상 모든 존재가 다 깨달아 있었음을 안자이다. 그러기에 깨닫고, 못 깨닫고의 차이보다는 있는 그대로의 모습으로 섬길 줄 아는 이가 참된 수행자이다.

아는 것과 알고 있음을 아는 것은 다르다. 또 알고 있음을 아는 것과 행하는 바는 다르다.

행도 그 행을 다 한 자와 행할 바가 많이 남은 수행자는 역시 다르다. 진리를 위해 몸과 마음을 다 바쳐 보아야만이 진실한 보살을 만날 수 있을 것이다. 불보살은 결국 내 안에 있다. 내가 그리 할 때 내안의 보살이 나타난다.

부처는 수많은 부처를 낳았기에 부처가 되었고, 예수는 자기와 같은 예수 12명을 낳았기에 예수가 되었다. 공자 역시 72명의 공자를 낳았기에 지금 3대 성인의 반열에 계신다. 처음부터 완성된 부처와 예수가 있었을까? 다들 학이지지자學而知之者요, 곤이지지자困而知之者들이다. 배워서 아는 자와 곤궁함을 겪고 아는 자를 말함이다.

공부 전에 필요한 공부

세상의 그 어떤 공부라도 공부전의 공부가 있다.

그것은 하고 싶은 것을 참는 훈련이다. 참는 것도 반복하게 되면 인내력이 더욱 커지고 강해진다.

또 하기 싫은 것을 하는 훈련이다. 하고 싶지 않지만 하고 또 하다보면 저절로 하게 되는 날이 온다.

모든 것은 반복이다. 반복, 반복 하다보면 이상적인 습관이 들게 된다. 공부도 공부하는 습관을 지녀야 한다. 한번 되었다고 영원히 그렇게 되는 법은 극히 희유하다.

한번 그런 마음이 들었다하여 그 마음이 영원히 주인이 되는 것은 아니다. 그러함을 알고, 자기마음을 조복시키는 훈련을 해야 한다. 하다가 병이 들 수도 있다.

그렇다고 포기할 수는 없다. 설사 죽는다 해도.(잠시 쉴 수는 있지만 포기해서는 절대 아니 된다. 왜냐하면 중생의 삶은 영원히 지속되기 때문이다. 다음 생에는 제발 이런 인격에서 벗어나야 되지 않겠는가!)

마음공부의 단계

수도修道!
도道를 닦는다는 말은 마음을 닦는다는 의미이다. 어떤 마음을 닦을 것인가?

제1단계는 싫어하는 마음을 닦는 것이다. 그것을 수염修厭이라 한다. 도道는 반드시 해야 할 일은 죽어도 하고, 하지 말아야 할 것은 죽어도 하지 않는 것이다. 이것을 수염이라 한다. 내가 싫어하는 마음을 닦는 것이 수도의 시작이다.

제2단계는 이욕離慾이다. 욕심을 떠나는 것이다. 욕심을 떠나야 법을 만날 수 있다. 우리는 스스로 얼마나 많은 욕심을 가지고 있는지 자각하지 못한다. 각자의 정상normal함이 얼마나 비정상abnormal함인지 자각하기 힘들다.

제3단계는 해탈解脫이다. '나'라는 것을 풀고 벗는 것이다. 그것은 욕심을 떠나야만 가능한 것인데, 불가에서는 해탈이 궁극적 목표로 친다. 하지만 그다음 단계가 또 있다.

제4단계로 해탈지견解脫知見이다. 자신이 이미 해탈하였다는 해탈자로서의 지혜가 있어야 한다.

그렇게 됨으로서 제5단계인 아생기진我生已盡 즉 나의 생이 다하게 된다. 결국 살아 있으면서 내가 죽은 삶이 시작된다.

'내가 낸데'라는 삶이 사라지면 6단계인 청정清淨과 적정寂靜의 경지에 도달한다. 이름하여 범행기립梵行已立이다. 이경지에 도달하면 수행자가 해야 할 본분을 다 마쳤다하여 소작기작所作已作이라 부른다.

그 다음 경지를 무학위無學位이라 부르는데 더 이상 배울 것이 없노라고 한다. 조선의 건국을 도우셨던 무학 대사라 불리시는 스님의 법명에는 이러한 뜻을 내포하고 있다. 더 이상 배울 것이 없으니 윤회를 하지 않는다. 그것을 불수후유不受後有라 부른다. 마음공부의 끝은 불수후유를 스스로 아는 것이다.

세상에 고수는 엄청 많다

마음공부 하다보면 내가 최고수라는 자만심을 가지게 되는 때가 온다.

마음공부는 절대 마음만이 아니다.

마음이라 이야기 할 때는 세상 모든 것이 다 포함되어 있음을 알아야 한다.

나보다 청소를 잘하면 그 사람은 나보다 고수다.

나보다 사업을 잘하면 그 사람은 나보다 고수다.

나보다 많은 사람들에게 무엇이던 간에 인정받는 것이 있다면 그 사람은 나보다 고수다.

하심즉불심下心卽佛心!

하심이 곧 부처의 마음이라는 말은 절대 허튼 소리가 아니다.

새겨듣고 새겨들어 돌에 각인하듯 마음에 새겨야 한다.

이것을 놓치면 마음공부가 아니고 사기가 된다.

나를 속이고 남을 속이게 된다.

설총이 받은 비밀유산

요석공주가 성장한 설총에게 아버지이신 원효스님을 찾아뵈라고 말했다. 원효스님께서 다른 일을 보고 있는 동안 설총은 절 마당을 빗자루로 쓸었다. 깨끗하게 쓸고 나니 아버지이신 원효스님께서 오셔서 한곳에 모인 낙엽을 다시 뿌리시며 '이것이 도道이니라.' 하셨다.

위의 글은 기록에 남겨진 내용이다.

내가 만일 원효스님이라면 낙엽을 뿌려놓고 다시 비질을 하라고 하겠다.

그리고

"네 몸과 마음을 다해 다시 쓸어라. 네 목숨을 다해, 너의 모든 존재를 다해 쓸어라. 그리고 한 바가 없어라. 그것이 도道이니라."

이렇게 말하겠다.

기록에는 남아 있지 않지만 아마 원효대사님께서는 이런 말씀을 하셨으리라.

왜? 내가 눈치 챘는걸 보면 그런 의미도 내포하셨을 것이다.

그런 말씀이 설총을 해동의 성인군자로 만드시어 하늘을 떠받치는 기둥이 되었다.

자식에게 물질의 유산을 물려주기보다 세상이치를 꿰뚫는 한마디의 법문으로 성인이 되게 하는 것이 훨씬 나은 유산이 되리라. 자식을 둔 아비의 마음이 곧 스승의 마음이기도 하리라. 나보다 나은 자식이 되기를, 나 보다 나은 제자가 되기를 바라며.

존중과 배려

10월6일 오후5시 통영으로 출발해서 방금 도착하였다.

사형스님의 속가 모친상에 조문 차 부랴부랴 다녀왔다.

세수는 내가 제일 많지만 법랍이 작은 내가 오고가는 길을 다 운전했다. 문득 돌아오는 길에 마음속으로 다짐했다. 나는 세월이 아무리 흘러도 사형스님들에 대한 존경심을 놓치지 않으리라고.

지경도원持敬道源

공경함을 유지하는 것이 도행道行의 근원이다.

세상의 그 어떤 상대들에게도 공경함을 잃지 말자.

그것이야말로 나를 바꾸어 道도의 길을 가도록 한다.

돌아보리라. 내가 게으르고 싶을 때, 정진심을 놓치려 할 때, 마음에 이기심이 나오려고 할 때......

우정도, 부부의 연도, 사형사제지간도, 세상 모든 관계에서 기본은 존중과 배려이다. 무엇보다도 세상 모든 상대를 존경하자. 그것이 진정 수행자의 길인 것 같다. 특히 가까운 인연들에 대해서.

수행의 근본

유식唯識을 공부하다보면 부처님의 불음佛音을 논하고 밝히고 주석하는 여러 선지식인禪知識人들의 열정을 느낄 수가 있다.

금주 대학원 세미나주제가 원즉스님의 '구舊유식과 신新유식의 회통'이다.

많은 논문과 자료를 보고 있노라면 가슴이 매고 눈물이 날 때도 있다.

지금 우리가 바르게 공부하고 있는 이유는 어느 한분의 뛰어난 깨달음과 노력이 아니고, 말로 형용할 수 없는 고통의 수행기간을 보내신 많은 선각자들의 흔적들이 남아서 그러한 것이다.

제발 속지들 마세요.

자신의 깨달음이 석가보다 높고 예수보다 높고 하는 그런 사이비교주들의 그럴싸한 말들에 속아 이 귀한 세월을 잘못 보내지 마소서.

도道는 신비주의도 아니고, 바로 지금 이 순간 이 곳에 열려 있는 것이다.

지극한 현실이 바른 도道임을 깨달으소서. 그래서 발걸음 하나 정성껏 옮기시고 삶의 이유를 시방삼세 모든 부처님들에게 회향하소서.

원인을 심어야 결과가 나옵니다.

바른 원인을 심지 않고 어찌 바른 결과가 나오길 기대합니까?

한 인생에 대도大道를 넘을 수는 없습니다.

습전후성習前後性

부처의 성품도 수천억겁 습習에 의한 결과이다.

바른 습을 기르자.

수행은 바른 습관을 기르는 것이다.

생각, 말, 행위가 바른 것이어야 한다.

부처도 부처될 인자因子(원인, 씨앗)를 심어야 된다.

전인후불前因後佛

지금 부처라 착각하는 자들 부처될 인자因子를 언제 얼마만
큼 심었는가 자문해보시라.

스승의 단계

① 보기 좋고 듣기 좋은 스승이 있다.

마치 유명가수나 탤런트, 배우들처럼 그저 보기에 좋고 저에게 듣기 좋은 소
리만 해주는 스승이 있다. 그런 스승과 인연된 자들은 그런 스승만 좋다고
한다.

② 위로가 되는 스승이 있다.

어렵고 힘들 때 위로가 되는 스승이 있으니 2단계의 스승의 상이다.

③ 길을 안내해주는 스승이 있다.

나에게 바른 길, 진리를 향하게 하는 길을 안내해주는 스승이 있으니 3단계
의 스승이다.

④ 길을 안내해줄 뿐만 아니라 내가 잘못된 길을 가면 험하게 꾸짖
고 채찍질을 해주는 스승이 있으니,

정말로 내게는 훌륭한 스승님이지만 복덕이 모자란 수행자들은 스승과 원수
질 수도 있다.

⑤ 바른 길을 나 혼자 갈 수 있도록 가르쳐주는 스승이 있다.

정말 수승한 단계의 고매한 스승님의 상이다.

⑥ 마지막 가장 훌륭한 스승은 제자를 버리는 스승이다.

제자가 완성되면 더 이상 인연을 맺지 않고 훌훌 떠나 바람처럼 구름처럼 다니시며 두 번 다시 제자를 찾지 않는다. 제자가 찾아와도 아는 체하지도 않는다.

— 경허스님이 산수 갑산의 어느 마을에서 마을 아동들을 가르치시는 훈장역할을 하다 몸져 누워 있을 때 맏상좌인 수월스님이 문밖에서 "스님! 수월입니다."라고 했을 때 경허스님께서 '나는 모르오.'라고 답하셨다. 한 번 더 "스님! 수월입니다." 라고 했을 때 스님께서는 "나는 수월이란 사람을 모르오." 하면서 끝까지 방문을 열어보지 않았다고 한다.

훗날 막내 상좌이신 만공스님에게 은사스님의 병환을 알리고, 수월스님께서는 떠나셨고 돌아가신 법체는 만공스님이 수렴하였다.

본인은 제자들을 버리셨지만 그 제자 분들의 상좌, 상좌의 상좌들은 아직도 경허스님 기일이 되면 기제를 올리고 있는 것을 산사수행시절에 목격했다.

몸살기운이 있어 도저히 나갈 수 없다 사양하였지만 10분만 참석해달라는 간곡한 부탁으로 나가게 되었다. 3~40여명이 모여 10년차 도반들이 한해를 보내는 거룩한 법회를 하고 있었다.

아무런 준비도 하지 않은 채 법석에 앉았다. 10년차 수행인들에게 가장 필요한 수행이 무엇일까 생각해보았다.

"겸손하세요. 그냥 겸손이 아니라 지극히 겸손하세요. 세상과 상대를 가장 거룩한 부처님으로 보시고 섬기는 마음으로 겸손하세요. 미운 이도 관세음보살이요, 고운 이도 관세음보살이요, 옳은 이도 관세음보살, 그릇된 이도 관세음보살이라 받들어 모시세요.

관세음보살님 입장에서는 우리 모두가 관세음보살입니다. 지장보살님 입장에서는 우리 모두가 지장보살입니다. 그러니 지금 내 옆에 있는 도반을 관세음보살, 지장보살의 화신이라 여기시고 옳을 때나 잘못 될 때나 예쁠 때나 미울 때나 똑같이 관세음보살, 지장보살로 섬기세요.

지난 10년간 경전 공부, 참선, 봉사, 보시, 지계 등 귀한 공부들을 해오셨지만 이제 앞으로 10년간은 지극한 마음으로 겸손하시는 공부하세요. 이상입니다."

이 법문을 하면서도 나도 같은 도반임을, 그리고 겸손하였는지 돌아보았습니다.

이렇게 해서 배우는 가 봅니다. 스승도 자기가 배울 것을 가르친다. 가르치는 업이 있다는 것은 자기도 배워야 할 업이 있다는 것이다. 배워야 할 업이 없다면 가르칠 업도 없다. 배워야 할 업이 없다면 아예 이 세상에 나지 않았을 것이다. 흔히 가르치는 자들이 자신은 완벽하다고 착각한다. 그 순간 평등심은 사라지고 도道의 계접은 이루어지지 않으며 사이비 신앙심이 발생한다.

보일 示에 갓머리 宀를 얹을 때 宗이 된다

탄허스님께서 하신 예언의 마지막 말씀이시다. 마음공부 하는 수행자들이 보일 示시에 빠지게 되면 대개 다 자기를 특별한 신神으로 생각한다. 새 하늘의 주인, 상제上帝, 재림예수, 미륵, 심지어는 과거의 역사적 인물로 착각들 한다.

개인적 원과 한을 다 풀지 못한 채 공심空心을 체험하게 될 때 이런 경계에 사로잡혀 자기도 망치고, 많은 대중들을 광신도로 만들어 가정을 해체시키고, 사회에 큰 해악을 끼친다. 보일 示시는 평범한 사람들이 경험하지 못한 신비한 체험이다. 그 신비한 체험에 갓머리 宀를 얹는다는 것은 학문화學文化를 하란 뜻이다. 특별한 한 사람의 체험에만 국한되는 것이 아니고 수행과정이 보편적이고 과학적이며 수행의 목적지 역시 인류와 존재 전체의 이익을 위함이 되어야 한다.

소원성취의 기도영험을 신비화로 포장해 진리를 왜곡하지 말고, 도리道理를 잘 설명하여 학문적으로 풀이를 하는 것이 바른 수행자이며 인류의 정신적 도약을 성취시키는 바른 도인道人이다. 길 가다 조사를 만나면 조사를 죽이고, 부처를 만나면 부처를 죽이라는 선가禪家의 엄한 가르침은 마음에 또 다른 마음을 만들지 말라는 뜻이다.

그냥 마음일 뿐 특별한 마음은 없다. 마음 안에 특별한 신앙을 두는 것은 마음공부 초심자일 때의 살림이다.

살불살조 殺佛殺祖

'살불살조'의 백과사전적 해석은 다음과 같다.

부처를 만나면 부처를 죽이고 조사를 만나면 조사를 죽이라는 뜻이다. 혜연慧然이 엮은『임제록臨濟錄』에 나온다. 먼저 앞부분에 '그대들이 참다운 견해를 얻고자 하려면 오직 한 가지 세상의 속임수에 걸리는 미혹에서 벗어나야 한다'는 구절이 있다. 이는 곧 부처와 조사를 죽이라는 말이 속임수에서 벗어나라는 것임을 뜻한다. 부처와 조사라는 관념에 집착하면 현재를 망각해버릴 수 있음을 경계하는 말이라고 풀이할 수 있다.

의현은 살불살조와 오무간업五無間業*을 다음과 같이 간략히 정리하였다. 첫째, 아버지를 죽인다는 것은 무명無明에서 벗어나라는 뜻이고, 둘째, 어머니를 해친다는 것은 애착으로부터 빠져나오라는 의미이다. 셋째, 부처의 몸에 피를 낸다는 것은 청정한 법계 가운데서 한 생각도 일으키지 않고 자유로움을 누리라는 뜻이며, 넷째, 승단의 화합을 파괴한다는 것은 허공과 같이 꾸밈이 없는 곳에 도달하는 것을 말한다. 다섯째, 경전과 불상을 태우고 파괴한다는 것은 일체의 형상을 초월하여 꾸밈이 없는 것을 의미한다. 이는 결국 집착에서 벗어나라는

---

* 오무간업: 무간지옥의 괴로움을 받을 지극히 악한 다섯 행위. 1.아버지를 죽임 2. 어머니를 죽임 3. 아라한을 죽임 4. 승가의 화합을 깨뜨림 5. 부처의 몸에 피를 나게 함

뜻으로 살불살조의 의미와 서로 통한다.

초기에는 깨달음을 위해서는 방편을 가리지 않을 정도로 깨달음 그 자체가 절실하였다.

살불살조(길을 가다 부처를 만나면 부처를 죽이고 조사를 만나면 조사를 죽인다.)와 부모, 자식 간에 서로를 죽이는 마음행위는 눈에 보이는 세상과 인연에 대한 집착을 끊으라는 목적에 방편적인 말씀이거늘 그 말씀으로 말미암아 얼마나 많은 사람들이 스스로 만든 지옥에 빠져 있는가!

시대와 사는 환경에 따라 진·선·미의 가치가 다르다.

문명이 발전하였다 함은 그만큼 문명·물질의 주인인 정신 역시 진화하였음이다.

옛 사람의 세계관과 현대인의 세계관은 엄청나게 다르다.

바로 하늘의 크기가 달라진 것이다. 발전되고 진화한 것이다.

마음공부의 장에서도 마찬가지이다.

부작용이 많이 양산되었으면 그 부작용을 고쳐 새롭고 안전한 수행법이 나와야 하는 것이 당연하거늘 깨달음이 절박한 옛사람의 수단과 방법을 가리지 않는 방편을 한 글자도 틀리지 않도록 신봉한다는 것은 만물의 영장인 사람으로서 참 부끄러운 일이다.

우리는 여기에서 한 가지 중요한 것을 배운다.

진리와 진리를 위한 방편, 수련법을 내 놓는 자는 시대와 환경에 구애됨 없는 법을 내 놓아야 함을 절실히 느낄 수가 있다.

세상에 가장 큰 대죄는 진리를 왜곡한 죄이다.

모든 방편의 목적은 사랑, 자유, 평화이시다.

참 목적을 잃은 방편은 왜곡되기 십상이다.

잘 보아야 한다.

어떻게 왜곡되었는지 …….

심외무법 心外無法 (마음 바깥에는 법이 없다.)

구도의 길에서 마신 해골 물에서 원효는 심외무법을 깨닫고, 의상은 중국으로의 구도길을 나선다. 한 분은 6두품 지방 관리의 자제이고, 또 한 분은 진골신분의 왕족이시다.

왜 한 분은 해골에 담긴 물을 마시고 심외무법을 깨닫고, 또 한 분은 깨닫지 못하시고 먼 중국으로의 길을 떠나셨을까?

인연의 소치이겠지만 마음에 담긴 것이 많고 특히 지울 수 없는 신분에 대한 가짐이 있는 자는 같은 경우를 겪어도 느낌이 다르다.

부자의 천국행이 낙타가 바늘구멍을 통과하는 것과 같다고 한 것과 같은 사례이다. 결국 나도 모르게 가짐이 많은 자는 심외무법의 깨달음을 얻기가 힘들다.

재산과 사회 계급적 신분의 가짐 뿐만 아니라, 어린 시절 가족이나 친척, 친지들에게서부터 받은 트라우마 역시 수행자에게 큰 걸림이 된다. 자칫 도道를 해서 한풀이, 원풀이를 할 수 있다.

그러니 바른 수행을 해야 한다. 바른 수행을 위해선 반드시 바른 스승을 만나야 한다. 바른 스승을 만나지 못하면 먼저 자신이 자신한테 먼저 속고, 스승에게 속고, 종국에는 세상을 속이게 된다.

티베트 불교에서는 경전의 가르침보다 스승의 가르침을 더 상위에 둔다. 삼귀의에 앞서 먼저 스승에게 귀의를 먼저 정례頂禮한다.

마음 밖에 법이 없음을 깨닫는 것도 먼저 나의 가짐이 없어야 한다. 나의 가짐을 놓게 하는 바른 스승을 만나야 된다.

발보리심發菩提心

'일체 중생을 구제하기 위해, 부처의 경지를 얻고자 합니다.'라고 서원하는 것이 발보리심이다. 도道를 하는 이유가 일체 중생을 구제하기 위해서이지, 결코 개인의 한풀이, 원풀이를 위해서는 아니 된다.

처음 가야산 백운동 계곡에서 자리 잡은 날 밤은 찬바람과 한기가 스며드는 12월이었다. 그 때 처음 나에게 한 스승님의 말씀은,

"네가 이 자리에 틀고 앉은 이유는 산 밑에 따뜻한 이불안에서 잠자고 있는 저 중생들의 행복을 위해서이니라!"였다.

이 말은 수행초기에 늘 하시는 말이었다.

대중생활에 대하여

다 함께 공부하는 것은 매우 중요한 과정이다. 사회에는 다양한 조직이 있고, 다양한 인격체들이 있다. 나도 군대생활을 했고, 기업체에서도 근무했었고, 작지만 입시학원도 경영해 보았다.

지나보니 놓친 것이 있었다. 우리 한국인들에게서만 있는 독특한 문화인지는 모르겠지만 나 자신도 젖어 있었던 같아 후학들을 위한 메시지를 남긴다.

우리는 조직의 구성원들에게 충성하는 경향이 있다. 그것이 당연하다 생각한다. 그래서 인맥이 결성되고, 인맥의 도움을 받기도 한다. 그러나 큰살림을 생각하면 사람보다 가치에 중점을 두어야 한다.

한때 '사람에게 충성하지 않습니다.'는 말이 뉴스에 도배된 적이 있다. 조직사회에서는 사람에게 충성하지 않기가 정말 힘들다. 바로 즉각적으로 불이익이 발생함에도 사람에게 충성하지 않고 조직, 사회, 이념의 가치를 존중하기는 보통사람으로서는 힘들다.

어떤 전쟁사를 연구한 학자의 말을 빌리면 2차 세계대전 중에 일본군과 미군을 비교하면 일본군은 자기 상관에게만 충성을 하여 타부대 지휘관의 말이 적용이 된 적이 없고, 미군은 상관에 대한 군기는 빠졌지만 조직 전체를 생각하는 가치에 충성하는 문화인지라 다른 군조직과도 협업이 잘되었다고 한다.

예를 들어 미드웨이해전에서 일본해군이 패한 것을 일본육군이 알기까지 3개월이 걸렸다고 한다. 반면 미 해군의 니미츠제독은 해군의 지휘권을 육군의 맥아더장군에 일임하여 육군과 해군의 협업을 이끌었다고 한다.

한국의 3대사찰을 꼽으라면 송광사, 해인사, 통도사이다. 불보사찰의 통도사를 지금의 자리로 유지가능 하게 한 것은 인맥보다는 능력으로 주지를 뽑은 결과이다. 구하스님, 경봉스님, 월하스님으로 이어진 큰스님들의 크신 원력의 힘들을 보면 이판사판의 치열한 구도의 장을 지나치신 것을 알 수가 있다.

구하스님께서는 친일파라는 누명을 써가면서 독립운동자금을 대셨고, 경봉스님의 지혜로운 처신으로 지금도 잘 운영되고 있는 운문사승가대학이 있고, 9대종정을 지내신 월하 큰스님께서는 조계종 정화불사 5인중에 한 분이셨으며 조계종의 승단을 바로 세우신 분이다.

월하 큰스님께서 금강산 유점사에서 출가하신 분이였지만 자질을 눈여겨 본 큰스님들의 안목으로 통도사의 살림을 맡으셨고, 뒤 이어 주지가 되신 정우스님께서 알고 보면 손상좌이시다. 당신의 상좌인 홍법스님의 상좌인 정우스님을 당신 호적으로 입적하여 주지자리를 물려주신 것이다.

정우스님과는 출가 전 개인적으로 뵙고 통도사 공양간에서 점심공양을 같이 한 일이 있었다.

말이 길어졌지만 지금까지 한 말의 요지는 사람에게 충성 말고, 전체의 가치에 충성하는 것이 수행도량의 존속과 발전을 가져다준다는 것이다.(현실적으로는 힘들다. 하지만 그렇게 할 수 있는 것이 수행자요, 그렇게 하여야만 진정한 수행자이다.)

길을 헤매는 수행자에게

작지만 큰 것이 있다.
흔하지만 위대한 것이 있다.
모르고 살지만 삶을 있게 하는 거룩한 존재가 있다.
_혜문

아무리 작아도 진실은 거짓의 만리장성을 무너뜨릴 수 있으니 바로 진실의 힘이다. 모든 생명들에게 밟히는 잡초라 하더라도 그 흔한 풀이 없으면 자연의 생태계를 유지 할 수가 없다. 우리 주변에 흔한 이웃들, 도道를 모르는 보통의 흔한 사람들일지언정 그들의 위대함을 모른다면 아직 높은 도道를 모르는 도인이다.

천하에 명성을 얻고 고향 사천으로 가는 금의환향 길에 동네할머니를 만난 마조도일선사의 예를 생각해보면 된다. 고향 동네의 할머니는 마조선사를 보고 '큰스님 온다하더니만 농기구집 마서방 아들 아닌가!'라는 말을 들었을 때 마조는 다시 큰 깨달음을 얻었다.

눈앞에 있지만 있다고 느끼지 못하는 이 허공을 그 누가 거룩하다 하지 않다 말할 수 있는가!(아마 마조는 고향할머니의 입을 통해 가히 끝없는 허공의 거룩한 위력을 깨달았으리라!)

있지만 들키지 않고 세상 모든 있음을 있게 하는 허공이 바로 나임을 알 수 있는 분들이 많이 사는 세상이 하루빨리 오기를 기원한다.

눈앞의 허공을 살아서도 죽어서도 벗어나지 못함을 깨달으신 분이라면 절대 해서는 안 될 일은 하지 않을 것이며, 반드시 해야 될 일을 할 것입니다. 이 허공은 내가 한 생각, 말, 행동을 다 담아두고 있습니다. 그리고 이 몸을 버릴 때 허공은 나의 모든 행위를 풀어 보여줍니다. 그때 본인이 알아서 과보를 받으러 쏜 화살처럼 지옥의 세계로 날아갑니다.

설사 내가 아니라 아무리 부정하더라도 그 과보는 결코 이 허공에서 없어지지 않을 것입니다. 이 허공은 결코 둘이 아니기에 어디 벗어날 곳이 없음이 당연한 소치다. 다 나임을 깨달으신 분은 잠시 길을 잃어도 곧장 바른 길로 돌아올 것임을 믿습니다.

배우는 자와 가르치는 자

보통사람들은 10년 전에도 완벽하였고, 1년 전에도 완벽하였다. 그리고 지금도 완벽하여 항상 옳다고만 주장한다. 가르치는 자는 10년 전에도 부족하였고, 1년 전에도 부족하였다. 그리고 지금도 부족하다.

왜? 세상과 자신이 항상 변화하고 있음을 알기에 그러하다.
가르칠 수 있는 자는 항상 부족한 자신이 있음을 알기에
부족한 자기와 이별하기를 애쓰지만
보통사람은 완벽하다고 착각하는 자신과 이별을 하지 못하여
영원히 중생으로 산다.
그리고 죽어서는 원혼이 되어 구천을 헤맨다.

| 제 8 장 | 토굴 수도생활

토굴 수도 생활

무소뿔처럼…

무소뿔처럼 수행은 결국 혼자서 가는 길이다. 스승의 가르침을 받는 기간도 필요하지만 주된 수행은 혼자서 가야한다.

나의 경우 처음에는 산 아래 민박집을 잡고 밤이면 산을 올라 좌선을 하고, 해가 뜨기 전 내려오는 행로로 공부를 시작했다. 그러다 우연히 옛날 산사가 있었던 절터를 발견하게 되고 그 장소에 텐트를 치고 공부하였다.(옛 절터주변에는 반드시 우물터가 있다.)

산 아래 기와로 이루어진 절집에서 공부하는 스님들이 그토록 부러웠다. 출가 전에는 반드시 내생에는 스님이 되어 공부하겠노라 결심하곤 했다.

산 생활을 하다보면 처음에는 이런저런 갈등이 생기지만 4-5일 쯤 지나면, 눈을 감아도 풀과 나무만 보인다. 내가 산이 되었는가 싶은 생각이 든다. 초기 수행자는 한적한 곳에 머무는 것을 추천한다. 덜 보고, 덜 듣는 것이야말로 마음속으로의 여행에 도움이 된다.

지난밤에 일었던 불같은 마음이 해가 뜨고 사라진 것을 보며, 마음은 그저 마음일 뿐이라는 것을 알게 된다. 일어났으니 마음이라 하는 것이지 사라지고 나면 그 무엇이라 이름 붙일 것도 없다.

젊은 시절에는 그런 마음에 사로잡혀 몸을 상하게 하고, 주변인들을 힘들게 한다. 나이 들어 요령이 생기면 몸에 사로 잡혀 세월을 보낸다. 나이 든 수행자들은 오히려 마음에 의지하여야 하고, 젊은 수행자들은 몸에 의지하여야 한다.

젊은 시절 눈이 많이 온 어느 날 밤, 비닐을 깔고 그 위에 좌복을 놓고 만원자리 낚시복만 입고 밤을 지새운 적이 있다. 아침이 되니 앉은 자리가 땅보다 훨씬 내려가 있었다. 몸의 열기로 눈이 녹은 까닭이 아닌가 싶다.

그래서 공부는 젊을수록 더 깊은 공부를 할 수 있다. 마장이 클수록 공부의 깊이는 더해진다. 공부든 세상살이든 열정이 있어야 진전이 있다. 열정이 사라지면 이 공부는 제자리보다 더 퇴보한다. 제자리라 착각하지만 알고 보면 퇴보한 것이다. 열정이 사라지면 꾸준한 수행으로 대체해야 한다. 그리해서 수행을 반복 또 반복이라 하는 것이다.

산에서 공부하다 보면

산에서 공부하다 보면 냄새에 민감할 때가 있다. 산 아래 민가의 저녁 반찬이 무엇인지 냄새로 알 수가 있다. 진짜로 냄새를 맡은 건지 아니면 저절로 알게 된 건지 그냥 그 집을 보기만 해도 그날 저녁반찬 메뉴를 알 때가 있다. 남들이 맡지 못하는 냄새를 맡게 되는 건가 싶기도 하다. 아픈 사람이 지나가면 시궁창 냄새가 나기도 한다. 거리를 생각하면 도저히 맡을 수 없는 냄새일 것 같은데 냄새를 맡는다. 아마 공부를 통해 민감해진 것이 아닐까 생각한다.

또 어느 날부터 생선냄새를 맡기가 힘들어졌다. 생선회는 더더욱 대하기 힘들어졌다. 가끔 산에서 내려가 친구들을 만날 때, 귀한 생선회를 대접할 때는 정말 곤혹스러웠다.

왜 그런지 잘 모르겠지만 산에서 공부할 때는 생선냄새를 맡기가 힘들었다.

묵묵히 공부하는 수행자들이 산속 구석구석에 있다

그 당시에는 무장공비가 출몰하기도 했다. 산 생활을 하다보면 가끔 장보러 산을 내려 갈 때가 있는데 어느 날 불심검문에 걸렸다. 주민등록증을 어디다 둔지 몰라 그냥 내려갔더니만 검문에 걸려 초소까지 가게 되었다. 젊은 경찰과 달리 나이 드신 경찰관이 내 손의 지문을 보더니만 풀어주었다. 지문만 보고도 나의 주민등록번호와 대조가 된 것 같았다. 그리고 하는 말이 나 같은 사람이 이 지리산에 800명이나 있다고 한다. 나도 깜작 놀랐다. 우리가 알든 모르든 묵묵히 공부하는 수행자들이 산속 구석구석에 있다.

양 극단을 여의다는 뜻

어떤 실체가 있어 항상 있음을 상견常見이라 하고, 만유萬有*
가 허망하고 실존하지 않아서 모든 것이 공空과 무無로 돌아
감을 단견斷見이라 한다. 이러한 상견과 단견을 모두 여의다는
중도中道에 대해 우리의 실체적 또는 인식적 경험에 대해 설명
하겠다.

상견의 견해를 가진 자는 항상 실체하는 자가 있어, '그가 짓
고 그가 경험한다.'라고 인식한다. 처음부터 항상 존재하고 있
는 자가 있어 '이 괴로움을 스스로 짓고 있는다'는 인식을 가지
고 있다. '모든 것에 내가 있어 내가 짓고 내가 받는다'라고 생
각한다는 뜻이다.

반대로 단견을 가진 자는 모든 것이 공과 무이기에 '다른 사
람이 짓고 다른 사람이 경험한다.'라고 인식하는 자다. 실제적
느낌에 압도된 자가 '이 괴로움은 남이 짓는다'라고 인식하고
있는 것이다. '내가 아니라 남이 짓고 남이 괴로움을 받는다'라
고 느낀다.

항상 있다는 인식도 여의고, '모든 존재는 무와 공이다'라는
인식도 여의어야 한다. 양 극단을 여의었을 때 모두가 평등한
진리의 바다까지 여행할 수 있다. 상견도 단견도 다 암초이다.

---

* 　만유萬有 우주에 존재하는 모든 것. 우주만유·삼라만상의 뜻. 우주 안에 존
　　재하는 모든 것. 천지만물을 의미한다.『원불교 대사전』

암초에 걸리게 되면 이 여행은 그곳에서 중단된다.

'무아無我'라 해서 내가 없는 것이 아니다. 고정된 실체가 없고 조건 지어진 존재의 상은 존재하고 조건은 항상 바뀌어진다. 그것을 제행무상諸行無常이라 이름 지은 것이다. 조건이나 환경이 바뀌면 존재는 변화된다.

사실 '무아'라는 실체는 '있다·없다'라고 규정되는 것이 아니다.

우리가 세상을 인식하는 방법이 '있다·없다'라는 상대성에서 세상을 보고 느끼기에 '있다·없다'라는 양 극단만 보고 있을 뿐, 있고 없음 이전의 상태에 대해 생각조차도 못하고 있는 것이다.

예를 들어 물을 한잔 마실 때, 마시고 나서는 시원하다는 느낌을 받을 수 있다. 그러면 물을 마시기 전에 나의 입맛을 규정할 때 시원 하냐 또는 시원하지 않느냐 라고만 규정지어선 안 된다. 사실 물을 마시기 전의 나의 입맛이 시원하지 않기에 시원하지 않다고 하는 것일 뿐이다.(시원하지 않음은 물을 마신 뒤의 시원함이 기준이다. 그 기준이 없으면 시원하지 않다는 해석을 내릴 수 없다.) 사실은 무미 즉 맛 없음이다. 이 말은 진정 아무 것도 없다는 뜻이 아니라, 있고 없음을 떠난 의미라는 것이다.

우리는 현실세계의 괴로움에 대해 오로지 '좋다·나쁘다'라는 인식으로 대한다. 그런데 나쁜 것의 결과는 좋은 것이라 인식한 나의 집착 때문에 발생한 것임을 우리는 너무나도 쉽게 간과한다. 무의식적 선택의 반복이 수 억겁 계속되다 보니 습관적으로 그렇게 하고 있는 것이다.

진실은 좋은 것도 나쁜 것도 아닌 것이 바탕이건만, 그 바탕은 잊어버리고 오로지 좋은 것 또는 나쁜 것에 대한 무의식적 집착을 부리고 있는 것이다. 좋고 나쁨 이전에는 좋은 것도 나쁜 것과는 아무 상관이 없는 것이 있다. 그것은 있는 것도 없는 것도 아닌 상태인 것이다. 이것을 우리는 간과하고 있는 것이다.

그래서 우리의 본바탕은 있는 것도 없는 것도 아닌 것이다. 그래서 도道는 있고 없음을 논하는 것이 아니라고 하는 것이다. 또 도를 도라고 하는 순간에 도는 도가 아닌 것이 되는 것이다.

깨달음을 위한 6가지 조건

① 지혜

지혜를 얻기 위한 수행으로 관법觀法이 있다. 흔히 위빠사나라고 하기도 하는데, 관법을 통해 자기의 본성을 알고 본마음을 체험해야 한다. 선가禪家에서 '이 뭐꼬?'하는 화두수행 역시 자기 본성을 묻는 것이며, 본심을 체험하고자 하는 수행이다.

② 알아차림

사마타(집중)수행을 통해 알아차림을 많이 해야 한다. 알아차림을 많이 할수록 중생의 생각은 점차 약해진다.

③ 자비

자비가 없는 도道는 잘못된 도이다. 자비심의 실천이 없고
선 해탈과 행복의 맛을 보지 못한다. 행이 도라고 한 것은
자비심의 실천을 두고 한 말이다. 마치 물을 끌어올리는 펌
프의 마중물처럼 우리는 자비를 실천해야 한다.

④ 기도

기도는 우리가 깨닫고자 하는 본디 성품과 연결되는 통로
이다. 평범함이 비범함이 되며, 수행자는 자신에게 필요한
것을 기도에서 오는 영감靈感을 통해 받을 수 있다.

⑤ 방편

근본지성도 있어야 하지만 실천지성도 있어야 한다. 기도를
통해 실천지성도 구해야 한다. 그래서 도인은 자기를 위해
기도하는 것이 아니라 남을 위한 실천을 위해 기도한다.

⑥ 출리심出離心

죽음을 아는 것을 의미한다. 죽을 확신이 있으면 금번 이 생
에 대한 헛된 바람을 놓고 수행에 전념할 수 있다. 나고 죽
는 이 세계에서 떨어져 나오려는 마음이며, 무명·번뇌·고
통·윤회를 완전히 뽑겠다는 마음을 내어야 한다.(사실 가장
기초심이다.)

번뇌를 이기는 4가지 방법

① 출리심出離心

근본불교(초기불교)에서는 출리심이 매우 중요했다. 나고 죽는 이 세계에서 벗어나고자 하는 마음을 내어야 하며, 계율, 수행환경을 갖추는 것이 번뇌를 다루는 첫 번째 방법이다.

② 인격수양(탈바꿈)

탈이라 하면 자신의 인격체를 두고 한 말이다. 자신의 인격을 바꾸어야 한다. 착하지 못함에서 착함으로, 분노·증오는 사랑으로, 집착은 무집착으로, 오만과 아만은 평등심으로, 질투심은 남을 칭찬하고 격려하는 것으로, 무지를 지혜로 바꾸어야 한다. 이것이 대승불교의 실천정신이다.(대승불교수행의 목적지를 해탈열반이라 칭한다.)

③ 번뇌와 고통을 지혜와 자비심의 화목火木으로 써야 한다.

감나무의 잎이 없으면 감이란 열매가 맺혀지지 않듯이 번뇌와 고통은 도과道果를 생성하는 필요불가분한 존재로 여겨야 한다. 그래서 어느 날 느끼게 된다. '나는 다 좋다'라는 기분을.

④ 해탈

해탈의 방법은 아주 간단하다. 번뇌의 본질을 눈치 채면 된다. 이 번뇌가 어디에서 온 것인지 파고 들면 번뇌의 주체를 알게 되고, 주체를 안 순간 번뇌가 있을 공간이 없어지게 된다.(폭포수를 거슬러 올라가는 연어 떼를 보며 저 모습이 나와 같다고 한 선사의 말이 연상된다.)

무문관無門關 제20칙 대역량인大力量人에 대하여

한손에 사해四海의 바다를 다 뒤집고, 천산天山을 들어 깊은 바
다에 꽂아 넣는 힘을 가진 이가 연약한 붉은 실에 발목을 잡혀
꼼짝 못하는 이치는 무엇인고?

도道는 혓바닥 위에 있는 것이 아니기 때문이다.

우리는 모두 다 대역량인이다.(사해의 바다를 다 뒤집고, 천산을
깊은 바다에 꽂아 넣을 수 있는) 하지만 연약한 붉은 실(안이비설신의*
고정관념)에 발목 잡혀 안이비설신의=오음의 세계에서 꼼짝 못
하고 있다.

마음에서 마음을 만들지 않음으로써 우리는 대역량인이 될
수 있건만, 세세생생世世生生 붉은 실(안이비설신의로 들어와서 자리
잡은 고정관념)에 사로잡혀 육도윤회하고 있다.

금년 코로나19사태로 오음의 자극이 적을 때 우리 모두 마
음에서 마음을 만들지 않아 대역량인 되었으면 한다.

---

*   안이비설신의眼耳鼻舌身意: 눈, 귀, 코, 혀, 몸, 생각의 감각기관으로 사람이 외
    부세계를 인지하는 통로 전체를 말함이다.

무생자아론無生自我論

제법무아諸法無我의 이 세상에 그 어떤 일이 있었든 다 괜찮다. 누구의 잘못도 없다. —제법무아.(세상은 그 어떤 나도 없기에, 책임 질 특별한 나는 없다. 굳이 책임을 따진다면 전체일 터인데, 그 전체가 무아無我이니 책임질 것은 그 어떤 것도 없다. 그냥 볼 뿐, 들을 뿐, 그냥 흔들리는 갈대일 뿐.) 그렇게 관음보살은 오온개공도일체고액五蘊皆空渡一切苦厄, 오온五蘊*이 모두 공한 것을 비추어 보아 모든 고통에서 벗어나게 한다.

세상 전체가 강물이다.
흘러가는, 매순간 변화하여 특별한 나가 없는.
그렇게 보고 있으면 내가 관음이 된다.
그렇게 해서 보살도를 이룰 수 있는 힘을 가지게 된다.

---

* 온蘊은 무더기·모임·집합·더미를 뜻함. 인간을 구성하는 다섯 가지 요소의 무더기. ①색온色蘊 몸이라는 무더기. ②수온受蘊 괴로움이나 즐거움 등, 느낌의 무더기. ③상온想蘊 대상에 이름을 부여하고, 다양한 개념을 지어낸 생각·관념의 무더기. ④행온行蘊 의도하고 지향하는 의지·충동·의욕의 무더기. ⑤식온識蘊 식별하고 판단하는 인식의 무더기. 『시공불교사전』

삼계유심三界唯心: 욕계, 색계, 무색계는 오직 우리들의 마음이다

『유마경』에 시신여환종전도기是身如幻從顚倒起(이 몸은 환영과 같아서 전도로부터 생긴다)라는 구절이 있다. 지금 나의 몸이 생긴 것이 전도顚倒된 즉, 그른 것을 옳은 것으로, 없는 것을 있는 것으로 생각하는 전도망상顚倒妄想에 의해서라는 뜻이다.

그럼 이 세계와 작금의 처지는 어떻게 생겨난 것일까?

다 우리들 모두(인류)의 전도顚倒된 생각에 의해서 생겨났다. 12연기법에 의해 무명이 행을 낳고 행이 식을 낳고 식이 명색을 낳고…취를 낳고 취가 유有를 낳고 삶生이 나오니 늙고 병들고 죽더라는 것이다.

결국 전도된 생각은 우리들의 무명이다. 고집멸도인 사제四諦를 모르고 팔정도八正道*를 모른 것이 무명이니, 지금 이 시국(코로나 팬데믹)을 한시바삐 타파하려면 인류의 근본 무명심을

---

* 팔정도: 괴로움에 소멸에 이르는 여덟 가지 바른 길. ①정견正見, 바른 견해, 연기와 사제에 대한 지혜. ②정사유正思惟 바른 생각. 곧, 번뇌에서 벗어난 생각, 노여움이 없는 생각, 남에게 해를 끼치지 않는 생각 등. ③정어正語, 바른 말. 거짓말, 남을 헐뜯는 말, 거친 , 쓸데없는 잡담 등을 삼감. ④정업正業. 바른 행위, 살생이나 도둑질 등 문란한 행위를 하지 않음. ⑤정명正命. 바른 생활, 정당한 방법으로 적당한 의식주를 구하는 생활. ⑥정정진正精進. 바른 노력, 이미 생긴 악은 없애려고 노력하고, 아직 생기지 않은 악은 미리 방지하고, 아직 생기지 않은 선은 생기도록 노력하고, 이미 생긴 선은 더욱 커지도록 노력함. ⑦정념正念. 바른 마음 챙김. 신체, 느낌이나 감정, 마음, 모든 현상을 있는 그대로 통찰하여 마음 챙김. ⑧정정正定. 바른 집중. 마음을 하나의 대상에 집중·통일시킴으로써 마음을 가라앉힘.『시공불교사전』

씻어야 한다.

삶의 일체가 고통임을, 그 고통은 집착에 의하였음을 그 집착을 버리는 팔정도의 길을 따라 더 이상 나고 죽음이 없는 멸진정의 길로 가야 한다.

불멸의 삶은 불생에서 나온다. 불멸의 삶만 원하고, 불멸의 삶을 위해선 불생을 선택해야 함에도 중생은 생에 대한 집착을 놓지 못함에 또 나고 죽고 하는 삶을 반복한다.

부처님께서 말씀하시기를 지금 이 세상은 색계色界* 이선천二禪天인 광음천** 중생의 업식에 의해서 태어났다고 말씀하셨다. 색계 이선천은 아직도 있음에 대한 집착이 남아있는 하늘이다. 천상세계도 결국은 중생계일 뿐 그곳에 안착하려는 마음을 내어선 안 된다. 기왕 도를 시작한 것 최소한 색계를 넘어서 무색계까지는 가야만이 지금 세계가 존재하는 가치를 넘어설 수 있다.

작금의 우리는 어서 빨리 넘어서야 한다. 몸에 대한 집착, 너·나에 대한 집착, 있음에 대한 집착.

"이 몸은 무상하여 강하지도 않고, 무력하고 견고하지도 않아

---

* 색계는 크게 초선천, 이선천, 삼선천, 사선천으로 나누고, 초선에는 범중천, 범보천, 대범천이 있고, 이선에는 소광천, 무량광천, 극광정천이 있다. 삼선에는 소정천, 무량정천, 변정천. 사선에는 무운천, 복생천, 광과천, 무번천, 무열천, 선현천, 선견천, 색구경천이 있다. 『시공불교사전』 참조.

** 광음천: 색계 이선의 극광정천을 말함.

빨리 무너진다. 믿을 것이 못되며, 고통이고 괴로움이며, 온갖 병들이 모인 것이 육신이니라, 이러한 육신을 밝은 지혜를 가진 자는 믿지 않는다."

－『유마경』

나의 육신조차 믿을 것이 없건만 뭣에 믿을 것이 있다고 있음에 대한 집착을 놓지 못하는가!

이렇게 우리 모두에게 일갈―喝하고 싶다.

아제아제 바라아제 바라승아제 모지 사바하.

천지불인天地不仁 천도무친天道無親

도덕경 5장에 나오는 말이다.

"세상은 인자하지 않고 하늘의 도는 친함이 없다." 나는 이 말을 이렇게 풀이하고 싶다.

천지인과天地因果, 천도무새天道無塞.

"세상은 오직 원인과 결과이고, 보이지 않는 하늘의 도는 조금도 틈새가 없다."

지금 일어난 이 일도 사람들이 잘한다고 한 행위가 엄청난 고통의 결과로 도래했다. 보이지 않는 바이러스라 해서 사람을 속이면 될 것 같아서 저지른 행위의 결과 많은 사람들에게 고통을 주고 있다. 몇몇 사람의 잘못으로 전체가 고통을 받고 있다.

남의 잘못이 결코 남의 잘못이 아니라는 뜻이다. 남의 잘못이 곧 나의 잘못이요, 남의 고통이 곧 나의 고통이다. 인자하지 않고 친함도 없는 하늘의 도道이건만, 일어나는 모든 사건은 다 '나'로 귀결된다.

행위의 엄중함. 즉 계율을 수행의 첫걸음으로 삼은 이유요, 마음의 편안함, 남과 나를 구별하지 않음으로 생기는 선정이 두 번째요, 그 고요한 마음으로 헤아리는 지혜가 공부의 완성이요, 인격의 완성이다.

대인大人과 소인小人

공자가 『논어』에서 말하기를 「군자양덕君子懷德 소소양토小人懷土 군자양형君子懷刑 소인양악小人懷惡」이라 한다. 군자君子는 덕행德行과 법法을 중요시하나 소인小人은 편안하게 살기만 생각하고 남의 은혜 받기만을 생각하는 자이다. 또 군자는 대의大義를 밝히고 소인은 이利를 밝힌다는 것이다.

「소인부지천명이불외小人不知天命而不畏 압대인모성인지언狎大人侮聖人之言」이라고 하는데 이것은 소인은 천명을 알지 못하므로 두려워하지 않으며, 어른을 예사로 알고 존경하지 않으며 성인들의 말씀을 업신여긴다는 뜻이다.

군자는 사생취의捨生取義한다. 생명을 버리고서라도 대의에 산다. 소인은 대의나 정의, 의리를 헐값으로 팔아넘긴다.

부처가 되기 전에 내가 대인인지, 소인인지 돌아보자.
내가 의로움을 취하기 위해 목숨을 버릴 수 있는가…
마음공부는 행이 아니 되면 더 이상 공부의 의미가 없다.
행즉도야行卽道也
즉 행行이 도道다.

성인聖人과 범부凡夫

불손佛孫 제20조 사야다 존자가 계율을 잘 지키는 바수반두(항상 6시 예불올리고 욕심 없으며 대중들에게 귀의하는 모범적인 수행자)의 추종자들에게 이렇게 말하셨다.

"나는 도道를 구하지도 않지만, 그렇다고 거스르지도 않으며, 부처님께 예배하지는 않지만 그렇다고 업신여기지 않으며, 나는 한 끼니만 먹지 않지만 그렇다고 아무렇게나 먹지 않으며 나는 만족함을 알지 못하지만, 그렇다고 탐욕을 부리지 않나니 마음에 희구하는 바가 없는 것을 일러 도道라 한다."

옛 경서에 '지자智者는 의혹이 없고 인仁의 이로움을 알아 인仁을 실천하는 사람이고, 인자仁者는 사람을 사랑함에 인仁을 사랑하며, 성인聖人은 최고의 군자君子라 만인을 이롭게 하는 자이다.'라고 쓰여 있다.

또 성인은 혈식천추血食千秋 도덕군자道德君子라 하여 천 년간 제사와 섬김을 받는 자라 한다. 천 년간 대중들에게 섬김을 받는 자라면 그의 생존시절 뿐 아니라 사후 천년동안 그의 존재와 가르침, 그의 행적이 사람들에게 이로워야 한다.

범부는 늘 불안에 떨면서 그 불안을 극복하기 위해 무언가에 집착하는 이들이다. 그래서 광신도들이 나온다. 광신도들은 먼저 자신의 불안함부터 다스려야 한다.

성인聖人이 되는 법

| 공자 |
- 기원전 551년 ~ 기원전 479년에 실존했던 인물.
- 노나라 곡부(현재 산동성 곡부)에서 서자로 태어남.
- 공자 아버지는 무사였는데, 공자를 70살 정도에 낳음.
- 공자의 배 다른 누나 9명과 형 1명이 있음.
- 3살 때, 아버지 돌아가심. 서자라서 재산도 거의 물려받지 못함.
- 어머니께서 공자 10세 전후 때 장님이 됨.
- 19세에 결혼하고 20세에 첫 아들 가짐.
- 24세에 어머니도 돌아가심.
- 15세에 공부에 뜻을 두고 정진을 시작해서, 30세에 학문으로 인정받음.

- 아들 공리(백어)는 50세에 먼저 죽음.
- 68세 때 가장 아끼는 제자 안연 죽음.
- 72세 때 아끼던 제자 자로 죽음.
- 50대중반에 조국인 노나라를 떠나 15년 동안 천하주유, 72세에 고향으로 돌아옴.
- 73세 노나라 도성 북쪽 사수언덕에 묻힘.

당시 사람들의 공자에 대한 평가는 이루지 못할 것을 이루려는 사람이라고 했다.

사람이 사람을 잡아먹고 오로지 살아남기 위한 전쟁이 치열한 춘추전국시대에, 사람이 천하의 근본이라는 인본주의사상을 펼치려고 노력했으나 자기인생에서는 실패한 철학자이다.(공자의 별명 중 '상갓집 개' 도 있다.)

공자는 스스로 자기는 성인聖人도 아니요, 어진 자도 아니며 다만 내가 좋아하는 것을 하는 것뿐이라 표현하였다. 인류의 3대성인이신 공자는 스스로 성인이라고 칭하지도 안했다. 후세에 사람들이 그의 사상을 전해 받고 그를 성인으로 칭송하였고, 그의 가르침을 전해 받고 발전시켜갔다.

짐승 같은 이들이 그의 생각으로 말미암아 사람이 되었고, 동양에서는 그의 사상을 통해 사람이 사람다운 사람이 될 수가 있었다.

성인聖人이 되는 것은 후세인들에 의해 결정된다. 성인이 될 살아있는 수행자는 그 시대의 실패자이며, 이루지 못할 것을 꿈꾸는 비현실적 몽상가이며, 다만 자기가 좋아하는 것이 사람의 가치를 높여주고 행복하게 해주고, 이로움을 줄때 성인이 될 수가 있다.

결코 자신의 성공을 바라지 않으며, 살아서나 죽어서나 사람들의 격을 높이는 것을 좋아할 뿐이다.

내가 그렇게 하지 않는 것은 무엇보다도 나 자신에게 부끄러움이요, 후대 사람들의 마음속에 한 시대를 풍미했던 사이비 교주가 되기 싫음이다.

과거 송선사라 불렸던 그는 실패한 도인이 맞다. 하지만 끝없이 이 일을 살아서나 죽어서나 할 것이라고 본다.

불교는 우상숭배종교가 아니다

각 종교들에 대한 이해도를 높여보면 타종교들에 대한 무례한 행위는 하지 않을 것 같다.

유대교, 천주교, 기독교, 이슬람교는 한 뿌리에서 나왔다. 여호와 하느님과 아브라함의 계약에 의해 탄생된 것이 위 종교들의 시발점이다. 모세를 똑같이 하느님께서 보내주신 선지자로 생각하며 구약성경을 같이 공유한다.

모세가 시나위 산에서 하느님으로부터 십계를 받고 하느님을 산 밑에 있는 백성들에게 무엇이라고 설명해야 합니까 라는 질문에 여호와 하느님은 'I am that I am.(나는 나다.)'라고 밝힌다. '나'이외 다른 존재가 없으니 '나는 나다!'라고 밝힌 것이다. 이 세상 모든 존재가 '나'이기에 특별히 또 다른 상징이나 해석을 할 수가 없기에 당연한 말씀을 하신 것이다.

그럼 이슬람의 코란에는 알라 하느님께서 자신을 어떻게 표현했는가?(여호와와 알라는 같은 의미의 단어이다.) '나 알라는 너희들의 임맥, 독맥 보다 더 가까운 곳에 있으며, 동·서·남·북 사방팔방에 아니 계시지 않는 분이 나 알라이니라.' 임맥은 우리 몸의 회음 혈에서 입술까지(몸의 앞부분), 독맥은 꼬리뼈 아래 장강 혈에서 시작해서 등 뒤를 거쳐 윗입술까지 오는 혈자리이다.

이 말은 알라는 우리 몸속에도 있다는 것이다. 그리고 우리가 속한 이 허공, 모든 곳에 거居하시는 분이 알라라는 것이다. 반야심경의 공즉시색, 색즉시공에서의 공空을 연상하면 된다. 존재의 탄생과 종말은 바로 이 공에서 부터이다.(성경에 나오는 '나는 알파요, 오메가이다.'를 이해할 수 있는 좋은 소재가 반야심경이다.) 불교에서는 이 공과 하나 되는 체험을 한 것을 깨달음이라고 부르고, 과거 중생시절의 습기마저 다 소멸하여 지극히 하나 되신 분을 부처님이라 부른다.

아브라함계열의 종교와 불교도 초기에는 하느님, 진리자체에 대한 상징이나 해석을 금지하였다. 특히 이슬람에서는 지금까지도 엄격히 금지하고 있다.

하지만 불교에선 방편이라 불리는 근기가 낮은 중생들의 수행을 위한 가르침의 길이 있다. 모두가 모세가 될 수 없었고, 마호멧이 될 수가 없기에, 모두가 고타마 싯다르타가 될 수가 없기에, 영성의 수준이 떨어진 또 다른 '나의 나'를 위해 보여주는 상징을 만들 수밖에 없었다.

사찰을 방문하면 대웅전 상단 중앙에 계신 분이 고타마 싯다르타께서 깨우쳐서 되신 부처님이 계신다. 깨우치시고(空과 하나 되시고) 중생의 습기마저 떨치시고 나면, 겉으로 드러나는 모습이 계시니 32상 80종호 라는 신체의 특징적 각 부분이 있으니 그 부분을 확대해서 표현한 것이 우리가 보는 부처님의 상호이다. 부처님의 모습을 보며 나도 저 분과 같은 성인聖人이 되어야 한다는 동기부여와 지극히 성스러운 스승님에게 귀의한다는 뜻으로 자기를 꺾는 것이 절이라 불리는 예배형식이다.

불교에서 부처님 또는 보살님의 상을 만들어 절을 하는 것은 다 자신들의 수행의 한 방편이다. 결코 우상숭배가 아니다.

인류가 지향해야 할 인간상

이 우주에 지구가 있고, 지구상에 최상위 진화된 종이 현생인류이다. 한마디로 인간이라 표현하겠다. 우주의 진화가 있듯이 인간의 진화 역시 현시점이 목적지가 아닐 것이다. 인간이 만든 가장 이상적인 인간상을 유가儒家에서는 군자君子라 이르고, 불가佛家에서는 보살菩薩이라 칭한다. 군자에 대해서 차후 논하기로 하고, 불가의 보살적 인간상에 대해 서술해보자.

현장스님께서 한역하신 『유가사지론』 보살지의 「진실의품」에 의거하면 ①보살은 잡염雜廉없이 스스로 즐거워야 한다. 잡염은 번뇌, 유루법과 같은 뜻을 가졌고, 청정함의 반대되는 의미어다. 즉 번뇌에 물든 마음 없이 청정한 마음으로 즐거워야 한다는 뜻으로 마음에 상대와 조건 없이 즐거워할 수 있는 사람이 보살이다. ②부처의 속성을 성숙시키는 자이며, ③중생을 역시 성숙시키는 자이며, ④정법을 유지하는 자이며, ⑤흔들림 없는 서원과 치열한 정진으로 외도를 제압할 수 있는 자이다. 여기에서 ②부처의 속성을 성숙시키는 자라 하면 제일 먼저 생각해야 할 것이 반야般若=지혜바라밀이다. 흔히 6바라밀을 실천하는 자를 보살菩薩이라고 규정한다.

하지만 초기경전을 보면 반야바라밀을 강조하고 있다. 반야(지혜)를 체득한 자라야 보시, 지계, 인욕, 정진의 덕목을 완성할 수 있음을 간파할 수 있다. 반야는 먼저 선정禪定이라 불리는 삼매三昧의 경지를 먼저 체득해야 얻을 수 있다. 삼매를 나누어 생각하면 공성삼매空性三昧, 무원삼매無願三昧, 무상삼매無相三昧이다. 공성空性을 체득해야 무원無願이 되고, 무원無願이 된 자라야 무상無相이 될 수 있다.

하나이지만 셋이요, 셋이지만 하나이다. 그러한 삼매三昧에서 나온 지혜를 반야라고 한다. 그런 반야바라밀이 된 자라야 보시를 포함한 5바라밀를 해야 하는 당위성을 실천할 수 있다. 수행자들이 보시, 지계, 인욕, 정진이 잘 되지 않는 이유는 먼저 반야를 위한 공성삼매에 들기 위한 수행력의 부족 때문이다. 그러한 까닭에 보살은 제일 먼저 발보리심發菩提心을 내어야 한다.

깨달음에 대해 마음을 일으키는 이유가 일체중생들의 고통을 없애기 위한 것이 되어야 한다. 그것도 세세생생. 유가의 군자가 국가나 사회에 이익 되는 인간상이라면, 보살은 모든 존재들에게 이익 되는 인간상이다.

하늘이 원하는 인간상이 인간만을 위한 상일까 아님 존재 전체를 위한 상일까? 하늘이 원하는 인간다운 인간은 존재 전체를 위한 인간일 것이다.

그러한 하늘이 원하는 인간다운 인간이 되기 위한 첫 번째 소양은 먼저 발보리심이다. 진리와 하나 되지 않고서는 전체를 위한 마음이 되지 않으며, 도행道行의 힘이 나오지 않는다. 불가에서 말하는 방편의 근원은 대자대비심이다. 그 자비심은 보리심에서 나오고, 보리심에서 나온 지혜로 이타적 행위를 하는 것이 방편이다.

인류가 지향해야 할 가장 이상적 인간상인 보살의 시작은 발보리심이다. 이제는 수행의 방향을 알아야 한다. 단지 더 나은 환경을 위해 기도하고 수행하는 자에서 일체중생을 위한 깨달음을 지향해야 하고, 깨달음에서 나오는 지혜는 반드시 이타적이어야 할 것이다. 우리 모두가 보살이 되기를 바라고 바랍니다.

하느님, 부처님이 있는 이유– 사람이 있는 이유

개는 개를 낳고 소는 소를 낳는다. 하늘은 하늘을 낳고 우주는 우주를 낳으려고 한다. 하느님은 하느님을 낳으려 하신다. 하느님을 어떻게 낳으시련가?

하느님이 인간을 창조한 이유는 또 다른 하느님을 창조하기 위함이란 것을 눈치 챌 수 있는 대목이 『코란』에 쓰여 있다.

"나 알라는 마호멧이 아니었으면 천지창조를 하지 않았을 것이다."(『코란』) 알라 하느님은 마호멧 같은 성인을 낳기 위해 천지창조를 한 것이라 고백하고 있다. 바로 하늘은 사람을 통해서 또 다른 창조주를 구하시는 것이다.

신인神人이 된다 함은, 성인聖人이 된다 함은 땅의 창조주가 되기 위함이다. 마음공부를 하는 이유는 하늘과 땅이 있는 이유와 같고, 사람이 있는 이유는 하느님, 부처님이 있는 이유와 같다.

마음공부하여 성인이 되고 신인이 되어 이 땅에 아름다운 세계를 창조하는 것이 마음공부의 목적이다. 그런데 이런 이유를 가지고는 사람들의 마음이 움직이질 않으니 하늘은 한 많고 원 많은 중생, 병든 중생, 가난한 중생들을 교회나 법당으로 인도하여 업장과 죄를 벗기고 난 다음 종국에는 거룩한 하느님, 부처님을 탄생케 하는 것이다.

나 자신이라 믿지 못할 것에 절대 무릎 꿇지 말자

마음공부 하는 학인學人들은
나와 한 몸이라 믿지 않는 것에 무릎 꿇어 경배하지 말자.
나 이외의 것에 무릎 꿇어 경배하게 되면 무릎 꿇은 대상의 종
이 된다.
이 공부는 자신이 삼계의 주인임을 깨닫는 공부일진대
나 이외의 것에 마음 두어 임이라 칭하고
그 대상에게 무엇인가를 구한다면 학인學人은 결코 주인이 될
수 없고 천국도 부처도 보지 못할 것이다.

소원성취 하는데 범부凡夫와 각자覺者의 차이

범부도 각자도 원하는 것은 다 같이 있다. 범부는 오직 자신이
목적을 성취하기를 원하고, 각자는 남들이 목적을 성취하기를
원한다.

　그래서 범부는 자신이 목적을 달성하기 위해 노력을 쏟고,
상대들과의 경쟁을 한다. 각자는 남들의 목적을 이루는데 자
신의 노력을 쏟는다. 세상을 움직이는 법칙은 인연과 인과법이
다. 범부는 자신의 목적을 위해, 상대들과 경쟁을 하였기에 훗
날 자신을 핍박하는 곤경을 만나게 되고, 각자는 자기 노력 없
이 저절로 결과물을 맞이하게 된다. 그 모습을 보고 흔히 복 많

은 사람이라고 말들 하지만 실제로는 과거에 자신이 한 인자因子에 대한 과보果報를 받는 것에 불과하다.

세상에는 공짜가 없다.

미래에 내가 받을 복이 궁금하면 과거에 내가 남들에게 한 선행을 생각해 보면 된다. 내가 남들에게 한 선행이 다시 내게 돌아올 때(과거에 한 선행을 먼저 잊어야 하는 선행조건이 있어야 하지만) 생각지도 못한 복덩어리를 만나게 된다.

현재의 곤궁함과 어려움은 다 과거의 자신의 무심함과 불선不善때문임을 알아야 한다. 불교가 세상을 살아가는 지혜로 제시한 것은 인과법이요, 인과법의 실천은 선법善法임을 천명하였기에 불법을 선법이라 말하기도 하는 것이다.

끝으로 복을 바라는 기복신앙의 끝은 결코 훌륭하지 않음을 알리고 싶다. 상대에게 온갖 좋은 것을 제공하고, 자신의 사랑과 믿음을 주었는데, 자신을 알아주지 않았을 때(소원성취가 되지 않았을 때) 그 상대와 원수가 지는 것은 너무나도 당연한 일이다. 개인과의 일에서는 너무나도 당연한 일이라고 유추할 수 있지만, 종교와의 관계에서는 그럴 것이라 생각하지 못하고 있다. 이제 나의 종교가 기복인지 아니면 진정 진리를 추구하여 사람다운 사람이 되려는 길인지 돌아보자.

이 더할 나위 없는 진리(무상정등정각)를 알려 준 부처님과 원수가 될지, 아니면 내가 부처가 될지 각자 본인의 선택이다.

유有의 가치는 무無로부터

있음의 가치는 없음에서 나온다. 없음이 없다면 있음의 가치를 어떻게 책정할 수 있을까? 만일 처음부터 있음이라면 있음은 있음의 가치를 절대 확인할 수 없다. 있음의 가치는 반드시 없음이 먼저 전제 된 다음에야 있음의 가치를 확인할 수 있다. 이런 원리를 상대성의 법칙이라 한다.

음양오행설의 해석으로 세상을 보는 동양에서는 상대성을 음양이라고 표현한다. 모든 현상을 음과 양으로 해석할 수 있다. 이런 음양이 상호 존재하는 원리를 태극이라 하고, 그 태극이 생기기 전을 무극이라 표현한다. 즉 무극에서 태극이 나왔다. 세상 모든 있음은 바로 무극이라 부르는 상황에서 탄생한 것이다.

유有는 무無에 의해, 무無는 유有에 의해 존재가치를 물려받는다. 그러니 있다고 들뜨지 말고, 없다고 너무 침울하지 말자. 있고 없음에 연연하지 않는 자야 말로 진정 참 수행자다.(도를 논하매 있고 없음을 논하는 자는 천박한 견해를 가진 자이다.)

교학教學하는 자의 병과 참선參禪하는 자의 병

경전공부를 하는 자의 병은 스스로 못났다고 굽히는 것이요, 참선하는 자의 병은 스스로 잘났다고 높이는 것에 있다.

교학敎學하는 자는 참선의 일침멸세一針滅世(한 번의 침질로 세상을 소멸하는 이치)의 실참법을 믿지 않고, 남의 보배만 저울질 하다 보니 스스로는 굴심屈心을 가져, 못났고 자신감 없어 하는 모습을 가지게 된다.(좋은 말로는 겸손하다고 할 수 있지만 내면에는 비굴심이 있다.)

참선하는 자는 교학자의 점점 닦아 가는 점수漸修와 지난날의 나쁜 생각과 행위의 습을 닦아 정도正道에 이르는 길을 믿지 않으며, 과거의 습은 끊지 못하면서 작은 깨달음을 큰 깨달음으로 착각하면서 스스로를 높이는 자고自高질을 한다.

바른 수행자는 스스로 못났다고 굽히지도 않고, 스스로 잘났다고 높이지도 않는다. 깨달음이 있었으면 지난날의 습을 끊는 행을 꾸준히 해야 한다. 깨달음을 돈오라 하고 습을 끊는 행을 돈수라 한다. 돈오가 돈수의 행을 발생시키고, 돈수의 행이 더 큰 깨달음을 가져다준다. 부싯돌에서 촛불이 되고, 촛불에서 횃불이 되고 더 나아가 종국에는 태양이 되는 것이다.

대기원상大器圓相: 큰 그릇은 원(○)상이다.

대기만성이란 말이 있다. 하지만 큰 그릇이 되려면 둥근 ○상이 되어야 한다. 우주에서 태양을 비롯하여 큰 별들은 다 원상이다. 예전에 한국의 고대 부족집단의 유적을 보여주는 다큐멘터리에서 사각형 목책을 두른 부족과 둥근 원형의 목책을 두른 이웃 부족들의 흥망성쇠를 다룬 것을 보았다. 둥근 원형의 목책을 두른 부족이 사각 목책을 두른 부족을 파괴한 흔적을 보여주는 역사 다큐멘터리였다.

둥근 원형의 목책 위에서 싸우는 전사의 입장에서 보면 자기가 처해져 있는 위치가 최전방이다. 그러니 자기 앞으로 다가오는 적을 자기가 책임지고 물리치지 않으면 안 되는 책임의식으로 싸웠을 것이다. 그러나 네모난 목책 위에서 싸운 전사는 자기 옆에 다른 전투원이 있으니 그에게 책임을 전가하는 의식이 생겨 최선을 다해서 싸우질 않게 된다. 그 결과 둥근 목책을 가진 부족이 네모난 목책을 가진 부족을 이기게 된다.

둥근 ○상의 물리적 형태가 인간의 심리에도 작용하는 것을 보여주는 실례이다. 큰 그릇이 된다는 것은 사회적으로 큰 집단이 되는 뜻도 있지만 개인적인 인격의 표현도 된다.

이 땅에서 대국大國이 될 수 있는 것이 꼭 영토가 큰 것만을 의미하는 것이 아니다. 국제사회에 얼마나 큰 영향을 끼치느냐에 따라 대국과 소국으로 나뉜다. 지구사회 전체에 대한 책임의식, 주인의식을 가졌느냐에 따라 둥근 목책을 가진 부족국가의 시민이 된다.

개인적으로도 타인에게 각진 모습을 보여주는 이보다 둥글고 원만한 주인의식의 시민이 되는 것이 본인이 큰 그릇이 되는 길이다. 국가도 개인도 전체에 대한 주인의식을 가지는 것이 곧 대기大器가 되는 길이다.(상대의 잘못도 나의 잘못임을 인식해

야만 되고, 타인의 불행 역시 나의 불행이 될 수 있음을 인지하고 자리이타
自利利他의 실천정신을 가진 이가 곧 큰 그릇의 인물이다.)

도道와 정치

조선시대의 정치사상은 성리학이였다. 어떤 학자는 말한다. 인
류가 만든 가장 논리적 도학道學이라고. 언어와 사유에 몰입되
면 관념화, 개념화되어 버린다. 조선시대의 정치가 관념화의
옷을 입은 결과 실용성을 놓쳤다. 막상 성리학의 모태인 주자
학이 태동한 중국은 실용적 유학을 한 반면, 조선은 관념화란
늪에 빠져 현실을 바로 보는 눈을 잃었다.

　언어의 가치는 무언無言에서 나오고, 생각하는 사고思考의 가
치는 무사無思에서 나온다. 세계는 유무상생有無相生의 도리道理
로 성주괴공成住壞空한다. 언어와 사고는 표현의 세계이고 표현
과 동시에 분리된다. 옳고 그름, 좋고 나쁨으로. 말없음無言과
생각하지 않음無思은 전체와 하나 되게 하는 직관력, 통찰력을
가져다준다. 부분과 전체가 하나이듯 세상은 유有와 무無로서
하나가 된다.

　성리학은 너무나도 훌륭한 도학道學이지만, 그 도학을 배우
고 현실에 적용시키는 사회의 기득권층들이 있음과 부분만 보
는 정치형태를 낳았다.

　반정을 하거나 왕조가 바뀌면 반드시 공을 세운 훈구파가

있다. 훈구파들이 기득권층이 된다. 도道의 길에서는 말한다. 공을 세웠더라도 공에 머물지 말지어다라고.(공에 머물면 도道에서 버림받는다.)

불가에서도 말한다. 무상정등각 조차 무無무상정등각이라고.

작금의 시대에서도 마찬가지다. 민주주의의 공을 세워서 공에 머물고, 심지어 집착하여 기득권층이 되어버리면 도道로부터 버림받는다. 공을 세우고도 공의 자리에서 내려올 줄 아는 정치인만이 역사와 하늘, 민중에게 기억될 것이다. (민주화가 된 작금의 불평등지수가 9 이다. 참고로 프랑스 대혁명시대의 불평등지수가 7.5 이다. 지수가 높을수록 불평등하다.-경제학자 토마피게티의 이론참조)

자기를 천하만큼 사랑하는 이

노자의 말이다. 자기를 천하만큼 사랑하는 자에게 천하를 맡길 만 하다라는 말이 도덕경에 나온다. 자기를 옳게 사랑하지 못하는 자는 남도 사랑할 줄 모른다. 노자나 공자나 다 같이 공동체의 번영과 발전을 지향했다. 다만 공자는 인간적 노력에 의해 파생된 예禮라는 질서 안에서 이루는 것이요, 노자는 자연적인 질서에 의해 무위적 행위로 이루자는 것이다.

공부하는 학인의 입장에서는 인위적 노력과 무위적 노력에 대해 생각하지 않을 수가 없다. 세상을 주유하면서 인위적 노력을 한 공자의 말년 모습은 제자를 기르는 모습과 자연적 행복으로 귀의하는 듯 보인다.(제자 증점과의 대화에서 관직에 등용되었을 때 어떠하겠느냐의 질문에 '봄날에 지은 옷을 입고 어른 5~6인과 어린아이 6~7명과 함께 기수에 가서 목욕하고 무우대에서 바람 쐬며 시를 읊조리겠다는 답에 본인도 '나도 증점과 함께 하고 싶다'고 밝혔다.)

불교가 중국에 정착한 것은 노자의 가르침이 사회저변에 확산되고 부터이다. 지금도 중국인민의 기본적 사상은 노자·장자로부터 파생되었다고 보면 크게 틀리지 않을 것이다. 인간의 행복은 인위적 노력보다는 자연적·무위적인 것에 있음을 알아야 한다.

태양이 어둠을 물리듯, 우리 속에 있는 본디 밝은 덕德(하늘에 있을 때는 도道라고 하고 사람에게 있을 때는 덕德이라 한다.)을 밝혀야 한다. '나'라는 관념의 구름만 거두어 버리면 그냥 우리는 밝은 덕德의 소유자들이다.

그 밝은 덕德에는 천하 만물에 대한 사랑이 담겨져 있다. 그러니 아니 사랑할 수 없다. 저절로 사랑하는 것이다. 그런 자에게 천하를 맡길 만 하다는 것이 노자의 생각이다.

우리 대한민국은 근래에 와서 지도자 복이 없다. 답답한 것이 무위의 '명명덕明明德'하는 이 보다 인위적 노력을 한 이를 대통령으로 뽑으니 전직 대통령마다 다 감옥소에 가 있다. 다 우리들의 잘못이다. 민주국가에서는 국민이 주인이다. 그러니 우리가 먼저 정신 차려야 한다.

유불선儒佛仙의 합일合一

여말선초의 함허대사께서 유교와 불교의 회통을 주장하셨다. 유교의 근본과 불교의 근본이 같음을 설파하셨고, 현대에 와서는 간산 탄허스님께서 모든 종교의 근본이 같음을 말씀하셨다. 종교학의 창시자 막스 뮐러가 말하기를 '하나의 종교만 아는 사람은 아무 종교도 모르는 것이다.'라고 했다.

이 세상의 진리는 하나이지 둘이 아니다. 그 진리를 두고 서로 달리 표현할 뿐, 진리는 하나이다. 산을 오르매 동쪽으로 오르는 길을 유교라 하고, 서쪽으로 오르는 길을 유일신교라고 하고, 남쪽에서 오르는 길을 불교라고 이름 지었을 뿐이다. 단지 가는 길(교리)이 다를 뿐이다. 자기 길만 옳다고 고집하는 것은 광신狂信이다.

진리와 하나 되신 성인들께서 서로 한자리에서 만난다면 결코 서로를 미워하거나 박해하지 않을 것이다. 단지 성인들의 가르침을 자기 식대로 교리를 만들고, 교리와 부합하는 조직을 만들고, 조직에 종사하는 사람들의 밥그릇이 생기는 순간, 거룩한 성인들의 가르침은 밥그릇 싸움판으로 변질된다.

유교는 근본을 심고, 도교로 불리는 선교仙教는 근본을 길러내며, 불교는 근본을 뽑아버리는 종교라고 『선가귀감』의 끝부분에 나온다. 유교는 치세治世, 도교는 치신治身, 불교는 치심治心의 가르침이라 하기도 한다. 유교는 2.500년 동안 동양의 정치근간이 되었으며, 도교는 세상 속에서 몸을 다스리는 근간이 되어 의학발전에 큰 기여를 했으며, 불교는 왕과 백성 모두의 마음을 다스리는 근간이 되어 우리나라의 삼국시대에선 앞 다투어 받아들여 나라가 나라다워지는 근본동력이 되었다.

문제는 기독교이다. 기독교가 한국에 들어온 지 200년이 지나갔다. 마테오리치가 쓴 『천주실의』를 읽으며 한국 천주교는 자생하였다. 유교의 부족한 부분을 보충한다는 의미의 '보유론'을 들고 나온 것이 『천주실의』였다. 예수께서 유대교를 완성시키기 위해 오신 것처럼, 각 시대별로 진리의 가르침은 보완할 필요성이 대두된다. 기독교가 근현대 한국사회에 끼친 긍정적 영향력은 엄청나다고 할 수 있다. 그 영향력을 바탕으로 한국교회는 점점 독선적으로 변해가고 타종교를 인정하지 않는 모습까지 보이고 있다.

성령의 체험을 '示시'라 한다면 그 '示'에 갓머리 宀를 얹을 때 마루 종, 클 종의 宗종이 된다는 뜻은 주관적인 영적 체험이 보편화와 학문화가 되었을 때, 큰 가르침의 宗종=종교가 된다는 것이다.

한국 기독교는 극소수의 영적체험을 신비화하여 하느님이란 대자대비하고 거룩한 성품을 편협하고 혹세무민하는 신神으로 격하시키고 있다. 진정 모든 세상 만물을 창조하고 주관하는 진리의 신神이라면 자기의 믿음과 다른 종교인들의 배움과 수행방법 역시 아우르고 포용할 수 있어야 하고, 더 나아가 그들의 행복까지 빌어주는 것이 당연한 일이다. 또 정교와 이단, 선과 악, 천사와 악마로 나누는 이분법적 가치관으로 어찌 참된 진리의 하느님을 찾는 것인지 대체 이해가 되지 않는다.(진리는 불이不二이다.)

이유는 잘못된 믿음이다. 기독교의 장점은 믿음이지만 그 믿음에 학문화, 보편화로 보완되지 않으니 그들만의 리그가 되어버린다. 남은 어떻던 자기는 '예수천국 불신지옥'을 번잡한 도로나 전철 안에서 외쳐야 자기 마음이 편해진다.(한번은 서울 제기역에서 수원역까지 가는 길 내내 한 기독교인으로 부터 선교고문을 당한 적이 있다.)

내가 공부하고 체험한 하느님은 불교의 부처님과 절대 둘이 아니었다. 진리를 인격화하여 하느님, 부처님으로 호칭하지만 엄밀하게 그런 호칭도 맞지 아니한 것이다. 나눌 수 없지만 모두를 포함한 것이 진리이다. 가질 수는 없지만 모두에게 있는 것이 진리이다. 그런고로 지옥, 악마를 하느님 안의 존재로 보지 않는 기독교인이 있다면 진리를 섬기고 하나 되려는 수행자로서 잘못된 믿음의 길을 가고 있다고 말해주고 싶다.

결론은 유불선과 기독교 모두가 하나의 진리를 추구하고 있다는 것이다. 다만 가는 길의 여정을 설명한 각 종교의 교리가 시대, 지역별로 세분화됨으로 전 지구적 전 시대적 보편성이 떨어진다는 것이다.

글로벌 시대에 맞는 새로운 종교적 인식이 필요함을 강조하고 싶다.

대학지도재大學之道在 명명덕明明德

대학=큰 배움의 도(길)는 밝은 덕을 더욱 밝히는 것에 있다. 유학에 관심이 있는 이는 누구나 한번 본 문장이다. 대학지도大學之道를 그냥 대도大道로 축약하자.

대도는 우리들 모두에게 내재되어 있는 명덕明德=밝은 덕을 밝히는明 것에 있다. 밝힌다는 명明의 한자는 日과 月로 구성되어 있다. 즉 태양과 달이다. 태양이 뜨기 전에 제일 어둡다. 사물을 분간하지 못하다 태양이 뜨면 사물이 환히 보인다. 달이 검은 구름에 가려 져 있을 때는 칠흑 같은 어둠만 있다가 구름을 헤치고 달이 나오면 밤길을 쉽게 갈 수 있다. 해와 달이 비추어지는데 우리의 인위적인 노력이 있었던가?

밝음明이란 이러한 뜻을 가지고 있다. 본디 우리에게 있는 밝은 덕明德은 신성神聖이요, 불성佛性이다. 이 신성함을 하느님, 부처님이라 한다. 최제우 선생님은 사인여천事人如天(집에 사람이 오면 사람이 오는 것이 아니라 하느님이 오신다.)이라 하셨다.

이러한 소리를 듣고 이해한 자는 하느님과 부처님을 교회나 법당보다 먼저 나 자신에서부터 찾아야 함이다.

최제우 선생님께서 인내천人乃天(사람이 하늘이다.)이라고 밝힌 해가 서기 1860년이다. 그 소리가 이 땅에 퍼진 것이 151년이 지났건만 이해하는 자는 적고, 아직까지 하늘이 원하는 사람다운 사람佛이 되려 하는 사람보다 땅의 짐승처럼 즘생=중생이 많은 대한민국 사회이다.

도道를 이해하는 것은 지식이 아니다. 지식의 흡수는 주관적이고 인위적인 노력이 더해져야 한다. 그리고 지식은 관념화로 변화되고, 사물을 볼 때 가치관으로 작용한다. 좋고 나쁨, 옳고 그름으로 나누는 습관을 만들고, 그 결과 진리를 보아도 보지 못하고, 들어도 듣지 못한다.

자신속의 하느님, 부처님을 발견하는 법은 의외로 간단하다. 내면의 판단을 잠시 쉬고 보기만 하는 연습을 하면 된다. 그리고 마음을 오로지 자신에게만 집중하면 된다.

보기만 한다는 뜻은 볼 때 옳고 그름, 좋고 나쁨의 생각을 접고 그냥 보라는 뜻이다. 볼 때 옳고 그름을 나누는 자는 관념주의자이고, 그냥 볼 줄 아는 사람은 실용주의자이다. 새로움을 받아들일 수 있는 사람은 실용주의자이다. 과거의 기준으로 옳고 그름만 따지는 이는 관념주의자이다.

더 이상 관념, 이념, 사상으로 다툴 때가 아니다. 이 지구는 인간의 관념적 희유를 받아들일 여유가 없다. 실용적이지 않으면 더 이상 인류는 지구상에 생존할 수 없는 시대에 우리는 살고 있다. 정신 차리자. 이제 마음공부하지 않으면 인류가 지구상에서 영위할 자격을 잃게 된다.

예수님이 십자가에 못 박혀 돌아가신 이유

교회에서 흔히 듣는 말이다. 예수님께서 우리의 죄를 사하시고 우리의 죄를 다 짊어지고 가셨다고.

솔직히 말해서 성당 다닐 때는 참 믿기지가 아니했다. 어찌 세상 모든 이의 죄를 사해주고, 당신이 우리 모두의 죄를 짊어지고 가셨다 말인가?

마음공부를 시작하고, 10년 쯤 지난 뒤에 표현은 못하겠지만, 이해가 되었다. 다만 표현하지 못했을 뿐이지 이해는 되었다. 오늘 문득 그 생각이 들어 여러분들을 설득해 볼까 한다.

눈앞에 원수가 있다고 가정하자. 그 원수가 왜 내 눈앞에 있을까? 이 세상은 다 상대성이다. 내가 있음으로 상대가 생긴 것임을 간파하지 못하면 평생 상대만 원망한다. 만물을 있게 하는 바탕은 조건 없는 사랑, 자비, 지혜, 자유, 평화… 등등이다. 쉽게 생각해서 물속에 불이 존재한다고 생각해보자. 불이 꺼져야 물이 되어 물과 함께 할 수 있다. 우리의 업식(영혼)은 물속의 불이다.

상대를 이해, 용서, 사랑하지 못한 불꽃이 물속에 세세생생 존재한다고 가정했을 때 물의 입장에서는 그 불을 끄기 위해 정반대의 조건을 내세울 수밖에 없다. 내가 마땅히 사랑해야 할 이를 사랑하지 못하면, 마땅히 사랑할 때까지 상대와 나와의 인연을 맺어 서로 사랑할 기회를 계속 준다.(현상계는 극과 극이 만나는 태극의 원리)

지극히 미워하면 지극히 사랑할 수밖에 없는 것이 세상원리이다. 극과 극이 만나야 무극이란 근본의 자리로 환원한다.

성인들께서 이 땅에 오셔서 당신들의 삶을 우리들에게 전해준 이유는 사람이라면 누구나 나처럼 할 수 있다. 그러니 우리들도 어찌해야만이 사람이 사람다워 짐을, 우리들의 존재가 진정 이 하늘(우주)이 원하는 존재가 될 수 있다는 것을 알려 준 것이다.

또 한 가지 더 이해를 돕자면 우주 허공맷돌의 손잡이인 어처구니가 되었을 때 현상계를 돌릴 수 있다. 창조주의 힘은 우리가 어처구니가 되면 저절로 생겨나는 것이다. 어처구니 역할을 할 때 자신을 하느님 아버지와 한 몸이신 아들이라고 인식한다. 그리해서 성부, 성자, 성령의 3위1체의 교리가 탄생되는 근거가 되었다.

한 사람의 서원이 세계를 움직여 변화시키고, 한 사람의 삶의 여정이 수많은 다른 이들에게 영감을 주고 변화시키는 핵폭탄의 기폭점 같은 역할을 한 것이다.

그리해서 예수님을 비롯하여 많은 성인들께서 우리들의 죄를 사해주시고, 우리를 당신과 같은 성인의 위位로 함께 할 수 있는 길을 연 것이다.

존재라는 진화

이 우주 역시 하나의 존재다.

빅뱅이후 초기 우주는 뜨거운 제4의 존재였다.

즉 고체도, 액체도, 기체도 아닌 그런 존재인 '플라즈마'의 상태였다.

수소원자가 결합하여 헬륨이 생성되었고 우주는 수소원자 하나와 수소원자 두개의 결합상태로 양분되어 흔히 말하는 음양의 시대가 시작되었다.

수소원자 하나에서 다양한 원자들이 탄생되어 지금의 우주가 되었다. 우주의 작은 미립자들이 결합해 분자를 만들고 별을 만들었다. 별 속에 생명의 존재들이 탄생하였고 그곳에서 인간이 탄생하였다.

빅뱅이전에는 존재가 없었을까?

시작이 있었지만 시작이 없었고 끝이 없지만 끝은 끝없는 하나였다. 그것을 깨달은 선각자들은 원상(圓相)을 존재의 상징으로 생각하게 되었다.

존재는 인간을 탄생시켰다.

존재가 인간이 되었다.

하지만 존재라 불리는 세상을 초기 인간들은 신본주의로 해석하였다. 신이 존재의 중심이라 생각하고 믿었다.

인지가 발달되고 다른 생명들과 다른 문명을 만들었을 인간은 존재의 중심을 신으로 믿기 시작해 산 사람을 재물로 바치기도 하였다.

동서양을 막론하고 신이라 불리는 존재들 즉 태양신, 물의 신, 기타 동물의 신들이 인간을 지배하는 시기를 맞이한다.

하나의 존재를 서로 다른 존재로 인식한 두려움에 찬 인간들은 신에 의지하는 암흑의 시기를 맞이하기도 하였다. 서양에서는 중세를 '암흑의 시대'*라 불리기도 한다.

동양에서는 오래 전부터 인본주의가 싹텄다.

동북아지역의 고조선의 건국이념은 홍익인간이다. 널리 인간을 이롭게 한다는 시대를 앞서가는 인본주의가 탄생하였다.

배고픔에 사람이 사람을 잡아먹은 중국의 춘추전국시대의 시대적 배경을 통해 유교라는 인본주의가 탄생하였다. 세상의 중심이 신이 아니라 인간임을 선언하고 존재본성의 인간을 군자라 칭하며 존재본성의 인간을 추구하는 사회 통치적 규범이 공자에서부터 시작되었다.

서양의 문명이 동양을 앞서간 것은 중세이후 르네상스라는

---

*   흔히 서양에서 서로마제국이 멸망한 476년부터 스페인에서 무어인이 추방된 1492년을 중세라고 보는데 이시기에는 기독교가 모든 것을 지배하다 보니 '암흑'이라는 오명이 붙어… 『인문학을 어떻게 읽을 것인가?』, 박홍규, 인물과 사상사, 2020.

인본주의가 태동되어 앞서간 동양의 인본주의의 문명을 받아들였기 때문이다. 서양은 신이 지배하다 인간으로 돌아갔고 동양은 인간 지배의 긴 시간을 통해 발전이 정체되었다.

하지만 동서양 사회구성원들의 대부분들은 오랜 시간 전해져 내려온 의식의 유전자로 말미암아 신본주의의 의식이 남아 있다. 현실 문제를 신에게서 해결하겠다는 신본주의는 앞서가는 선각자들의 입장에서 보면 오래 전에 인류가 졸업해야 할 허상 중에 하나였다.(비교종교학에서 인간의 영성이 유아기일 때를 신본주의 시대라고 한다.)

신 역시 존재다. 결국 신은 두려움에 찬 인간들이 문제해결과 존재의 의문을 해결하기 위해 만든 중생의 창조물인 것이다. 중생의 의식이 만들었으면 그 역시 중생의 산물이다.

신본주의를 거쳐 인본주의로 진화한 인간들의 의식은 변화하는 전체 존재의 진화이기도 한 것이다.

인본주의조차 넘어선 주의가 있었으니 그것은 고타마 싯다르타의 가르침이었다. 세상 모든 존재의 열반을 목표로 한 주의가 있었으니 바로 공본주의空本主義이다.

불교를 인본주의로 본 시절이 있었다. 사실 불교는 인본주의를 넘어선 큰 가르침(종교宗敎)이다. 그래서 불교는 공부하지 않으면 무속적 신앙으로 오해하기 십상이다. 불교를 존재가 낳은 가장 앞서가는 진리의 수업서 라고 서양의 지식인들은 벌써부터 인지하기 시작했다.

그들의 말에 의하면 유럽은 이제 '신본주의神本主義'를 졸업

했노라고 한다. 그들이 놀라는 또 한 가지는 한국에서 자기들이 전파한 신본주의가 이렇게 번창하여 존재가 낳은 최고의 가치인 공본주의空本主義가 위축된 사회적 현상을 목도하는 것이라고 한다.

자기들은 신본주의와 인본주의를 졸업하고 공본주의를 배우러 왔는데 정작 한국사회는 아직도 신본주의가 주류인 사회라는 것이다.

진보주의와 보수주의의 공통점

보수는 과거의 훌륭한 가치를 계승하자는 것이요, 진보는 미래의 새로운 가치를 창조하자는 것이다.

공통점은 우리의 행복과 격을 상승시키자는 것이다.

또한 보수와 진보의 공통점에는 보수는 진보를 받아들이지 않고, 진보는 보수를 받아들이려 하지 않는 것이다.

진보는 보수의 나쁜 점만 보고, 보수는 진보의 나쁜 점만 바라본다는 것이다.

우리에게 절실한 과제는 진보와 보수의 두 견해를 편중되지 않고 바라볼 수 있는 관점의 소유자들을 키우는 것이다. 정치와 경제에서 대한민국 사회는 둘로 양분되어 서로를 이해하려 하지 않고 서로를 같이 공유할 가치가 없는 적으로 생각한다.

"원수의 잘못을 7번씩, 77번까지 용서하라" "중생을 7대 외동아들처럼 여겨라"

이런 성인들의 메시지에는 서로 다른 견해를 가진 자들 역시 끝없이 용서해야 할 상대이며, 한없이 귀한 존재라는 것이다.

비판을 하되 먼저 사랑이 전제되어야 하고, 개혁과 가치계승을 하기 전에 전체의 이익과 행복을 그리고 무엇보다도 서로가 서로를 나눌 수 없는 일체의 한 우주요, 자연이요, 한 몸이요, 한 의식=한얼=하느님이라는 것을 깨달아야 한다.

나의 주의는 진보이전에 보수이전에 '우리 모두가 다 하느님주의' 이다.

군주사회와 민주사회

지구, 지구가 속해져 있는 태양계, 태양계가 속해져 있는 우리 은하계 모두가 우주라 불리는 허공을 지금 이 순간에도 타원형을 그리며 엄청난 속도(지구는 10만Km/h, 태양은 8.4만Km/h)로 날아가고 있다.

1988년 이전에 지구가 날고 있는 허공(하늘)을 12황도의 쌍어궁 자리라 하고, 1988년 이후에 날고 있는 허공(하늘)을 보병궁이라고 한다.

흔히 쌍어궁 하늘을 선천, 보병궁 하늘을 후천이라고 말하기도 한다. 선천시대는 하늘이 임금과 법왕을 내려 준다하여 우주의 주인을 하늘로 보기에 천존시대라 하고, 후천시대는 백성이 지도자를 뽑고, 백성이 정신의 가치기준을 선택하기에 인존 시대라 한다.

그리해서 선천시대는 임금이 주인인 군주君主사회이고, 후천 시대는 백성이 주인인 민주民主사회이다.

지금 이 시대를 살고 있는 우리들은 끝나가는 군주사회의 습성과 시작하는 민주사회의 새로운 질서가 함께 공존하고 있다. 특히 1988년 이전에 태어나신 분들에게는 군주사회의 습성이 자신도 모르게 배어져 있고, 1988년 이후에 태어나신 분들은 자신도 모르게 민주사회의 질서가 당연한 것으로 배어져 있다.

이 두 질서(법)가 평화롭게 이양되기를 간절히 바래왔지만 서로 다른 정신, 질서, 법은 사람들의 희생을 강요하고 있다.

법(질서, 정신)이 어떠하든 간에 주인은 사람이다.

사람들이, 백성이 주인이다.

주인들이 주인다운 정신으로 행동을 한다면 어떤 순간에도 평화가 깨어지지는 않을 것이다. 정신계, 정치계, 경제계, 학계 등 다양한 분야에 종사하며 앞서 간다는 착각을 하시는 모든 수장들에게 전하고 싶다. 선지자들의 주인은 늦게 따라오시는 백성들이시다는 것을.

비록 주인이 주인답지 못하다 하여 주인의 뜻을 버릴 수가 없다. 최선을 다해 주인의 뜻을 받들고 최선을 다해 잘못된 주인의 뜻으로 말미암아 생기는 피해를 줄이려 애써야 할 것이다. 그것이 선지자들의 역할임을 명심하고 주인인 백성을 우롱

하여 백성 위에 있으려 하는 우를, 불충을 범해서는 아니 될 것이다.

하느님, 법신불 부처님께 가는 길을 막고 있는 것은?

하느님께서는 당신에게로 오는 길에 아무런 장애물도 놓지 않았다. 장애물은 오로지 '자신' 밖에 없다. 자기중심적 생각, 자기중심적 판단, 자기중심적 감정, 자기중심적 행위…

'우리 모두 하나'가 되는 길 역시 아무런 장애물도 없다. 오로지 각자의 '자신'만이 장애물인 것을….

공부를 완성하는데도 아무런 장애물도 없다.
오로지 자신의 성격과 기질만이 장애물이다.

우리 모두 자신을 보고 웃는 자가 되기를 기도한다.

범소유상개시허망凡所有相皆是虛妄

약견제상비상즉견여래若見諸相非相卽見如來

무릇 상이 있는 바는 이 다 허망함이니 만일 모든 상이 상이 아님으로 보면 곧 여래를 보리라.

『금강경』의 가장 핵심적 요체이다. 세존께서 우리에게 전하는 공空사상이다. 우리들이 유상有相(형체가 있다는 관념)이라 생각하는 이 현실계는 바로 공이 본질임을 일깨워주는 메시지이다.

이것을 모르니 무명 중생이고 무명 중생이 행을 하니 모두가 업이 된다.(그래서 무명 중생은 하루를 살면 하루의 업을 짓고, 100년을 살아본들 업 중생의 탈을 벗어날 수가 없다.) 그 업이 식識을 만드니. 식으로 말미암아 명색名色(이름과 거짓형체)을 만들고, 명색이 육입六入(안이비설신의)을 짓고, 육입으로 말미암아 촉觸, 촉감을 느끼나니 이름하여 수受-느낌을 받아들여, 애愛—애착하며 취取하나니 취함으로 유有—있음이 되고, 있음이 생生—생명을 낳게 되어 늙고 죽는 노사老死의 인연을 반복하게 된다.

육입(육근), 즉 우리가 보고 듣고 맛보고 사고하는 이 기능이 육입과 눈앞의 대상을 계속 반복적으로 짓는다. 우리가 살고 있는 이 세계는 그전의 우리들의 육입이 받아들였던 형상이고, 그 형상으로 만법 유식하여 세계를 반복적으로 창조하고 있다.

지금 내가 살고 있는 환경은 나의 개인적 업식의 결과요, 지금 이 세계는 우리들의 공통된 업식의 결과이다. 불자들이 갈구하는 극락정토는 결코 유루법이 만드는 세계가 아닌 직심直心(진여眞如를 헤아려 생각하는 마음), 심심深心(우리의 업식을 넘어선 깊은 마음), 보리심菩提心(부처님 법을 깨달아 중생을 구제하려는 마음)의 마음 세계이다. 그 마음 세계가 시간이 지나 현상계에 구현되는 것을 차방정토라 부른다. 우리민족의 불교사상은 바로 차방정토를 구현하는 정토사상이다. 이 현상계를 극락세계로 만들고자 하는 것이다.

무명無明*을 타파하는 가르침인 사성제**인 고집멸도에서 도성제는 너무나도 간단하고 쉽다. 세수하다 자기 코를 만지는 것보다 더 쉽다고들 옛 선사들께서 강조하였다. 우리들이 힘들어하는 것은 육입, 육근을 통해 들어온 것을 '나'로 삼으니 그 '나'로서는 결코 자신의 참모습인 '공'을 볼 수가 없기에 그러한 것이다.

---

* 　무명無明: 사제(사성제)에 대한 무지로서, 괴로움을 일으키는 근본 번뇌. 모든 현상의 본성을 깨닫지 못하는 근본 번뇌. 본디 청정한 마음의 본성을 가리고 있는 원초적 번뇌. 있는 그대로의 평등한 참 모습을 직관하지 못하고 차별을 일으키는 번뇌.『시공불교사전』

** 　사성제: 사제四諦의 진리를 뜻함. 괴로움을 소멸시키는 열반에 이르는 네 가지 진리. ①고제苦諦, 괴로움이라는 진리, 늙어야 하는 괴로움, 구하여도 얻지 못하는 괴로움, 오온五蘊에 탐욕과 집착이 있으므로 괴로움, ②집제, 괴로움의 원인이라는 진리, 괴로움이 일어나는 원인은 몹시 탐내어 집착하는 갈애라는 진리. 집은 집기·기인·원인을 뜻함. ③멸제, 괴로움의 소멸이라는 진리, 갈애를 남김없이 소멸하면 괴로움이 소멸되어 열반에 이른다는 진리. ④도제, 괴로움의 소멸에 이르는 길이라는 진리, 팔정도는 갈애를 소멸시키는 수행법이라는 진리.『시공불교사전』

그러니 반야심경에서 '무안이비설신의'라고 강조한다.

답은 너무나도 간단하다. '이뭐꼬' 하라! 보고 있는 놈이 누구인가? 듣고 있는 놈이 누군가? 생각하고 있는 놈이 누군가? 끊임없이 물어보라. 마음은 마음 가는 대로 간다. 묻고 묻고 하면 언젠가는 답이 나온다. '관세음보살 감사합니다.'를 매순간 억념하며 '관세음보살 감사합니다.' 하는 놈은 누구인가라고 물어 자기를 관찰하는 자를 먼저 찾아야 한다. 궁극에 가서는 그 관찰자의 실체조차 깨부수어야 한다. 그러면 그 자리에 우리들의 실체요, 이 우주의 실체인 '공'이 드러난다.

응무소주이생기심(머무는바 없이 마음을 내라)

각자의 중생심을 조복받기 위해서는 일체중생을 무여열반에 들도록 서원하되 단 하나의 중생도 열반에 들게 한 적이 없노라고 서원하도록 『금강경』은 답한다.

일체중생을 구제하는 것은 무엇일까? 중생의 번뇌를 제거하는 것이다. 번뇌는 바른 생각으로 제거하며, 바른 생각이란 허망한 분별을 하지 않도록 하는 것이다. 그럼 허망한 분별은 어디에서 나오는 것인가?

바로 탐욕심에서 나온다. 결국 전도된 망상으로 인한 허망한 분별로 인한 탐욕심이 우리의 몸과 마음을 만든 것이다. 그래서 열반에 들기 위해서는 허망한 분별의 탐욕심을 타파해야 한다.

허망한 분별은 없음을 있음으로 보고, 흘러가는 것을 굳이 집착하여 담아놓는 우리들의 행위로 인해 우리는 지금까지도 허망한 분별을 계속한다. 그런고로 우리는 해탈에 이르지 못하고 수천억겁 동안 각자 몸과 마음을 가지고 있다.

그러나 이러한 모든 있음의 근본은 무주無住이다. 머묾이 없는 것이 우리들의 근본이다. 그래서 근본인 머무는 바 없는 무주에서 마음을 내라고 『금강경』은 우리들에게 가르치고 있는 것이다.

부처님의 의도

『금강경』초입을 찬찬히 읽다보면 부처님께서 우리 모두가 해탈하여 열반에 들기를 의도하신 바를 눈치 챌 수가 있다. '열반'이란 단어 앞에 꼭 선행하는 단어가 있으니 '해탈'이란 단어이다. 그리해서 '해탈열반'이란 수행의 목적지가 탄생되었다.

해탈解脫! 풀 해解 벗을 탈脫. 풀고 벗는다는 뜻이다. '나'란 가면을 풀어 벗는다고 해석한다. 예전에 경허선사께서 당신의 고향 사찰의 한 법석에서, 어머니와 고향친지들이 모인 장소에서 법을 설하셨다. 그 법석에서 한 법문은 이와 같았다.

경허선사께서 법석에 올라 법복을 한 꺼풀씩 벗기 시작했다.

조선제일의 선지식이요, 선승으로 명성을 떨치시는 큰스님께서 당신의 어머니와 친척, 친지들 앞에서 발가벗은 몸으로 한 말씀하셨다. '엄마~ 이게 도道다!'

이 법문을 금방 이해하지 못하시는 수행자는 금생에선 도道와 인연이 멀기만 하다. 그러나 선지식이 한 말씀하시거나, 한 모습을 보이실 때는 그냥 듣고, 그냥 보기만 하는 것으로 쌓여 있던 업이 엷어지고 본디 자기 속에 있는 불성이 깨어나기 시작한다. 괜히 시시비비하면 업만 더 쌓일 뿐이고 그 업이 닦일 때까지 더 힘든 나날들이 있을 터이니 그런 인과를 아는 선지식은 안타까울 뿐이다.(수행자는 시시비비하기 보다는 볼 뿐, 들을 뿐 하는 연습을 해야 한다. 그렇다고 영 맹탕이 되는 것은 아니다. 직관력이 더 배가 된다.)

만민평등萬民平等

이 세상에 특별한 사람은 없다.
특별한 하나의 공호만 있을 뿐.
그래서 만민평등萬民平等이다.

청도는 감나무가 많다

청도는 감이 특산물이다. 곳곳에 감나무가 많다. 감 농사짓는 농부의 입장을 수행자의 입장과 비교해서 설명하고자 한다.

수행자를 농부라 표현했을 때, 농부는 진리를 찾고자 하는 의지 또는 발심이라 볼 수 있다.

어느 때가 되면 감나무 밭에는 거름이 나무 밑 둥지 주변에 잔뜩 뿌려져 있다. 그 해 감농사의 기초이다. 거름을 준 해와 그렇지 않은 해의 수확량과 품질이 분명 다를 것이다. 수행자에게 거름이 상징하는 것은 인욕이다. 속이 썩지 않은 생속을 가진 자가 도道를 하는 것은 보지 못했다. 농부의 꾸준한 부지런함은 정진이다. 정진과 인욕으로 도道 농사를 짓는 것이다.

거름을 주고 나서 때가 되면 가지치기를 한다. 가지치기를 하지 않으면 좋은 품질의 감을 수확할 수 없다. 나무 입장에서 가지치기는 어떨까? 자기 몸을 떼어버리는 이 행위는 결코 쉬운 일이 아닐 것이다. 가지치기는 아집, 아만, 고집을 버리는 것일 것이다. 가지치기를 하고 난 뒤 시간이 흐르면 새 잎이 돋아나고 점차 무성해 진다.

감나무의 잎은 우리가 싫어하는 것들이다. 역경이라고도 할 수 있다. 잎이 있어야 훗날 열매를 맺을 수 있는데, 열매만 좋아하고 나뭇잎을 싫어하면 열매는 맺히지가 않는다. 그래서 '하고 싶은 것을 참고, 하기 싫은 것을 하는 것이 도道다'라고 한다.

설익은 감은 잘못 먹으면 배탈 난다. 도과道果인 감이 익기 전에 먹는 방법도 있다. 설익은 감을 소금과 함께 항아리에 두게 되면 먹을 만하다. 설익은 도과에게는 숙성의 시간이 필요한 것이다.

가장 먹기 좋은 상태의 감은 홍시이다. 다른 과일나무는 가을이라는 수확기에 따서 제 철에 먹는다. 홍시는 나뭇잎이 다 진 뒤의 겨울에도 먹을 수 있다. 이가 없는 노인들도 쉽게 드실 수 있는 것이 홍시이다.

수행자의 최종 산물인 도과道果=홍시는 이해력이 부족한 중생 즉 이가 없는 노인에게도 쉽게 섭취될 수 있다.

다만 홍시가 되기 위해 농부(발심 또는 수행의지)는 끊임없이 정진해야 하고, 농부만 있는 것이 아니라 주변 환경이 받쳐주어야 한다. 온화한 기후, 풍부한 수원水原이 있어야 하고, 바람이 불어 공기가 항상 쾌적해야 한다.

도道는 그래서 혼자서 하는 것 같지만 실상은 온 우주가 다 같이 하고 있는 것이다. 우주의 모든 존재가 나를 낳고 길러주고 가르쳐 주시는 어머니이자 스승님이시다.

중생성衆生性과 불성佛性의 차이

개유불성皆有佛性. 세상 일체만물에 다 불성이 있다. 『금강경』에는 중생이 중생이 아니라고 이야기한다. 우리 모두에게는 중생성과 불성을 다 가지고 있기에 중생이 중생이 아니다.

중생성은 무엇인가?

누군가가 나를 칭찬하거나 비난했을 때 반응하는 것이 나의 중생성이다. 칭찬하면 우쭐해지고, 비난하면 화가 나는 것이 우리 각자의 중생성이다. 다른 말로 아상我相이다. 아상이 존재하고 지속하려고 할 때, 마음이 그쪽으로 향하면 나는 철저한 중생이다. 반대로 이산혜연선사의 발원문처럼 '나'란 존재의 방향이 일체중생의 행복을 위해 갈 때, 그때를 불성의 자아가 내 안에서 발현하는 순간이라 하겠다.

중생성의 아상을 세울 때는 세상과 저항하는 악이 반드시 발생한다. 그러니 힘들고 서로 간에 원수가 된다. 그 원수지간은 대대로 복수를 서로에게 하게 된다. 하지만 불성이 일어나서 일체중생을 위한 서원과 발원을 할 때는 마치 마른 밭에 수로의 물꼬를 열어 놓은 듯 저절로 물길이 생기고 마른 대지를 촉촉이 적신다. 그때는 나의 힘이 아닌 저절로 흘러가는 물길의 의지로 세상을 적셔간다.

중생성으로 세상에 자기의지를 표출하면 반드시 저항이 온다. 하지만 불성의 자아自我, 다른 말로 지혜, 반야로 세상에 자기의지(이럴 때는 서원 또는 발원이라고 말한다.)를 내세우면 물길이 흘러가듯 저절로 세상일이 이루어진다.

기적은 일을 대할 때 '나'란 의식이 없을 때 일어난다. 즉 무아상일 때 나의 불성=반야=지혜가 발현하여 나를 포함한 세상 모두를 위한 일이 저절로 발생한다. 저절로 된 것이지 내가 한 것이 아니다. 그래서 부처는 일체중생을 무여열반에 들도록 하였건만 한 중생도 들게 한 적이 없다고 말하는 것이다.

이제 '나'를 돌아보자! 칭찬과 비난에 민감하게 반응하는 '나'와 진리, 불성, 지혜를 구하는 '나'를 잘 관찰해서 중생성보다 나의 불성을 일깨우자.

초발심시변정각初發心時變正覺

우리 모두는 거의 초발심을 내었건만 왜 아직도 정각을 이루지 못하고 있는가? 마음이 법계를 창조하였고, 우리들의 의식이 법계를 창조하였노라(일체유심조, 만법유식)배웠건만 나의 발심은 왜 아직도 현상계화 되지 못했을까하는 의문을 가져본 사람들에게 이 글을 올린다.

법계의 창조적 근원인 마음은 마치 물결의 파동과 비슷하다. 진리의 구현을 해인海印*으로 설명하였듯이, 바다의 파도와 우

---

* 해인海印 고요한 바다에 만상이 비추어지듯, 세상 모든 물이 바다로 흘러가 하나가 되듯 일체를 명료하게 파악하는 부처님의 지혜를 말함. _작가해석

리들의 마음을 비교해 설명한다. 바다의 파도 중에 고립파solitary wave가 있다. 파장이 무한히 길고, 주기가 무한대인 파도이다.

미스터리한 이야기로 호주근교에서 좌초한 요트가 하루 만에 남미해안에서 발견된 경우이다. 바로 고립파를 타고 간 요트의 경우이다. 고립파는 다른 고립파를 만나도 서로 없어지지 않고 지나쳐 간다. 보통 바다 수면 위쪽의 파도는 수면 아래까지 영향이 없다. 그러나 고립파는 수면깊이 70~80%의 파고를 가지고 있다. 그렇게 거대한 파도가 그 모양이 부서지지 않은 채 직진하는 것이 고립파이다.

우리들의 마음에도 고립파적인 마음이 있다. 내면 깊숙한 곳에서 발심을 하면 우리들의 마음도 고립파적 발심을 한다. 안타깝게도 우리는 5식·6식·7식·8식으로 의식이 분류되어 있다. 더 쉽게 의식·전의식·무의식 또는 잠재의식으로 나누어져 있다. 발심을 하더라도 의식과 전의식·잠재의식 깊이까지 내려가서 하여야 고립파적 마음이 발생하고 그런 마음은 한번 발생하면 목표점까지 도달할 때까지 모양을 흐트러트리지 않고 간다.

나의 경우를 비추어 보아, 고립파적 마음이 발생하는 경우는 크게 두 가지이다. 첫째, 평소 경험하지 못한 큰 충격적인 사건을 경험하거나 두 번째, 반복에 반복을 더해 좁은 공간의 마음에 큰 증폭심이 일어나게 하는 경우이다.

누가 수도修道 즉 도道 닦는 것이 무엇이냐 묻는다면 '반복,

반복이다'라고 대답할 것 같다. 처음 발심은 임사체험으로 하였지만, 나머지 경우는 반복·반복 뿐이었다. 반복으로 몰아沒我의 경지가 되어야 한다. 의식·전의식·무의식이 나의 의식층에서 현재의식인 색성향미촉법色聲香味觸法에 반응하는 각자의 마음을 무색성향미촉법無色聲香味觸法으로 돌려야 한다.

그것은 내가 지극한 마음이 되는 것 뿐이다. 지극정성이면 감천이란 말은 나의 의식계가 몰아의 경지를 지나야 하늘, 불성, 신성을 느끼는 진아眞我를 만난다.

코로나로 힘들어하는 모든 분들을 위한 기도 제안

보살은 무아상無我相, 무인상無人相, 무중생상無衆生相, 무수자상無壽者相으로 일체중생을 위한 존재이다. 보살도를 목표로 수행하는 대승불자로서 세계적인 이 고난을 조속히 종식하기 위한 기도를 제안하는 바이다.

조선의 명의이신 허준선생님께서 돌림병의 원인을 4가지로 시사 하셨다. 첫째는 천지기운의 불순(기후이상변화), 둘째는 억울하게 돌아가신 원과 한이 맺힌 원귀들이 많았을 때, 셋째로 개인의 위생을 꼽았고, 넷째로 위정자들이 정도로써 정치하지 않을 시 이런 일들이 발생한다고 하셨다.

여기서 우리가 할 수 있는 것은 구천을 헤매고 있는 원귀들의 왕생극락을 위한 기도이다. 이 기도를 통해 한시바삐 코로

나 팬데믹 현상이 종식되었으면 하는 바람이다.

간밤에 밤새워 한 나의 기도는 다음과 같다. 참고하셔서 각자가 기도하시길 바랍니다.

①신묘장구대다라니 7독, ②무상게, ③『금강경』(1-32분), ④장엄염불, ⑤영가 전에, ⑥법성게(특히 광명진언을 많이 외워주면 좋습니다.)

1시간 정도 걸리는 기도이니 여유를 가지고 기도하시길 바랍니다.

마음공부의 단계-1

모든 번뇌가 소멸하였다고 하자. 그래도 아직 나를 묶고 있는 내면의 업이 남아 있다고 보아야 한다. 흔히 수다원과*부터 성인의 반열에 올랐다고 한다. 하지만 수다원과에 들기 위해서는 유신견有身見(내 몸이 있다고 생각하는 견해)을 타파하여야 하고, 계금취견戒禁取見(잘못된 계율을 집착하는 견해)을 넘고, 진리에 대한 의혹이 소멸되어야 한다. 사다함**과는 중생을 욕계에 묶고

---

* 　수다원須陀洹: 예류預流, 입류入流라고 번역, 욕계, 색계, 무색계의 견혹見惑을 끊은 성자. 처음으로 성자의 계열에 들었으므로 예류·입류라고 함.『시공 불교사전』

** 　사다함斯陀含: 일래一來라고 번역. 욕계의 수혹修惑을 대부분 끊은 성자. 그러나 이 성자는 그 번뇌를 완전히 끊지 못했기 때문에 천상의 경지에 이르렀다

있는 오하분결五下分結*을 다 넘고, 오직 색계와 무색계, 아만, 들뜸, 무명에 대한 집착만 남아있는 수행자이다. 이 사다함은 세상에 한 번 더 나와야 수행을 마친다.

다음 단계인 아나함**은 순수물질세계와 순수정신세계에 대한 집착만 남아있는 아나함이다. 물질세계에 대한 집착은 없어졌지만 상想에 사로잡혀 있는 수행자이다.

요즘 수다원과를 인정해주는 소승수행학파와 대승학파가 많이 있는 것으로 안다. 수다원과는 7번 환생만 하면 부처가 된다. 수다원과에 들었는지, 잘못된 스승의 인가를 받는 것이 먼저가 아니라, 자신이 과연 내 몸이 내 몸이라는 생각에서 벗어나 있는지, 잘못된 계율이나 교리에 집착하고 있지는 않는지, 진리에 대한 의혹이 한 점도 없는지 살펴보아야 한다.

가 다시 한 번 인간계에 이르러 완전한 열반을 성취한다고 하여 일래라고 함.『시공 불교사전』

* 오하분결五下分結의 하분下分은 욕계, 결結은 번뇌를 뜻함. 중생을 욕계에 결박하여 해탈하지 못하게 하는 다섯 가지 번뇌. ①유신견有身見. 오온五蘊의 일시적 화합에 지나지 않는 신체에 불변하는 자아가 있고, 또 오온은 자아의 소유라는 그릇된 견해. ②계금취견戒禁取見. 그릇된 계율이나 금지조항을 바른 것으로 간주하여 거기에 집착하는 견해. ③의疑. 바른 이치를 의심함. ④욕탐欲貪. 욕계의 탐욕. ⑤진에瞋恚. 성냄. 노여움. 분노. 증오 등을 말함. 곽철환,『시공 불교사전』, 시공사, 2006. 516-517쪽.

** 아나함阿那含: 불환不還, 불래不來라고 번역. 욕계의 수혹修惑을 완전히 끊은 성자. 이 성자는 미래에 색계·무색계의 경지에 이르고 다시 욕계로 되돌아오지 않는다고 하여 불환, 불래라고 함.『시공 불교사전』

사다함과는 세상과 자신에 대한 탐심과 화냄을 넘어선 수행자이다. 물론 무아와 계율, 교리에 대한 의혹이 한 점도 없는 것은 당연한 경지이고, 이 분은 한번만 이 세상을 왕래하시면 된다. 그래도 이분은 색계와 무색계, 아만심, 들뜸, 무명에 대한 집착이 남아있다. 다음 경지인 아나함은 색계와 무색계에 대한 집착이 남아있는 분이다. 상이 남아있어 꿈 세계에 사신다. 하지만 그 분에게는 현실이다. 그것을 극복하면 아라한*인데 나는 아직 금생에서는 보지를 못했다.

아라한과 보살

나 혼자 배불리 밥 먹으면 내 형제들과 이웃들도 배가 부른가?
내 배부름을 배고픈 형제들과 이웃들에게 자랑함이 과연 형제된 도리인가?
나는 충분히 배부르니 내 배부름의 소리를 경청하라고 억지 부리는 분은 아라한이시다.
나는 응당 공양을 받아야 할 부처이니 나를 공양하라고 억지

---

*   아라한阿羅漢: 응공應供, 응진應眞, 무학無學, 이악離惡, 살적殺賊, 불생不生이라 번역. 마땅히 공양 받아야 하므로 응공, 진리에 따르므로 응진, 더 닦을 것이 없으므로 무학, 악을 멀리 떠났으므로 이악, 번뇌라는 적을 죽였으므로 살적, 미혹한 마음을 일으키지 않으므로 불생이라 함. 성문4과중 최고의 성자.욕계, 색계, 무색계의 모든 번뇌를 완전히 끊어 열반을 성취한 성자. 『시공 불교 사전』

부리시는 분은 아라한이시다.

사실 부처가 없는데 아라한이 어디에 있겠냐만은 본인이 부처라 하니 아라한이라 부를 수밖에…….

내 배고픔의 기억을 결코 잊지 못하며 형제들과 이웃들의 배고픔을 위해

자기 역시 같이 배고파하는 자는 보살이다.

배고파하니 중생이고 중생이니 더 이상 부처도 아니다.

그런데 배부른 소리를 하니 중생도 아니요, 그렇다고 부처도 아니다.

그리해서 보살이라 칭한다.

부처는 자기 일이 없다. 그리해서 무사인無事人이요,

부처는 자기 이름이 없다. 그리해서 무명인無名人이요,

부처는 자기 공덕이 없다. 그리해서 무공덕인無功德人이다.

없음이니 세상 모든 있음을 있게 하신다.

그 없음의 마음이 진정 없음이던가?

눈에 보이시라고 보살이라는 이름이 생겼다.

보살 또한 부처의 또 다른 이름이요, 중생 또한 부처의 또 다른 이름이다.

구원받는 자나 구원하는 자나 다 부처이건만

하나는 닫혀 있으니 구원이 필요하고,

또 하나는 열려있으니 세상 모두를 있게 한다.

아라한은 닫힌 부처요, 보살은 열린 부처이시다.

부처도 법도 집착 말아야 한다

피안의 강을 건널 때는 법이라는 뗏목이 필요하다.
강을 건넜다하여 끝이었던가?
다시 무위산無爲山을 올라야 하는데…….
그때 날 건너게 해준 뗏목을 머리에 지고 무위산을 오르려하
는 이들이 많다.
바른 도道는 신앙이 아니다. 믿을 것이 하나도 없다.
나 이외 그 무엇이 있으랴…….
남을 만들면 그때부터는 도道가 아니고 신앙이 된다.

깨달음은 깨달음이 아니다

깨달음은 깨달음이 아니라는 것을 깨닫는 것이다.
깨달음은 열린 마음이라, 깨달음을 담을 나가 없다.
담았으면 벌써 깨달음이 아니다.(열린 마음이 아니다.)
담았으면 닫힌 마음이니, 더 이상 열린 마음과는 먼 것이다.
이심전심 즉 공명은 텅 빈 마음이라야 가능한데 그 무엇을 담
았다면 공명이 아니고, 내 안의 내 마음 일뿐이다.
진정 처음과 끝을 통한 이는 깨달았다고 말씀하지 않는 이유
가 여기에 있다.

욕됨을 참음(인욕)

석가님의 전생 중에 인욕선인이 있었다.

세상에서 자기에게 쏟아 붓는 모든 욕됨을 참은 전생이 있었으니 그것을 일러 인욕선인이었다고 한다.

스승이 내게 주는 욕됨은 내가 세상에서 받을 욕됨을 막아주는 방패임을 왜 모르는가?

제자가 자존심 상하는 것을 알면서 그러한 욕됨을 주는 것이 스승이 자신을 내세우려는 행위라 생각하는가?

그것은 진정 제자가 세상에서 받을 욕됨을 없애주는 감로수임을 왜 모르는가?

욕 많이 먹는 사람이 빨리 해탈하는 것을 아는 사람은 안다.

그래서 옛 조사들 중에 욕쟁이 선사님들이 많으셨다.

속세에도 욕쟁이 할머니가 계시는 식당을 일부러 찾으러 다니는 사업가들이나 고위관리들이 많았다.

그 할머니의 욕을 많이 먹으면 곧 자신의 업장이 벗겨지고, 하는 사업도 잘되고, 공무원들은 영전과 진급이 잘되었다.

그것이 싫다하면 세월의 고통을 겪은 다음에야 한 꺼풀씩 벗겨지리라.

그래서 지혜로운 자는 스스로 욕됨의 길을 간다.

그리고 나를 욕하는 자를 은인으로 삼고,

나를 칭찬하고 비위를 맞추어주는 자를 원수로 삼는다.

인생을 살아가매 좋고 나쁜 일을 다 하나로 보아야 한다

몇 년 전에 이서고학생들과 함께 네팔을 방문한 적 있다. 카트만두에 있는 부처님사리탑 제일 윗부분의 형상을 보면 세상 모두를 하나로 보는 눈동자가 그려져 있다. 거대한 사리탑을 돌며, 혹은 오체투지로 절을 하고 있는 불자들의 모습을 보며 부처님께서 우리들에게 남긴 "세상 모두를 하나로 보라"는 메시지에 대해서 과연 우리는 얼마나 이해하고 실천하며 살아가는가 돌아보았다.

　　부처님의 가르침을 크게 3부분으로 나눌 수 있다.

① 상교相教

　　형상 있는 것에 대해 공부하는 것이다. 12연기법을 공부하고, 고집멸도, 사성제를 공부하고, 세상 있음에 대해 이해하며, 슬기롭게 운용하는 법을 배운다. 여기에는 유·무상의 공부가 다 있다.

② 공교空教

　　세상일체를 공으로 보는 공부이다. 반야심경, 금강경의 가르침이 이 부분을 대변한다.

③ 성교性教

　　세상일체를 다 부처님으로 보는 공부이다. 그리고 섬기는 공부이다.

불법을 공부하는 이들의 첫 발자국은 대개 고통을 덜어내고, 복을 구하기 위함이다. 그리고 세상 모든 것이 허망한 것이라 일체유위법이 꿈과 같고 환상, 물거품, 그림자 같음을 배운다. 그리고 마지막엔 일체의 모든 존재가 부처임을 자각하고 주변의 사람들과 존재를 부처님으로 섬기는 서원을 발하고, 행하는 것이다.

고통에서 벗어나고 행복만을 구하려면 세상에는 다른 종교가 많이 있다. 하지만 우리들은 안다. 일체개고(모두가 고통)임을. 즐거운 느낌도 시간이 지나면 고통이 되는 것임을, 그래서 한 발자국, 한 발자국 진리로 향해 간다.

다 과정이다. 지금 우리들에게 일어나는 모든 현상들은 목적지가 아니고 과정이다. 좋다고 생각한 것이 곧 나쁜 것이 될 것이며, 나쁜 것이라 생각한 것이 다시 좋은 것이 될 것이다. 오욕의 달콤한 꿀맛을 보며 목숨 줄인 넝쿨을 낮과 밤의 쥐가 갈아먹고 있는 지금 이 순간에도 우리는 오욕의 꿀맛만 추구하고 있다. 세월이라 불리는 무상한 코끼리가 나를 잡으려고 긴 코로 나를 향해 휘젓고 있으며, 발밑에는 지수화풍의 독사가 기다리고 있다.

솔직한 나의 의견은 이렇다.

복을 구하려고, 고통에서 벗어나려고 부처를 찾지 마라.

부처는 세상 있고 없음을 모두 하나로 보는 존재이고, 그러한 해탈지견*을 가지라고 우리에게 메시지를 끊임없이 던지고 있는 이다.

방편에 속았다고 부처를 탓하지 말며, 부처를 이루었다 자만하지도 말자. 아무리 잘못해도 자기 몸을 자를 수 없듯이 세상이 나의 몸이며, 옳고 그름이 나의 몸이다. 있고 없음이 나의 몸이고, 미물부터 끝없는 허공까지 모두가 다 나이다. 나이기에 그렇게 내 몸을 바쳐 섬기는 것이다. 세상 살매 억울한 일 닥치면 또 좋은 공부하는구나 하고 생각하자. 성철스님 생전에 가장 큰 공부는 남의 죄를 대신 짊어지는 것이라 했다. 자신을 길게 보라, 자신을 넓게 보라. 이 몸만 내가 아니다. 시간도, 공간도, 존재도 비존재도, 다 나이다.

---

* 해탈지견: 자신은 이미 해탈했다는 것을 아는 지혜. 해탈지견신과 같은 의미. 『시공 불교사전』

| 제 10 장 | **임사체험**

임사체험

나는 임사체험하기 전에는 관념적인 사람이었고 물질적인 사람이었다.

착하게 잘 살았다고 생각했는데, 죽고 나서 나를 회상하는 장면 속에 시간을 잊어버리는 무시간 무공간을 경험했다. 無는 없다는 것이 아니고 무한대의 시간과 무한대의 공간을 말한다. 시간과 공간이 내 자신을 회상하는 시간은 굉장히 긴 시간이었는데, 내가 기억하지 못한 잠재의식의 저장은 놀라웠다.

사람이 죽을 때, 저승사자가 있는 사람이 있고 없는 사람이 있다. 나는 저승사자가 없는 사람이다. 저승사자가 있는 사람은 너와 내가 있는 사람으로, 너는 '너' 나는 '나'라는 관념을 가지고 있는 사람은 자기 스스로 저승길을 못 간다. 남의 인도에 의해서 가야하기에 반드시 저승사자가 오는데, 이 저승사자가 주로 자기보다 먼저 저승으로 간 사람으로 자기와 가까운 사람들이다. 생판 모르는 사람은 따라 가지 않기 때문이다. 어머니께서 돌아가실 때도 아버지가 나타나셨다.

우리는 다양한 모양, 모습을 가지고 있을 뿐 다 하나다. 어떤 모습으로 나타나도 그것들은 다 하나다. 관세음보살, 아미타부처님 역시도 하나다. 우리는 너와 나를 구분하기에 나타나는 현상을 구별하게 되고, 대부분 먼저 가시고 가까운 분들 친척들의 모습에서 저승사자 모습을 보게 된다. 나는 내 스스로 내 자신을 회상했다. 스스로 회상하는 경우가 있고, 제 3자에 의해 회상하는 경우가 있는데, 염라대왕은 자기 잘못을 못 느끼는 사람에게 인위적으로 느끼는 현상이다.

밝은 빛을 보는 경우는 두 가지다. 어린 아이가 죽으면 밝은 빛을 본다. 공부를 많이 한 수도승이 죽을 때 빛을 본다. 보통 사람들은 밝은 빛을 잘 볼 수 없다.

우리는 어쩌면 모두가 하느님(부처님)일지도

다음은 내가 고등학교 2학년 당시 수도원의 기숙생으로 있을 때 일어났던 일이었다. 등교 전후에 이태리에서 공수해온 큰 예수님 고상이 걸려있는 대성당에서 항상 기도를 하곤 했다. 주로 넘쳐 오르는 청춘의 욕구에 대한 참회기도였다. 그 당시 등교시간 시내버스의 복잡함이란 그 시대를 지나온 이들에게는 기억들이 다 날 것이다. 얼마나 복잡했는지 하차하고 나면 교복의 단추와 가방의 끈이 헐렁해질 정도였다. 특히 내가 타는 버스에는 4개 여자 고등학교의 등교코스와 겹쳐져 여학생들이 더 많았다. 그런데 여학생들이 내 주변에만 몰려 있어 아침마다 밀착되어 있는 여학생들의 향기로 나의 청춘은 언제나 힘이 들어 있었고, 수도원으로 돌아오면 마음의 간음도 간음이기에 참회기도를 하곤 했다.

그러던 어느 날, 열심히 기도를 하고 있는데 벽에 걸린 고상의 예수님이 갑자기 내려오시더니만 나를 감싸 안지 않는가!

그 순간 세상이 새하얗게 변해버리고 내 눈에는 원인 모를 눈물이 쏟아져 내렸다. 내 양팔은 마치 형광등처럼 하얗게 빛을 내고 있었고, 얼마나 많이 울었는지 성당바닥에 빗물처럼 눈물이 고여 있을 정도였다. 그 사건이 있었던 이후 예수님은 항상 내 마음속에 계셨다.

1991년 어느 여름, 가야산 절벽에서 떨어져 임사체험을 한 순간에는 그렇게도 거룩하게 나와 하나 되신 예수님은 보이지 않고, 감히 쳐다보기도 힘들었던 강렬한 빛으로 된 존재만 있었다. 기적같이 다시 살아나 찾기 시작한 예수님은 어느 날 부처님이 되어 계셨고, 그 부처님이 바로 하느님이셨다. 이 모든 현상은 내 마음속에서 생긴 일이었으니 어느 날 나도 모르게 내 입에서 나온 말이 "어~ 내가 하느님이네." 이었다.

이렇게 예수를 찾다 부처가 되고, 부처가 되니 하느님도 되고 예수가 되기도 한다. 결론은 우리 모두가 다 사랑이라는 것이다. 그리고 사랑은 하나인 것이지 결코 둘이 아니다. 나를 버리고 그와 하나 되는 것. 그것이 참 사랑이다.

가야산에서의 첫 임사체험

지금은 아기엄마가 된 딸아이가 아장아장 걸어 다닐 때였다. 조카들과 함께 가야산 계곡을 갔는데 스콜 같은 소낙비가 내렸고, 차를 정차할 때 즈음 비는 멈췄다. 나는 가족들을 뒤에 둔 채 계곡 쪽으로 향해 걸어가며 앉을 자리를 찾기 시작하였다.

그런데 분명히 내 눈에는 절벽 끝에 길이 보여 절벽 끝에서 허공으로 걸음을 옮겼다. 그런데 아뿔싸! 허공에 발을 디디는 순간 나는 허공에 떠있었다.

그리고서는 내 몸은 절벽 아래로 떨어져 머리가 깨어져 있었고, 내 영혼은 나의 육신을 바라보며 '저 놈 죽었네.' 하였다. 허공에 떠 있었을 때의 느낌은 내가 엄청나게 큰 허공덩어리 같았다. 멀리 있는 장소의 허공까지 다 느낄 수가 있었다. 동서남북, 위아래의 허공이 다 '나'란 느낌을 받았다.

그리고 학교 다닐 때 도서관에서 보았던 천문학 서적에서 이해하지 못했던 우주의 기원, 생명의 기원들이 펼쳐지기 시작했다. 그때 느꼈다. 마지막까지 공부해야 한다는 것을…

알되 이해하지 못했던 것을 죽으면 이해할 수 있다. 훗날 죽음학 공부를 통해 안 것이지만 사람이 죽으면 영성이 9배 밝아진다고 한다. 그러니 이해하지 못하더라도 공부를 해두면 죽을 때 다 이해한다. 그러니 인간은 마지막 순간까지 공부해야 한다.

공부한 사람과 공부하지 않은 사람의 차이는 죽음이란 과정을 통과할 때 확연히 차이가 난다. 평소 공부를 통해 진리에 대한 의심을 가지고 있는 사람은, 죽음의 과정을 통과할 때 다 이해하고 내생으로 가지만, 공부하지 않은 이는 전생과 똑같은 영성수준으로 다시 태어난다.

평소 궁금하였던 우주의 기원, 생명의 기원들에 대한 장면이 끝나고 나니, 어린 시절부터 지금까지 살아온 나의 삶들이 펼쳐지기 시작했다.

첫 장면은 죽기 직전까지 살아서는 한 번도 생각나지 않았던, 고무신 뒤축을 칼로 자르고 있는 어린아이의 모습이었다. 노란색 신상품의 고무신을 신고 싶었던 아이가 멀쩡한 고무신의 뒤축을 자르고 새 신을 사달라고 하는 장면이었다.

초등학교 시절에 E라는 친구와 싸움을 한 장면이 나왔음을 기억한다. 누가 싸움 짱인가 하는 핑계로 그 친구를 씨름장으로 불러들여 싸움을 한 장면이 나왔다. 친구를 때린 순간, 맞는 친구의 고통이 그대로 느껴졌다. 그 순간 남이 곧 나임을 철저하게 느꼈다.

우리는 마음속으로 욕하고 질투하고 저주하는 것을 죄라고 생각하지 않는다. 그러나 죽고 나면 그것이 물리적 행위보다 더한 죄업이라는 것을 알게 된다. 천수경에 정구업 진언이 제일 먼저 나온 이유를 알게 된다. 소리로 마음으로 짓는 행위의 업이 얼마나 지중한지 죽어 회상의 과정을 겪어 본 자는 알게 된다.

회상이 끝나고 나서는 빛의 세계가 열렸다. 제일 높은 곳은 너무나도 밝은 세계인지라 감히 쳐다볼 수가 없었다. 너무나도 밝다고 표현하지만 빛의 세계를 볼 수 없는 자신의 부끄러움이 더욱 더 컸다. 그때 말했다. '다시 당신 앞에 설 때는 결코 이렇게 부끄러운 영혼은 되지 않겠습니다.'라고.

그 빛의 세계 밑으로 펼쳐진 세계의 빛은 밝기가 단계별로 약해져 중간이하는 회색빛이 돌고 더 아래는 검은 빛의 세계였다. 내가 가야 할 중간 이하의 세계로 내 영혼이 빨려져 들어가는 것은 펼쳐진 빛의 세계를 다 본 직후였다. 터널 속으로 빠른 속도로 빨려 들어갈 때, '예수님의 성령을 입었던 제가 왜 축생으로 가야합니까?'라고 물었다. 그 때 빛으로 된 그 분이 내 영혼에 새겨주었다.

'진리에 대한 무지無知'

사람으로 태어나 진리를 모르고 죽으면 축생으로 태어난다. 사람이 왜 만물의 영장이라 부르는지 생각해보라. 만물 중에 영혼이 가장 수승하다고 했다. 그 영혼이 그냥 짐승처럼 살기만을 위해 살았다면 당연히 짐승으로 태어나는 것이 마땅하다는 생각이 들었다. 나는 진리에 대해 오해하고 살다 죽었다. 그래서 빛으로 된 그 분은 나에게 확실히 새겨주었다. 나의 영혼이 세세생생 영원히 잊을 수 없게 그렇게 새겨주었다.

한참 빨려가다 딸아이가 나를 위해주는 마음을 느끼게 되었다. 딸아이를 생각한 순간 나는 딸아이 앞에 오게 되었고, 내가 이렇게 가게 되었을 때의 미래는 어떠한가 하는 순간에 아이의 미래가 나타났다. 조카들이 나를 사랑해주는 마음 역시 느끼게 되었다. 딸아이와 어린 조카들이 나를 사랑하는 마음으로 내 영혼은 다시 나의 육신으로 들어오게 되었다. 육신으로 들어온 순간 너무나도 미안했다. 육신을 떠났을 때 육신에 대해 그토록 냉정한 마음을 가진 것이 너무나도 미안했다.

조카들의 이야기로, 우리는 보통 조카와의 관계를 소원하게 생각할 수 있는데, 죽어서 느낀 조카들과의 관계는 매우 가까웠다. 보통 자식이 없는 영가들이 제일 먼저 찾는 것이 살아있는 조카들이다. 그러니 자식 없이 돌아가신 삼촌들이 있다면 영가천도를 해주는 것이 좋다. 영가들은 제일 가까운 사람들에게 가서 자신의 처지를 나누려고 하는 습성이 있다. 영가가 살아있는 자에게 영향을 주면 결코 좋은 일이 일어나지 않는다. 죽은 자는 죽은 자의 세계로 가는 것이 마땅한데 집착으로 인해 구천을 헤매는 영가가 되게 되면 살아있는 후손들에게 결코 좋은 일들이 일어나지 않는다.

그런데 영혼이 육신 속으로 들어온 시점이 머리가 절벽 밑 바위와 부딪히기 1초전이었다. 하늘이 무너져도 솟아날 구멍이 있다는 말이 실감나는 행위를 나도 모르게 하였다. 남은 1초 사이에 양팔을 절벽에 밀착시키는 행동을 했다. 그 행위가 브레이크 역할을 하게 되었다. 덕분에 머리는 깨어졌지만 처음처럼 죽지는 않았다. 처음에는 분명히 죽었었고, 머리가 깨져 널부러진 시신을 보았는데, 죽기 1초전으로 들어온 영혼이 나를 살렸다.

그 뒤에 일어난 일들은 나의 사고와 판단으로 이루어진 일은 하나도 없다. 그냥 저절로 행동하였고 깨진 머리의 상처도 저절로 아물기 시작했다. 기적같이 살아났고 그 다음날 바로 반월당 삼영불교서점으로 가서 진리에 대한 서적들을 탐독하며 지금까지의 여정을 시작하게 되었다.

두 번째 임사체험

다음은 도반(수행의 길을 함께 가는 동료) 회사의 관리자로 있을 때에 있었던 일이었다. 회사 기숙사에서 생산직 사원들과 함께 숙식을 했었는데, 공장이 24시간 가동되는 체제라 나의 근무시간도 거의 24시간이었다. 믿고 맡겨준 도반의 믿음에 부응하기 위해 정말 열심히 일했다. 그러던 어느 날 아침에 눈을 떴었는데 몸이 움직이질 않았다. 아무리 움직이려 해도 손가락 하나 꼼짝도 하지 못했다. 시간이 한참 흘러가고 문득 눈물을 흘리고 있는 나를 보았다. 눈물 흘리는 나를 보며 내가 하는 말이 '죽을 때 눈물 흘리면 축생 가는데…' 하였다.

방의 천장에 붙어 죽어가는 나를 쳐다보다 보니 해가 서쪽으로 지는 시간이 되었다. 이제 가야하는구나 하면서 서쪽 하늘로 날아갔다. 가는 도중에 갑자기 엄지발가락 쪽으로 비추어지는 햇빛이 보였다. 내 방이 서향이었는데 커튼 사이로 한줄기 비추어진 석양의 햇빛이 나의 엄지발가락을 데우고 있었다. 엄지발가락에 비춰진 햇빛 한 줄기로 말미암아 싸늘한 육신이 따뜻해지고 몸을 움직일 수가 있었다. 손에 닿는 인터폰을 눌러 사람을 부르게 되었고 다시 살아날 수가 있었다.

다음 날 천안의 순천향병원에 가서 검사를 받았는데, 의사의 진단은 간암말기이고 1~2개월 내로 장기이식을 하여야만 살 수 있다는 것이다. 도반에게 사정을 이야기 하고 대구로 내려와 하루하루 죽어가고 있을 때, 기적 같은 일이 생겨 건강을 찾을 수가 있었다. 죽이고 살리고를 몇 번이나 하는지 중생의 탈을 벗기가 이렇게 힘이 드는지, 이것이 부끄러운 영혼이 되지 않겠노라 서원한 수행자의 삶이었다.

부끄럽지 않는 영혼이 되는 법

죽고 난 후에 자신을 심판하는 시간을 누구나 가진다. 그래서 스스로 다음 내생을 찾아간다.

살아생전에는 살기 위해 진실을 왜곡하지만 죽고 난 후에는 자기입장이 바뀐다. 더 이상 살아생전의 내 입장이 아닌 타인의 입장이 되어 나를 판단한다. 내가 나를 벗고 난 후 나를 본 감정은 하늘도 땅도 덮을 만큼의 부끄러움이었다.

너무나 부끄러워 다음에 죽어 그 밝은 빛 앞에 섰을 때 결코 부끄럽지 않는 영혼이 되리라 외쳤다.

다시 살아나 부끄럽지 않는 영혼이 되기 위한 방법을 찾아다녔다. 그 사이 임사체험만 몇 번을 더 했다. 여전히 죽음의 상태에서는 부끄러운 영혼임을 확인하면서 구도의 길을 갔다. 깨달음이라 느껴지는 법열도 여러 번 하고, 욕계의 하늘과 무색계의 하늘을 넘나들었지만 부끄러움은 여전히 남아 있었다.

한 점 부끄러움이 없는 영혼이 되는 법은 해탈 뿐이다.

해탈열반!

'나'라는 탈을 벗어야 한다. 그것만이 만인에게 부끄러움이 없는 영혼이 된다. 나의 경우 그 탈을 벗었지만 그 순간이었을 뿐, 지속되는 탈의 '나'를 볼 수가 있었다. 그 '나'를 길들이는 것이 수행이요, 도道다. 그러다 문득 깨달아지는 것이 있었으니 그것은 바로 세상이 해탈하여야만 나의 해탈도 완전하리라는 것이었다. 그래서 관세음보살, 지장보살, 아미타불의 서원이 그러하였음을 이해한다.

티끌하나의 존재까지 해탈하여야 함인데 하물며 사람이야.

현재심을 도道라고 하는데…

우리는 현재심을 가져라 하면 현재심의 상태가 어떠한지 잘 모른다. 내가 처음 경험한 현재심은 이러했다.

예전 북대구 IC가 팔달교 북쪽에 위치했을 때 일이었다. 지천역 맞은 편 하행선 고속도로는 아주 긴 내리막길이었다. 내리막이 끝나면 곧장 급좌회전 코스였는데, 이 구간에 사고가 자주 발생하였다. 그날도 고속으로 내리막길을 내려와서 북대구 IC쪽으로 가고 있는데 코너를 돌자마자 차들이 정차해 있었다.

급정거를 하고 순간적으로 방금 추월한 대형 화물차가 내차를 추돌할 것 같은 생각이 떠올랐다. 사이드브레이크를 올리고 핸들을 오른쪽으로 틀어놓고 백미러를 보면서, 대형 화물차와 충돌할 것을 예상하고 있었는데 그 시간이 1~2초정도 이었으니 내게는 급박한 순간이었다. 백미러에 보이는 화물차가 순간적으로 옆으로 빠지고 휴~우하며 살았다하는 순간에, 나와 같은 차종의 승용차가 달려들어 내차와 충돌했다.

충돌하는 순간에 차안의 상황은 마치 영화 속의 슬로우 장면처럼 펼쳐지기 시작했다. 차안에 있었던 소품들이 날아다니는데 아주 천천히 움직였다. 신기한 것은 차안의 먼지조차 생생하게 보이기 시작했다. 차안에 먼지가 그렇게 많은지 그때 처음 알았다. 또 이상한 것은 차안의 상황만 보이는 것이 아니라, 내차에서 멀리 떨어져 있는 고속도로 순찰대원이 사고 장면을 보고 놀라는 모습도 눈에 들어왔다. 그 장면은 분명히 차밖의 상황이었는데, 어찌 보였을까 궁금했지만 어찌됐든 현실에서 일어난 사건이었다.

같은 차종의 두 대의 승용차가 한 대의 크기로 축소될 정도로 충격을 받았는데도 나와 뒤편 승용차의 운전자는 멀쩡했다. 정말 하늘의 도우심이 아닌가 할 정도였다. 그때 일로 확실하게 알았다.

시간이란 고무줄처럼 길게 늘어진다는 사실을! 그리고 현재에 집중하면 눈앞의 상황뿐만 아니라 멀리 떨어져 있는 상황도 인지한다는 것을!

왜 현재심을 도道라고 하는지 그 당시에 잠시 맛을 보았다.

내 안에 답이 있었다

내가 그렇게 믿었던 내 사람으로부터 버림을 받은 때가 있었다. 그 때를 생각하면 나는 참 세상살이에 서툰 사람이었다. 지금도 그렇지만 말이다. 함께 한 사람들로부터 소외되었을 때 잠시 나쁜 생각을 했었다.

어느 날 가야산 상왕봉 절벽 앞에 걸터앉아 있었는데 그냥 앞으로 몸을 굽히면 절벽 아래로 떨어지겠지 하는 생각이 들었다. 그 때 내 안에서 생생하게 들려오는 소리가 있었다.

"내가 너를 밥을 굶겼냐? 옷을 안 입혔냐? 수행자가 밥 안 굶고, 헐벗지 아니하면 되었지 더 무엇을 바라느냐! 앞으로 너는 금 숟가락으로 밥을 먹게 될 것이다. 돈 걱정, 사람걱정 하지마라. 산을 내려가서 당장 B총장을 찾아가라. 모든 일들이 준비되어 있을 것이다."

거짓말 같지만 이런 일들이 일어났다. 절벽에서 뛰어 내릴 마음을 접고 B 총장님을 찾아갔다. 60일에 한번 경신일이 올 때 마다 함께 밤을 지새운 총장님께서는 나를 반갑게 맞아들이곤 곧장 대학원 동양철학과 석사과정에 입학시켰다. 그리고 책가방과 학교 고액기부자들에게 주는 선물인 백금 수저 한 벌을 주셨다.

백금 수저 세트를 들고 총장실을 나오면서 '허허' 헛웃음이 나왔다. 하늘은 거짓말을 하지 않는구나 싶었다. "앞으로는 금 숟가락으로 밥을 먹을 것이다"라는 말이 나는 내가 부자가 되는 줄 알았다.

그 뒤로 석사과정 중에 출가했고, 박사과정을 거쳐 현재에 이르기까지 항상 명심하고 있다. 수행자는 밥 안 굶고 옷 헐벗지 아니하면 되었지 더 이상 바라는 것은 수행자의 몫이 아니다. 공부하겠노라고, 공부해서 하늘 공무원(보살도를 실천하는 수행자)이 되겠노라고 서원만 하면 나머지는 다 하늘이 해준다.

하늘?
하늘이 어디 있는가?
바로 내 마음이다.
내 안에 답이 있다.
그러니 안에서 구해야지 밖에서 구하지 말자.

어떻게 죽을 것인가?

시해선尸解仙이란 말이 있다. 죽어서 신선이 된다는 뜻이다. 중생으로 태어나 시해선만 되어도 대단하다. 나의 경우 스님으로서 맡은 소임 중에 임종기도를 나만큼 해 본 스님들이 드물 것이다.

대구 영대병원 호스피스병동의 기도봉사단장을 했다. 그리고 암전문 병원이 칠곡경대병원, 산재병원 등 한밤중에 돌아가시는 분들이 계시면 달려가서 임종기도를 해드렸다.

대부분 숨이 끊어지면 몸이 굳어지기 시작하고 안색이 험상궂게 바뀐다. 시해선이 되신 분들은 숨이 끊어져도 몸이 굳지를 않는다. 그리고 안색이 살아 있을 때와 같이 핏기가 돌고 평온한 얼굴로 돌아가신다.

나는 평생 시해선을 세 분 보았다. 대구에서 두 분, 남양주에 있을 때 한 분, 한 노보살님께서 한평생 절집에서 기도하시고 마지막까지 병실에서도 기도를 놓치시지 않고 가시는 분의 임종기도를 했는데, 그 분이 시해선이 되신 것을 확인할 수가 있었다. 임종을 같이 보던 간호사선생님께서 이런 분은 처음 보았다고 하였다. 평온한 얼굴에, 생전보다 더 핏기 있는 안색에, 몸의 부드럽기는 살아서와 같은 시해선을.

죽음의 순간을 바라보며

남양주 서리산에 있을 때 암 환우들과의 인연이 많았다. 그 분들 중에 한 분씩 가실 때마다 가는 순간을 옆에서 지켜보게 되었다. 사실 암 환우와의 인연은 군대시절부터였다. 나이롱환자로 수도통합병원 일반외과에 6개월 동안 입원해 있었다. 당시 60만대군 중에 암환자가 발생하면 마지막 가는 길은 다 수도통합병원 일반외과로 오게 되어 있었다. 하룻밤 자고 나면 옆 침대의 전우 위에 흰색 시트가 씌어져 있었다. 멀쩡하게 빽도 하면서 같이 놀던 전우가 밤새 유명을 달리하는 것을 여러 번 보았다.

공군 준위와 육군 상사 분이 계셨다. 공군 준위 분은 마지막 가는 길에 주위에 사람들을 한사람씩 다 불러 그동안 보살펴 주어서 고맙다고 인사를 하시곤 그렇게 평온하게 가셨다. 또 한 분은 간암말기 환자였는데, 부인에게 온갖 욕설을 하시다가 옆에 있는 환자들에게도 욕설을 하시다 가셨다.

암환자들이 마지막에 갈 때는 고통이 이루 헤아릴 수가 없다. 모르핀을 놓아도 놓아도 안 들을 때가 온다. 요즘은 많이 좋아졌지만 그 당시는 모르핀 외에는 방법이 없었던 시절이었다.

몸의 고통이 심해지면 평소의 인격이 저절로 나온다. 평소에 닦아놓지 않으면 죽을 때 다 드러난다. 세상 것에 집착이 컸었던 사람은 죽어가면서도 자기 것에 대한 집착을 놓지 못한다. 물건에 집착한 사람이 있는 반면에 사람에 집착하는 사람도 있다.

예전 절집에 있던 구렁이는 전생에 재물욕심 많은 주지스님이 대다수이고, 아이들한테 원인 모르는 병이 있을 때는 돌아가신 할머니들의 손자손녀에 대한 집착으로 생길 수가 있었다.

마음공부해서 출리심을 배우지 않으면 죽어도 죽지 못하고 있음에 집착할 수 있다. 천도재할 때 '구천을 헤매는 영가'를 부를 때가 있다. '구천'은 아홉 구, 하늘 천이 아니고, 아홉 구, 샘 천이다.

구천九泉. 우리들의 몸에 있는 구멍을 헤아려 보면 아홉 개이다. 아홉 개의 샘이 우리가 세상을 헤아리고 느끼는 통로이다. 그 아홉 구멍의 샘터에 쌓인 기억과 집착으로 죽어도 죽지 못하고 살아생전의 대상에 집착하는 존재가 된다.

그것이 '구천을 헤매는 영가'이다.

죽음을 대하는 현실적 대안

예전에는 다 자기 집에서 돌아가셨다. 밖에서 돌아가시면 시신을 집에 들이지도 못했다. 집에서 돌아가시는 것을 기본을 삼았었다. 그러다 이제는 다들 병원에서 돌아가신다. 특히 요양병원에 가보면 벌써 돌아가셔야 할 분이 인공호흡기에 의지한 채 숨만 이어가시는 모습을 보게 된다. 자기가 자기의 모습을 인지 할 수 있다면 그런 삶을 영속하는 것을 원할까 의문이 간다.

나이 들고 병들면, 인지력도 떨어진다. 인지력이 떨어지면 돌보는 사람들이 자연스럽게 무시하게 된다. 많은 요양병원에서 일어나는 사고 중에 캐어하시는 분들의 부주의로 인한 것이 의외로 많다.

일반병원이든 요양병원이든 근무자들의 입장에서 보면 죽어가는 사람들을 보는 것이 매일의 일상사이다. 혹시 업무가 과중한 처지라면 죽어가는 분들에 대한 존중심이 떨어지는 것이 당연하다.

근무자들한테만 책임을 물을 수 없다. 병원 근무자들의 근무환경과 근무자의 복지수준이 높아져야 한다. 그래야 근무자들이 돌아가시는 분들에게 존중심을 발휘할 수 있다. 그리고 병원근무자들에게 1년에 일주일 이상 마음 공부하는 것을 유급으로 해야 한다. 그들의 마음에서부터 생명에 대한 존중심이 있어야 내 아버지, 내 어머니 그리고 나까지도 죽음의 순간에 존중을 받을 수 있다.

가장 좋은 죽음은 존경받는 죽음이다. 돌아가시는 분을 존경할 때 그 분은 천상계로 간다. 그 다음 단계가 존중심이다. 소중한 분으로 여길 때 그 분은 다음 세상에도 소중한 존재로 환생한다. 마지막 단계가 사랑하는 단계이다. 가시는 분을 마지막까지 사랑 할 때 그 분은 다시 우리들의 곁으로 돌아온다.

가시는 분들을 일상적 업무로 생각하는 병원의 근무자들한테 맡기지 말고 사랑하는 가족들 곁에서 마지막까지 사랑과 존중받는 마음을 느끼도록 하여야한다.(가족들과 함께 오랫동안 마지막 시간을 보낼 수 있는 편의시설이 갖추어진 임종실이 각 병원마다 있게 되면 앞으로의 우리는 좀 더 존중받는 임종을 할 수 있을 것이다.)

이것은 우리들 부모님들의 죽음과 나의 사랑하는 가족들의 죽음, 그리고 자기 자신의 죽음에 관한 문제이다. 제발 이 문제가 전 국민적 여론이 되어 전국 병원에서 시행되기를 간절히 바란다.

출이반이 出爾反爾

너에게서 나온 것은 너에게로 돌아간다는 고사 성어이다.

비록 위에 언급한 병원시스템이 있다손 치더라도 가족 간의 유대감과 사랑이 없다면 아무 소용없다. 지금 나의 임종순간이 처절하게 외롭다면 그것은 나에게서부터 출발한 업의 소산이다.

평소 나의 관심과 사랑이 가까운 가족들에게 있어야 한다. 인仁의 실천을 가까운 내 사람으로부터라는 유가의 가르침을 한 번 더 상기해야 한다. 시인 타고르가 한국을 동방의 등불로 명칭하며 세계를 밝힐 것이라고 한 이유는 삼대가 한 집안에서 살며 효를 실천하는 가족관계를 보고 말한 것이다.

시대가 바뀌고 생활방식이 바뀌어졌다. 농경사회에서 산업

사회로, 산업사회에서 정보화 사회로, 굶는 사람은 없어졌지만 상대적 박탈감과 빈곤감은 더해졌다. 농경사회보다 사람의 소중함과 가치는 다 떨어졌다. 자본주의의 극치 위에 존재해 있는 이런 경제적 구조는 부는 더 창출될지는 몰라도 인간적 가치와 삶의 질은 더욱 악화 될 것이다.

지금보다 더 가난한 시대에서도 인구는 지금보다 더 많았다. 그 당시보다 더 부유하지만 아기 낳기를 거부하는 시대이다. 한 사람에게 들어가는 보육비와 교육비의 총량이 농경사회시절과는 비교가 되지 않는다. 결국 젊은이들이 연애, 결혼과 자식을 두는 것을 포기하는 삼포시대가 되었다.

경제적 가치만 추구하다가 인구절벽시대를 맞이하게 되었다.

이 시대의 화두는 사회적 불평등과 기후문제이다. 돈보다 사람이 존중받는 시대를 만들어야 한다. 그것은 이 우주에서 사람의 가치, 자신의 가치를 알게 되었을 때 가능하다. 그 가치를 안자들이 서로 상호 존중할 때 우리는 서로 존중하는 사회와 국가를 가지게 될 것이다.

말기 췌장암 병실에서

말기 췌장암 환자 병실에서 4박 5일을 지낸 적이 있다. 시내 준 종합병원에서 말기 췌장암 판정을 받고, 암 전문 종합병원에 입원해서 정밀검사를 받았다.

내가 입원한 병실은 췌장암 말기환자들만 있는 듯 보였다. 인공호흡기를 단 환자들도 제법 있었고, 하루가 지날 때 마다 침대가 하나씩 비워졌다.

그때는 코로나사태 전이라 병실에 면회가 가능하던 때였다.

면회 오는 사람들이 가족들도 있지만 친척, 친지들도 있었던 것 같다. 다들 마지막 얼굴을 보는 것이라 생각하고 오는 것처럼 보였다.

근데 참 우스운 것이 그들이 와 있을 때는 더 고통스러운 것처럼 행동하다 그들이 가고나면 그래도 웃음기 있는 농담을 환자들끼리 서로 주고받았다.

갈 때 가더라도 작은 여유라도 보이려는 모습이 애틋하다.

그런데 아무도 면회 오지 않는 환자들이 있다. 이 병실에서는 사회의 계급이나 부는 아무 소용없다. 이 세상 떠나기 전에 얼마나 많은 사람들이 면회 오느냐에 따라 그 사람의 병실계급이 결정된다.

어떻게 살아야 죽을 때 많은 사람들이 면회 올 수 있을까?

진실 된 작은 선의, 작은 선행, 작은 관심들이 쌓이고 쌓여야 그렇게 된다.

평소 주변인들에게 관심과 사랑을 베풀지 않은 이들은 저렇게 쓸쓸히 면회 오는 이웃 환우들의 모습을 보며 자신을 책망한다. 하지만 그때는 늦다.

짧은 4박 5일이 내게는 4~5년 같이 긴 시간이었다.

나도 이제 가야하는구나 하는 생각이 드니 또 주마등같은 지난 생들이 스쳐 지나갔고, 한 사람도 면회 오지 않는 자신을 돌아보면서도 수행자로서 산 삶에 후회는 없었다.(사실 아무한데도 연락하지 않았었다. 올 때처럼 갈 때도 그렇게 가려고, 다만 사후 보험금 수령자를 소속 사찰로 바꿔 놓고 왔다. 마지막으로 하는 부처님에 대한 효도라도 생각하고.)

그러다 문득 이런 생각이 들었다.

이만큼 공부해놓고 그냥 죽이면 너무 아깝지 않을까하는 생각이 들었다. 내가 하늘이라도 이만큼 공부해 놓은 수행자를 그냥 용도폐기하면 하늘입장에서는 좀 손해가 될 것 같았다.

그 순간부터 배짱이 생겼다. 데리고 가고 싶으면 가고, 쓰고 싶으면 쓰고 내는 모르것다. 이 목숨 내 것도 아닌데 내가 왜 이리 쫄았지 하는 생각에 피~식 웃음이 났다.

결과는 췌장암말기가 아니고 다른 병이었다. 자가 면역 희귀난치성질환인데 이 병은 암보다 더 황당한 병이었다. 그래도 죽음에 대해서는 내 몫이 아니고 하늘의 몫이니 하늘에게 맡기기로 했다.(하지만 하늘과 나를 비교하면 내가 갑이다. 나의 이른 죽음은 공부시킨 하늘이 더 손해일 것 같으니 배짱만 더 늘었다.)

삼평인의 오후

점심공양을 하고 삼평리를 산책했다. 햇볕이 따뜻하니 벌써 사과나무 밭에선 일손이 분주하다. 삼평리는 감나무, 사과나무 밭이 많다. 감과 사과가 열릴 즈음엔 길가로 사과와 감이 뻗어 나와 손만 뻗으면 딸 수 있을 지경이다.

이런 삼평리에 주석하여 공부한지 3년째 되어가고 있다.

시작도 끝도 없이 성주괴공成住壞空*하는 우주에서 찰라 같은 삶을 사는 한 인생이 영원 무변 하는 진리의 세계를 엿볼 수 있는 것이 얼마나 큰 행운이며 행복인가! 마음공부를 모르는 이들은 현실을 잊고 도끼자루 썩는 줄 모르는 신선놀음의 나무꾼 같다지만 공부의 장 역시 현실이다. 비 오고, 눈 오고, 얼음도 언다. 병도 나고, 고통 또한 같이 존재한다. 똑같은 현실에서 공부한다.

살되 누가 사는지는 알아야 하지 않은가?

보되 누가 보는지는 알아야 하지 않은가?

느끼되 누가 느끼는지는 알아야 하지 않은가?

육신이 사는 게 아니고, 보는 게 아니고, 느끼는 게 아니다.

그것을 찾지 못한 이는 영혼 없이 사는 마음들이다.

---

* 성주괴공成住壞空: 세계가 성립되는 지극히 긴 성겁成劫, 머무르는 기간이 주겁住劫, 파괴되어 가는 기간이 괴겁壞劫, 파괴되어 아무 것도 없는 상태로 지속되는 기간인 공겁空劫을 말함=사겁四劫.『시공불교사전』

그렇게 살다 생이 다하면 그 영혼은 갈 길이 막막하다. 그러니 남의 도움을 받아야 한다. 남이니 얼마나 험악할까, 그러니 지옥이라 불렀겠구나 싶다.

생生의 끝은 사死다. 생이란 삶을 받은 것은 결국 죽음이란 문으로 가게 됨은 정해진 자연의 이치이다. 죽음의 문을 지나면 그다음은 무엇일까? 무엇이 그 문을 지나갈까? 육신이 갈까? 아니 영혼이 지나간다.

그 영혼이 어떤 상태인지 살아생전에 돌아보아야 하지 않을까? 병이 깊어져 고통이 심해지면 마음공부는 하지 못한다. 아무리 좋은 이야기를 해도 들리지도 않고, 몸의 고통에 마음이 갇혀 그것으로 영혼의 등급은 결정되어버린다. 살아있지만 죽은 것과 같다. 그러니 건강할 때, 스스로 나를 돌아볼 수 있을 여력이 있을 때 공부하자.

오늘 삼평리 독거노인의 잔소리는 여기까지이다.

글을 마치니 비가 온다. 변덕스런 하늘을 닮아 사람들의 마음도 변덕스러운가보다. 다들 행복하시길 기도한다.

고라니의 주검

요즘 폭염으로 인해 해질 녘에 걷기 기도를 한다. 걷기 시작한 지 얼마 안가서 작은 새끼 고라니 주검을 발견했다. 뱃속이 비어져 있는 것을 보아 오소리나 너구리에게 사냥 당한 것이 아닌 가 싶기도 하다. (며칠 전에 평소 보기 힘든 너구리를 보았었다.) 고라니 주검 위로 엄청 난 숫자의 똥파리 떼들이 덮여 있는 모습을 보며 그 주검을 집어 시멘트 농로 밖으로 던져 주었다. 좀 더 땅으로 빨리 환원되기를 바라며.

마음공부의 한 부분으로 부정관 수행이 있다. 자신이 죽어 시신이 되어 썩어가는 모습을 상상하며 육신에 대한 집착을 끊는 수행이다. 고라니의 주검을 보며 부정관 수행과 또 다른 생각이 이어졌으니, 저 고라니의 주검으로 말미암아 파리들이 살고, 주검이 거름이 되어 땅 위의 식물도 자라며, 땅 속 벌레들의 양식이 되기도 할 것이다.

죽음은 또 다른 삶으로 이어지고, 그 삶의 끝은 죽음. 그 죽음은 다시 삶을 만드니, 이 생명계는 생과 사로 이루어졌음을 한 번 더 확인한다. 계속되는 삶과 죽음 사이에서 생명은 무엇을 이루려는 것일까? 그저 살기만을 위해, 아님 죽기만을 위해. 생명은 생로병사하며, 허공계의 모든 존재는 생주이멸 한다.

한 죽음의 가치는 모든 삶의 가치와 같고, 한 삶의 가치는 모든 죽음의 가치와 같다. 만 중생이 덧없이 살다 가더라도 그 중에 한 각자覺者가 있어 부처의 소임을 다한다면 만 중생이 살다 가는 생의 가치 역시 한 부처의 가치와 같다.

하나 안에 전체가 있고, 전체 안에 하나 있으니 전체의 가치와 하나의 가치가 같다. 오늘 새끼 고라니의 한 죽음은 죽음이 아니요, 한 개체의 삶도 아니었다. 우리 모두의 죽음이요, 우리 모두의 삶이었다.

내 죄는 하늘만큼 높았고 바다만큼 넓었다

내 죄는 하늘만큼 높았고 바다만큼 넓었다.

이 공부를 하는 이는 자신의 죄가 하늘만큼 높음을 먼저 인식하여야 하고, 그것에 대한 깊은 참회가 선행 되어야 한다.

이 공부를 하는 이는 자신의 죄가 바다만큼 넓음을 먼저 인식하여야 하며, 그 죄의 큼이 얼마나 큰지에 대해 깊은 회개가 선행되어야 한다.

그것을 이루고 난 다음에야 하늘만큼 참회한 마음에 하늘을 담을 수 있고, 바다만큼 회개한 마음에 모든 죄인과 만상을 담을 수가 있다.

호랑이는 죽어도 호랑이다

맹수의 왕, 호랑이로 살다가 죽으면 그 역시 호랑이의 죽음이다.

호랑이로 살다가 여우로 죽는 법은 없다.

또 여우로 살다가 호랑이로 죽는 법도 없다.

자신이 최고의 자리를 체험하고 최고의 존재임을 확인 한 사람이 그 자리를 포기 할 때도 당연히 고귀한 존재로서의 죽음이 있다.

전장의 장수가 자신이 어렵다 하여, 자신의 죽음이 임박하였다 하여, 자신의 전우를 팽개치고 도망가는 장수가 있다 말인가?

우리는 맹수의 왕 호랑이처럼 천지(天地)의 왕이 되는 법을 공부하고 전하는 사람들이다.

호랑이처럼 살았다면, 마땅히 호랑이처럼 죽는 것을 보이는 것이 마땅하다.

죽음의 학學

사람은 죽기를 잘 죽어야 한다. 한 사람의 죽음은 한 인생의 가치를 결정한다. 나는 어떤 상태로 죽을 것인가? 각자 반문을 해보자. 죽는 순간에 집착하고 있는 대상과 관계, 그리고 관계의 내용들이 내 죽음의 상태이다.

사랑이냐, 집착이냐, 증오이냐에 따라서 그 상대와 더불어 사후의 내 세계가 결정된다. 그 집착의 차원을 떠날 수 없는 것이 우리의 영혼이다. 지금 내게 죽음이 닥쳐왔을 때 내 영혼의 상태가 어떠한지 곰곰이 생각해 보고 지금 나의 가짐을 놓고 진정 위대한 영혼이 가져야 할 죽음의 상태를 상상해보고 그 영혼을 지향해보자.

세상 전체를 담은 내 영혼을….

새로운 생명은

질서는 혼돈이 먼저 전제 되어야 탄생이 되며, 법은 무법無法이
먼저 바탕이 되어야 법이라 한다.

그럼 생명은 어디에서 탄생하는가?

과거의 죽음을 통해야만이 탄생하는 것이 생명이다.

이것은 마치 죽음과도 같은 잠의 형태를 경험하여야만이 이
룩되는 것으로 마치 누에가 누에고치 속에서 애벌레시절의 습
을 다 버린 채 과거를 닫고 잠을 자야만이 새로운 나비로 탄생
되는 이치와 같다.

과거의 '나'가 썩고 썩어서 영원한 이별이란 단계를 거쳐야
만이 새로운 나로 거듭 태어 날 수 있음이다.

애벌레의 습을 다 잊듯이 우리도 과거로부터 모든 것이 해
방 되었을 때 훨훨 나는 나비의 새 생명을 얻을 수가 있다.

한 어리석은 선승禪僧 이야기

옛날에 한 어리석은 선승禪僧이 있었다.

그의 설법은 천상천하를 꿰뚫었지만 그의 살림은 언제나 궁
핍하였고 그의 처신은 언제나 세상 사람의 욕심에 이용이 되
었다.

어느 날 한 선비가 찾아와 물었다.

"왜 그대는 그렇게 어리석게 살고 있는가?"

선승禪僧 왈 "내 집으로 돌아 갈 차비를 구하고 있는데 왜 그렇게 말이 많은가?"

세상은 인과이다.

석가님의 법손들 중에도 억울하고 무참하게 돌아가신 분들이 많이 있다.

목련존자, 달마대사, 조주선사 …….

그 분들은 다 차비를 구하시느라 그렇게 돌아가신 것이다.

억울한 죽음의 상만 본다면 어찌 부처공부를 할 마음이 있겠는가!

백중 입재

백중시식에 동참했다. 백중기도 축원문속의 돌아가신 선망조상조고조비 및 친인척들의 성함들을 보며, 다들 열심히들 사시다 이제 한 장의 기도 축원문 속에 존재로 있는 것이 인생의 끝이 아닌 가하는 생각도 들고, 법당 한쪽 벽을 채운 평생 위패와 백중단의 위패들 역시 누군가의 할아버지, 할머니, 부모님, 형제, 친·인척들이고 기도를 올린 본인 역시 시간이 지나면 후손들로부터 위패의 이름으로 올려 질 운명이 우리들이다.

우리들은 이렇게 먼저가신 조상님들을 기리고, 본인 역시 후손들로부터 기림을 받을 것이다. 이 모든 것은 다 마음속의 일이다. 축원장, 위패 속에 존재하는 것이 아니고 우리들 마음속에 있는 일이다.

그러니 축원장 낭독이나 위패의 위치에 너무 민감하지 말자. 기도를 올린다고 마음먹은 그 순간에 선망조상님들의 영혼은 업장소멸과 제불보살님들의 축복을 받은 것이다.

죽음을 맞이하는 지혜

임종기도를 수도 없이 다녔다. 마지막 가는 순간에 나의 모습이 어떨지 생각해보면 자신의 마지막 가는 순간을 상상할 수 있다.(한국 사람은 죽음을 말하면 재수 없다고 터부시하는 경향이 있다. 하지만 우리 모두는 다 간다. 반드시 갈 것 같으면 미리 대비하는 것이 지혜롭다.)

몸의 고통이 극한에 다다르면 평소 억제하고 있던 자기의 기질이 저절로 나오게 된다. 천하의 대장부라 소리를 듣던 분도 힘들게 가시는 것을 보았고, 나이 먹고 병들어 가시는 분들의 대부분은 건강했을 때의 멋진 모습과 고상한 인격을 놓치고 가신다. 나는 그러지 않으리라고 가까운 가족들이나 친·인척들은 말한다. 그러나 본인도 그런 상황에 처하면 별반 다른 모습을 보여주기가 힘들다. 왜냐하면 우리가 살아가는 기본성향이 거의 같기 때문이다.

'지금 이 순간 무엇이 제일 중요한가?'

줄여서 '머씨 중한디?'이다.

이 말을 놓치고 살면 갈 때 본인도 힘들고 주변사람들도 힘들게 하고 간다.

자기가 자기를 보고 사는 것이 제일 중요하다. 평화로운 죽음은 나에게서 내가 떠난 모습이다. 내가 겪은 임사체험은 다들 평화로웠다. 현실적 상황은 어떠했는지 모르지만 나 자신은 평화로웠다.

평소 자기를 보는 훈련을 하지 않으면 몸이 쓰러질 때의 고통으로 평소 눌러 있던 감정들이 쏟아져 나온다. 두려움이 우리들 내면 속에 얼마나 깊이 내재되어 있는지 죽음이 다가오면 느끼게 된다. 평소에 닦지 아니하면, 실체를 간파해 놓지 않으면 부끄러움이 하늘을 찌르게 될 것이다.(그런데 본인이 못 느낄 수도 있다. 그것이 더 부끄럽다.)

인간 세상에 종교가 있는 이유 중에 가장 큰 것이 각자 내면 속의 두려움일 것이다. 이것부터 찾아보아야 한다. 내가 건강할 때.

'머씨 중한디?'

평소 무엇이 중한지 돌아보아야 한다. 제일 중요한 것은 '숨쉬기'이다. 숨이 끊어지면 생명도 끝이다. 나의 숨쉬기를 잘하여야 한다. 우리는 감정이 격해지면 숨을 고르게 쉬지 못한다. 자기모습을 집중해서 관하게 되면 내가 어떻게 숨 쉬는지 간파가 된다.(숨쉬기 때문에 혈압과 모든 혈류에 관한 질병이 발생된다.)

'머씨 중한디?'

나의 감정, 나의 몸짓을 잘 보아야 한다. 남을 보고 비판하기 전에 나의 감정과 몸짓을 관찰해야 한다. 감정과 행위가 발생되었음에도 본인이 간파하지 못하고 축적해 두면 훗날 자신도 몰랐던 감정과 행위의 업이 불쑥 올라와 평소 자신과 다른 자신을 만나게 된다. 그때 느끼는 감정은 엄청난 부끄러움이다.

그 부끄러움이 내생으로 나를 인도한다. 염라대왕은 바로 그때 느끼는 나의 부끄러움이다. 평소 관찰해 두지 않으면 그 염라대왕이 나를 지옥으로 인도한다.

'머씨 중한디?'

흔히 내 마음 편하면 된다고 한다. 그런데 그 내 마음이 어디에서 왔는가 찾아보면 다 내 주변에서 나왔다. 내 마음의 시작은 처음 태어났을 때 나를 안아주었던 부모님, 조부모님, 형제, 친척 등 가까운 사람들의 마음과 손길이었다.

내 마음의 근본은 부모·조부모·형제·친척·친지들이다. 그들의 마음이 편해져야 내 마음이 편해지는 것이 세상이치인데, 우리는 그것을 놓친다. 도의 시작을 효로 본 유가의 가르침이 결코 헛된 것이 아님을 알 수가 있다.

'머씨 중한디?'

내가 살아가는 이 환경이 중하다. 이장을 잘 뽑으면 동네가 편하고, 대통령을 잘 뽑으면 나라가 편하고, 하늘을 어떤 하늘을 선택하느냐에 따라 내가 사는 하늘이 편하다.(하늘은 믿음, 가치관, 종교를 이야기 한다.)

지구환경을 제일 우선적으로 보지 않으면 나의 미래는 지금보다 더 못한 환경이 될 것이다. 이 세상은 나 혼자 사는 것이 아니라, 인간들만 사는 것이 아니라, 다양한 생명들이 더불어 사는 곳이다. 단 하루를 살아도 조화롭고 평화롭게 살 수 있어야 한다. 그런 현재가 편안한 미래를 창조할 것이다. 오늘 이 순간을 사는 지혜가 나의 죽음 역시 평화롭게 맞이하는 지혜와 같은 것임을 알고 실천해야 한다.

백신을 맞고 나서

밤새 끙끙 앓았다. 주사 맞은 팔은 묵직하다. 그러다 문득 떠올랐다.

행복은 불행에서 나온다는 것을.

불행하다고 절절 마음 아파하지 말자. 곧 행복이 다가올 것이다. 세상사 다 나인 것을. 무에 옳고 그름, 좋고 나쁨에 마음 빼앗겨 중생의 영혼을 만들고 있는가 싶다.

좋고 나쁨, 옳고 그름이 모두 다 하나 속에 있다. 이 세상은 하나 밖에 없고 하나 안에는 하나의 속성 밖에 없다.(수박 안에 수박만, 감 속에는 감 밖에 없다.) '옳고 그름이, 좋고 나쁨이 하나다' 라고 생각하면, 그르다고 나쁘다고 스트레스 받을 필요가 없다. 그름은 곧 옳음을 나타낼 것이요, 나쁨은 좋음을 곧 나타낼 것이기 때문이다.

지난밤에 몸이 아프니 명상의 깊이가 더해졌다. 마음속으로 집중, 자각, 판단중지를 외치고, '마음속에서 마음을 만들지 마라' 라는 명상의 화두를 쥐고 무無안이비설신의의 세계로 들어간다.

집중하니 자연히 자각은 저절로 나타났다. 자각은 내가 무엇을 하는지 아는 것이다. 아는 것! 이것을 알아차림이라고도 표현한다. 알아차림이 곧 관觀이다. 관으로 인식이동이 되면 보는 자가 곧 내가 된다. 얼마만큼 이동하였느냐에 따라 의식의 넓이가 달라진다. 아마 집중의 정도에 따라 달라질 것이다. 그리고 보되 판단하지 말아야 한다. 판단하지 않기 위해 '마음에서 마음을 만들지 마라'라는 명상화두를 계속 되뇐다. 계속 집중해서 반복하다보면(최소한 2~30분 이상) 시간을 못 느끼는 지점까지 간다. 관자觀者(보는 자)가 점점 커져간다. 수행자들은 흔히 착각한다. 관자가 자기라고. 그래서 관자의 의식, 크기 정도에 따라 자기를 하느님, 미륵불, 재림예수, 정도령 등등으로 착각한다. 그래서 사이비 교주가 만들어진다.

관자는 철저하게 나에게 객관적이다. 오히려 남보다 더한 남이 된다.(나의 경험은 그러했다) 그런데 많은 수행자들이 관자를 자기로 인식하는 것을 보았다. 쉽게 이해하자면 수박 안에 작은 씨가 수박 안에 있지만 수박 전체라고 이야기할 수 없는 것과 같다.

눈에 보이는 현상계는 상대적으로 이루어져 있다. 옳고 그름, 좋고 나쁨. 그러니 한쪽만 선택하지 말자. '다 나이고 다 좋은 것이라 다 아름다운 것이다'라고 인식하자.

그렇게 인식하면(인식은 믿음을 넘어선 당연심이다.) 인식의 그림자인 물질계가 나타난다. 사람 몸의 세포수가 60~70조개이고, 물 한 방울의 분자 수는 300조개라고 한다. 생각이 마음이 되고 마음이 인식체가 되기까지는 수도 없는 반복이 있어야 한다.

현실은 나의 인식체의 그림자이다. 그 인식체는 수도 없는 사고(생각), 행위의 반복으로 인해 생겨났으며, 그 인식체는 결국 현실이라는 그림자세계를 만들고 있는 것이다. 그러니 자기 마음을 돌아보면 자기내면 깊은 곳에 자리 잡은 인식체를 발견할 수 있다. 그 인식체는 시·공간과 상관없이 나에게 자리 잡고 있다. 과거도 될 수 있고, 미래도 될 수 있다. 그놈을 계속 관찰하다보면 시간의 흐름이 무의미함을 느낄 수 있다. 그래서 나는 이런 기도를 한다.

"나는 모든 것을 다 이루었노라. 다 이루었음에 감사합니다."

이 기도의 목적은 마음에서 마음을 더 이상 만들지 않게 하기 위함이다.

마지막으로 삶과 죽음 역시 하나이다.

삶이 있음은 죽음이 곧 나타남이요, 죽음이 있음은 곧 삶이 또 나타남을 말하는 것이다. 반복되는 생과 사의 목적을 빨리 깨우쳐야 한다. 생과 사는 우리들에게 자기 인식체를 알아차리고 인식체를 전 인류적 삶으로 살아가도록 하기 위한 하나의 교육의 장이다. 그리고 죽음 역시 다 나의 존재의 일부분이다. 나를 불행하게 만들지 않는다.

더 행복하게 하기 위함임을 믿으면 죽음 역시 편안하게 받아들일 수 있다.

죽음에 대하여

나의 죽음이 진정 나의 죽음인가 고찰해본다. 내가 죽은 뒤 나의 시신처리와 나와 관련된 법적·행정적인 일들이 나의 일인가 아니면 남의 일인가 숙고해보면 죽기 전에는 대개 이 모든 것이 나의 일이라고 생각한다. 즉 남에게 일임한 나의 일이라고 여긴다.

죽는 자가 유언으로 남겨 대행을 맡겨도 남은 자들의 사정과 판단으로 유지가 무시될 수가 있다. 이런 경우가 허다하다. 자신의 죽음을 이용해 대중을 유도해야 할 때 자신의 진실과는 상관없이 죽음의 의미가 결정된다.

조금만 깊게 생각하면 자신의 죽음은 자신과 아무 상관없는 것을 인정할 수 있다. 죽음이 나와 상관없음을 인정한 자가 조금만 더 깊은 인지를 발하여 자신의 생에 대해 숙고해 보면 자신의 생生 역시 자신과 상관없음을 알 수 있다.

이 세상에 자신이 태어나고 싶어 태어난 자가 있었던가?

자신이 오로지 자신으로만 이루어졌는가?

부모라는 타인으로부터 명과 기를 받고, 땅으로부터 정기를 흡수하여 지금 나의 육신이 되었건만 무에 내 것이 따로 있는 것일까?

'나'라고 생각한 것들이 철저하게 타인으로부터 왔음을 인정할 때, 고집멸도 사성제 중에 집성제가 타파된다. 즉 나라고 고집할 것이 없음을 인정하면, 나는 점점 멸성제의 진리세계로 빨려 들어간다. 멸성제를 거쳐 도성제에 도달했을 때는 자기정체성이 달라진다. 부처를 닮으려는 자신을 발견할 것이며, 부처가 될 수기를 받은 자가 된다.

먼저 인식하자.

나의 죽음은 나의 죽음이 아님을.

더 나아가 나의 삶이 나의 삶이 아님을.

제 12 장 | 꿈 이야기

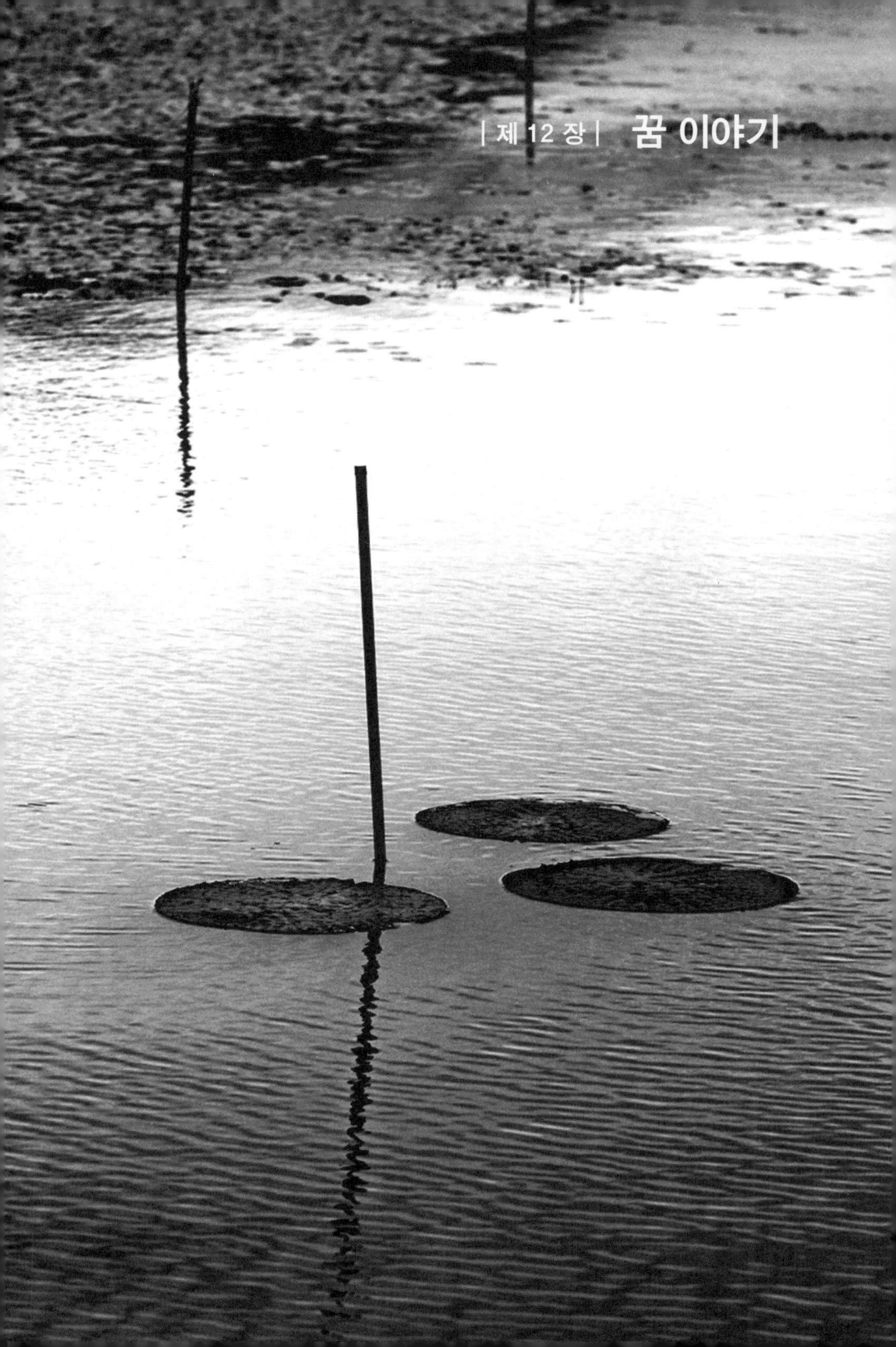

꿈도 꿈이고, 현실도 꿈이다.

처음으로 산 침대 위에서 나도 모르게 잠이 들었던 적이 있다. 편안한 느낌으로 누웠는데 바로 꿈이 시작되었다. 꿈속에서는 오히려 자갈밭 위에서 잠을 자고 있었는데 너무 불편하였다. '나는 분명 침대 위에서 잠이 들었는데 어찌 자갈밭 위에서 자고 있는가? 이건 꿈이야' 라고 이야기했지만 대체 꿈이 깨지질 안했다. 시간이 지나 한여름이 되어 뙤약볕이 내리 쬐이는데 너무 괴로웠다.

그리고 시간이 흘러 가을이 되어 내 몸 위로 낙엽이 쌓이기 시작했다. 찬바람이 불고 눈이 내리기 시작했다. 이제는 추위에 떨기 시작했다. 그래도 꿈속에서 '이건 꿈이야'라고 외쳐보았지만 꿈은 깨지질 아니했다. 꿈을 깨려고 발버둥을 쳤지만 꿈은 계속되었다. 그러다 문득 깨달음이 왔다. 그래 꿈속에서 좀 더 안락한 꿈을 꾸어보자. 영국의 왕이 자고 있는 안락하고 편안한 침대에서 자는 꿈을 꾸어보자고 마음먹은 순간 나는 영국왕실의 침대 위에서 자고 있었다.

그런데 그 꿈 역시 계속 되었다. 편안한 상태로 자고 있는 시간이 영원히 지속될 것 같은 기분이라 '이것 역시 꿈이야 깨어야지'라고 마음먹은 순간, 오늘 산 침대 위에서 자고 있는 나와 자갈밭 위에서 자고 있는 나, 영국왕실 침대위에서 자고 있는 나가 동시에 보였다. 한참 보고 있다가 '보고 있는 너는 누구인고?'라고 외쳤다. 그 순간 보고 있는 놈도 사라지고, 현실의 나도, 자갈밭 위에서 자고 있는 나도, 영국왕실 침대 위에서 자고 있는 나도 다 사라지고 고요함만 있게 되었다.

'이것이 적멸인가?' 라고 되뇌는 순간 너무나도 행복한 느낌이 들었다. 바로 그 순간이 극락이었다. 극락은 장소가 아니라 바로 마음의 상태였음을 안 순간이었다. 두서없이 쓴 글입니다. 참고하셔서 꿈속의 꿈도, 현실의 꿈도 깨시는데 도움이 되시길 바랍니다.

나그네와 잠자는 마부

마차를 모는 마부가 깊은 잠에 들어 있었다. 바로 앞에 천 길 낭떠러지가 있음에도 마부는 잠에서 깨어날 기미가 보이지 않는다. 지나가는 나그네가 그 모습을 보고 옆으로 다가가 얼른 잠에서 깨어나시라 소리쳐 본다. 대체 깨어날 생각이 없는 마부의 모습을 보고 나그네는 급히 마차에 올라 마부의 뺨을 세차게 때렸다. 그 바람에 잠에서 깬 마부는 얼른 마차를 안전한 길로 몰수가 있었다. 마음이 진정되고 가만히 생각해보니 나그네에게 맞은 뺨이 얼얼하다. 나그네가 괘심하다.

그 나그네는 잠자는 마부를 깨우러 다니는 사람이다. 많은 마부들에게 원망을 듣지만 개의치 않는다. 왜냐하면 그 나그네는 수많은 마부들을 깨웠지만 깨운 바가 없다. 잠에서 깬 마부들 중에 가끔은 그 나그네가 원망스럽다. 혹시 원망하는 마부들이 있다면 어서 생각을 좀 더 깊이 해보라. 나를 깨워 나를 살린 고마움이 큰지, 나를 때린 그 괘심함이 더 큰지.

어리석은 이들은 나그네를 원망하다 오히려 스스로 괴로움에 빠진다. 그 역시 업아業我에 대한 집착의 증표이다. 업에서 벗어난 이들은 과거의 그 어떤 과보에서의 원망보다는 고마움이 크다. 그래서 잘되어도 못되어도 "관세음보살 감사합니다."를 하는 것이다.

오늘도 걸으며 열심히 진언을 왼다. 발보리심 진언 "옴 모지짓다 못다 바나야 믹" 세상 모든 존재들이 보리심을 내기를. 해원결진언 "옴 삼다락 가닥 사바하" 세상 모든 원결들이 풀어지기를.

몽시유신夢是遊神

옛날 중국의 황제가 나라에서 꿈 해몽을 제일 잘하는 사람을 시험하려고 꿈을 가짜로 지어서 꿈 해몽을 부탁했다.

"궁궐의 기와장이 떨어져 새bird로 변해 날아가는 꿈을 꿨는데 해몽하여 보라."라고 말했다.

해몽가가 말하기를 "곧 궁궐에 흉한 일이 생기고 사람이 한 사람 죽어 갈 것 같습니다."라고 대답했다.

황제는 그 꿈은 내가 꾼 것이 아니라 방금 내가 지어 낸 것이라 말하였다.

해몽가의 대답은 "꿈속의 꿈이나 생시의 생각이나 다 똑 같은 꿈이라 똑같이 이루어질 것입니다."라는 것 이였다.

그 날 실제로 궁궐에서는 후궁들끼리 싸움이 나서 후궁 한 사람이 죽었다.

우리는 여기에서 배운다.

세상은 하느님, 부처님의 꿈이며, 우리는 그 꿈속에서 꿈을 꾸는 역할을 하는 배우라는 것을…….

그리고 그 꿈은 곧 현상계에서 이루어짐을…….

몽시유신—꿈은 신(하느님)의 유희이다. 꿈도 꿈이고 지금도 꿈이다. 할!

| 제 13 장 | 수행자의 깨달음

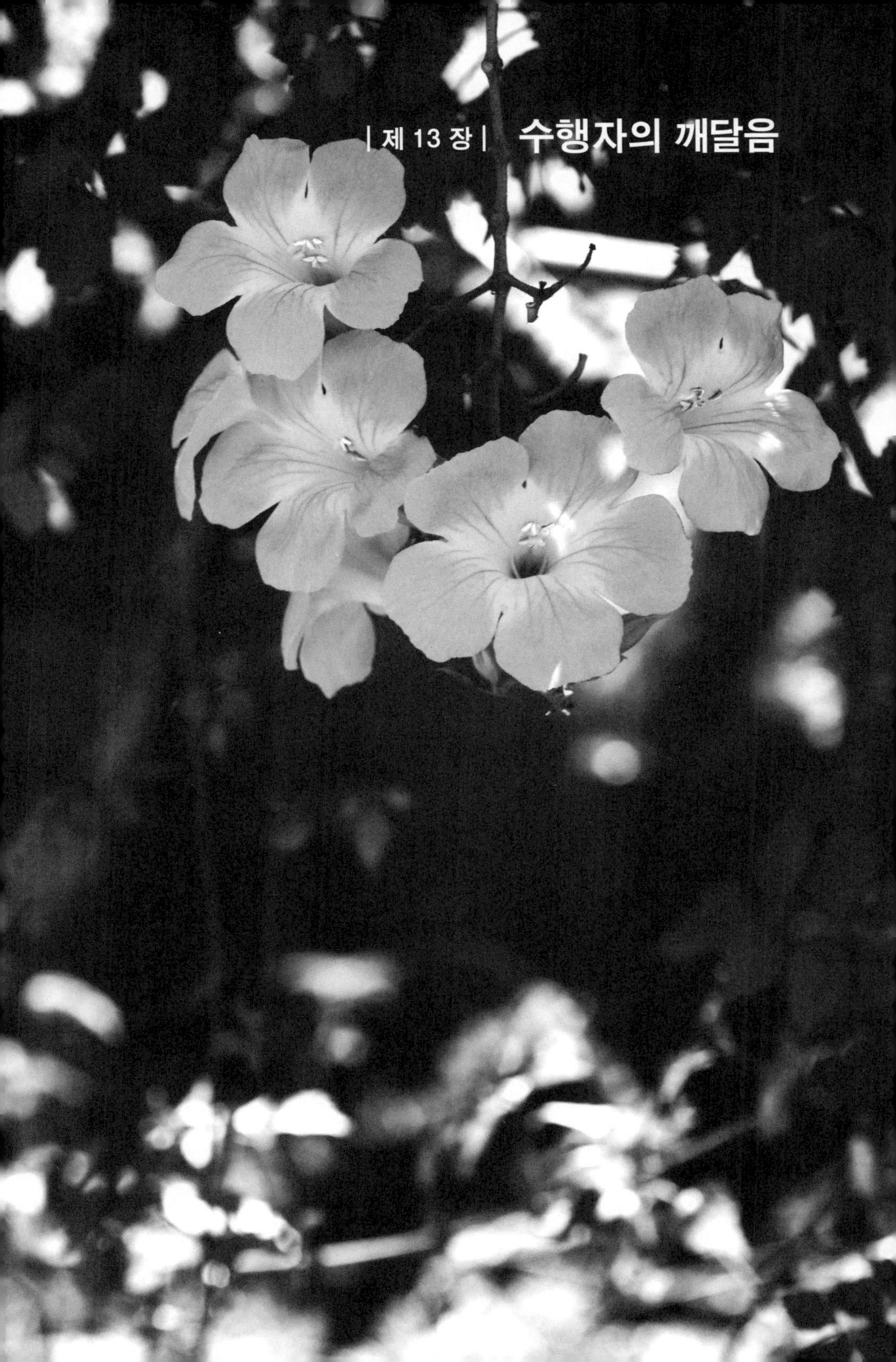

게송 / 혜문

살지도 죽지도 못하는 생生이 있었다.
오뉴월 땡볕에 뼈와 살이 타도,
폭풍한설에 입이 얼어 터져도 일어나지 않았다.
오도悟道하였다 춤추며 광인狂人 짓을 한 것도
이제는 억겁 전의 일로 잊혀 졌고.
천안통, 천이통
이제는 다 부질없는 꿈속의 꿈이 되었다.
금 백년 중 반이 지나 금선金仙의 부름을 받아
불모佛母의 손을 잡고 부처도 팔고, 조사도 팔며
철든 아들 되려 하네.
한 티끌 잡아 은하수를 집어넣고
한줌 허공에 새 우주를 창조한들
네가 나임을 모른다면 무슨 소용 있나.
본디 만상이 부처인데
괜스레 허공에다 부처이름 쓴다.
있어도 없어도 영원한 나의 나라고.

지금 이대로 살아도 부처가 될 수 있다

불법佛法이 재세간在世間하니 불이재세간각不離世間覺하라.이세멱보리離世覓菩提하면 약사구토각若似求兎角이라.

불법이 세간에 있으니 세간을 여의지 말고 찾으라.세상을 떠나서 보리菩提를 찾는다면 마치 토끼 뿔을 찾은 것과 같다.

__육조六祖 혜능慧能.

   다만 범부라는 마음을 버릴지언정 따로 성인聖人이란 생각을 내지 말라.

   범부의 안이비설신의는 항상 더 나은 것을 추구한다. 하지만 그 끝은 일체개고一切皆苦(모두가 다 고통이다.)이다. 그러니 몸과 마음의 감각을 따르지 말자.(옛 조사님들께서 두타행*을 한 이유) 잠

---

*   불교수행법, 여러 두타행중 우리나라에서 채택한 12두타행은 석가모니 당시부터 행하여졌던 것으로, ①고요한 곳에 머무르면서 세속을 멀리한다在阿蘭若處. ②언제나 걸식하여 신도나 국왕 등의 공양을 따로 받지 않는다常行乞食. ③걸식할 때는 마을의 일곱 집을 차례로 찾아가서 빈부를 따지지 않고 걸식하며, 일곱 집에서 밥을 얻지 못하면 그날은 먹지 않는다次第乞食. ④하루에 한 차례를 한자리에서 먹고 거듭 먹지 않는다受一食法. ⑤항상 배고프지 않을 정도로만 먹고 발우 안에 든 음식만으로 만족한다節量食. ⑥정오가 지나면 과일즙·석밀石蜜(사탕) 따위도 마시지 않는다中後不得飮漿. ⑦좋은 옷을 입지 않고 헌옷을 빨아 기워서 입는다著弊衲衣. ⑧내의內衣·상의上衣·중의重衣 등 세 가지 옷만을 가진다但三衣. ⑨무덤 곁에 머물면서 무상관無常觀을 닦는다塚間住. ⑩쉴 때에는 정자나 집을 택하지 않고 나무 밑에서 쉰다樹下止. ⑪나무 아래에서 자면 습기·독충·새똥 등의 피해를 입을 수 있으므로 한데에 앉는다露地坐. ⑫앉기만 하고 눕지 않는다但坐不臥 등 12가지 행을 닦는 것이다. [네이버 지식백과] 두타행 頭陀行 (한국민족문화대백과, 한국학중앙연구원)

시만이라도 6근根*의 분별심을 내려놓자. 그것이 범부의 마음을 버리는 것이다.

또 성인聖人의 기준을 마음에서 내지 말자. 성인이 되는 이렇다 저렇다는 기준을 만들어 놓고 따르려 한다면 또한 부처병에 걸린다. 다만 '이것이 무엇인고? 하여 자신에게 묻기만 하라. 묻는 나가 확실해지면 '범부의 나'는 힘을 잃는다. 그러니 계속 물어라. '이것이 무엇인고? 내 마음만 알면 모든 공부의 끝이다. 자심自心을 깨달으면 곧 진불지眞佛地다. 내 마음이 뭔지 알면 곧 내 부처가 나오는 자리이다.

스님! 깨달음을 얻으면 어떠합니까?

깨달음이 사람마다 다 다를 수 있다는 것을, 그리고 깨달음은 하나이지만 그 깊이는 서로 다르다는 것을 전제하고 이 글을 올립니다.

저의 체험은 이러했습니다. 세상 모든 것이 다 하나였습니다. 옳음도, 그름도, 너도 나도, 머리 위의 해와 별 우주의 모든 존재, 발을 딛고 있는 이 땅위의 모든 것이 나와 다 하나였습니다. 그러니 그때까지 내가 믿고 의지했던 하느님이란 분도 결

---

*   안이비설신의眼耳鼻舌身意, 눈, 코, 귀, 혀, 몸, 생각으로 사람마다 가지는 여섯 가지 감각.

국 나와 하나였습니다. 더 이상 빌어서 나를 고통에서 벗어나게 해달라고 할 대상이 없어졌습니다. 다 나의 역사였습니다. "하느님이 내 안에 거하시고 나는 하느님 안에 거하도다."라는 말을 단박에 알게 되었습니다.(크리스천으로 있을 때 제일 의문이 컸던 문장)

불교 경전에 나오는 불성과 깨달음을 구하는 선문선답의 모든 문장들이 다 한꺼번에 해석이 되었고, 그리고는 그렇게 알고 있는 자신을 확인하고 싶었습니다. 지금부터가 진짜 공부였습니다. 그전까지 한 공부는 그냥 몸부림이었을 뿐, 진정 참된 마음의 세계에 대해서는 알지 못하면서 그냥 머리로 이해한 것을 아는 것이라고 함부로 말하며 다닌 것에 대해 부끄러웠을 뿐이었습니다.

나와 하나인 이 세계를 경전에서는 법계 또는 불성이라 부릅니다.

서로 다른 단어들이 모두 단 하나를 가리키는 것입니다. 이것은 결코 취할 수도 버릴 수도 없으며, 있는 것도, 없는 것도 아닙니다. 그렇다고 공한 것도 아닙니다. 어쩔 수 없이 공하다 표현할 뿐. 결코 공한 것도 아닙니다.

말로, 글로 하면 장난일 뿐, 그래서 무언설법이 가장 진리에 가까운 설법입니다.

중생이 이해하기 쉽게, 근기에 따라 다양한 말로 표현할 뿐, 진실은 마음에서 마음을 움직이지 않았을 때 그 순간이 나의 본모습이요, 있고 없음을 만드는 근본의 나입니다. 결국 이 세계는 마음의 일어남과 사라짐일 뿐, 더 이상, 더 이하도 아닙니다. 그래서 삼계유심三界唯心(삼계는 오직 마음일 뿐), 일체유심조一切唯心造(일체모두가 오직 마음이 지어낸 것)라고 세존께서 밝히셨나 봅니다.

우리가 몸을 받고 육도윤회 하는 것은 다 반연攀緣* 때문입니다. 대상에 얽매여 일으킨 마음으로 말미암아 그 대상을 내가 창조하고, 대상을 인식한 식識이 영혼이 되어 돌고 도는 겁니다.

그럼 가장 좋은 공부는 무엇일까요?

다시는 나지 않는 법을 알고 행하는 것입니다. 즉 무생법인**을 증득하여 나면서도 나지 않는 그런 생을 살아야 진정 보살로서의 삶, 하늘이 원하는 가장 인간다운 인간이 되는 것입니다. 나면서도 나지 않는 삶을 사는 이는 무아상, 무인상, 무중생상, 무수자상을 지닌 이 일겁니다. 화엄 52계위 중에 보살 8지***의 위位입니다. 세간의 이러저러한 말에 반연을 삼지 마시고, 옳고 그름과 하나이고 나서 옳고 그름을 나누고, 좋

---

* 반연攀緣 ①대상에 의해 마음이 움직임. 대상에 의해 일어나는 마음의 혼란. ②인식함. ③인식대상. ④얽매임. 집착함. ⑤인연에 끌림.『시공불교사전』

** 무생법인無生法忍 불생불멸不生不滅의 진리를 확실하게 인정하고 거기에 안주하여 마음을 움직이지 않음.『시공불교사전』

*** 보살십지중 8지보살의 위는 不動地부동지라고도 합니다. 무차별상을 가진 평등심을 득한 경지이며, 이 세계가 무상임을 완전히 깨달은 자로서 자유자재로 중생을 인도하는 과보로 부처의 경계에 곧 이르는 자격을 얻은 수행자로서 어떤 경계에도 움직이지 않는 경지라 해서 부동지라고도 한다.

고 나쁨과 하나 되어 보고 나서 좋고 나쁨을 나누어야 하며, 너와 나가 하나 되어 보고 난 다음 너와 나를 나누어야 보살 8지위의 삶을 산다고 볼 수 있습니다.

"산은 산이요, 물은 물이로다. 산은 물이요, 물은 산이로다. 고로 산은 산이요, 물은 물이로다."

부처님 오신 날의 의미를 되새기며

예전에 신에 대한 신앙을 가져본 수행자로서 부처님 오신 날의 의미를 조명해본다.

신을 믿는 종교에서는 '계약', '언약'이란 말이 매우 중요하다. 즉 신앙은 신과의 계약이다. 신과 함께 한 계약의 내용에 충실하면 복을 받고, 계약을 어기면 벌을 받는 것이다. 종교란 영어단어는 Religion은 라틴어 religio에서 파생되었다. 이 단어의 의미는 '다시 연결하다'라는 뜻이다. 즉 신과 나를 다시 연결하는 것이 서양의 종교이다. 연결하는 수단은 바로 신앙, 계약이고, 그래서 계약인 신앙이 무엇보다도 우선적이 된다. 그래서 불신자不信者(신앙하지 않는 자)에 엄격하며 심지어 이교도는 죽여도 좋다는 교리가 탄생되었다.

이런 영적수준이 사회전체를 지배하는 시절에 부처님께서

탄생하셔서 '일체개유불성一切皆有佛性'* 모두가 부처임을 선언
하시고, 일체만유가 '나'임을 그리고 이 '삼계를 다 고통에서
벗어나게 하겠노라'라는 메시지를 남기셨다. 모두가 '나'이기
에 모두를 다 고통에서 벗어나게 하여 위없는 열반, 행복, 극락
에 들게 하겠노라 하신 말씀과 함께 80평생을 수많은 이들을
만유萬有가 나요, 내가 곧 만유임을 깨닫게 하셨다. 부처님께서
오시지 않았다면 우리 인류는 아직까지 신과 맺은 계약에 종
속되어 있었을 것이며, 이교도들이, 세상 모든 존재들이, 바로
나와 같은 부처임을 몰랐을 것이다.

  우리는 석가모니부처님을 섬기듯, 세상 모든 이를 섬겨야 할
것이다. 옳고 그름 이전에, 좋고 나쁨 이전에 우리는 모두가 하
나였음을 알고, 옳고 그름을 논하고, 좋고 나쁨을 논하여야 할
것이다. 나의 손에 오물이 묻었다하여 내손을 내손이라 하지
않을 것인가? 내 다리에 장애가 생겼는데 내 다리가 아니라고
할 것인가? 남을 볼 때, 남을 평가할 때, 우리 모두 하나임을 인
지하고 난 후 평가하자.

  나만 살자. 우리만 살자는 이기주의는 더 이상 이 땅위에서
사라져야 한다. 인류가 지구상에 생존할 수 있는 길은 이 사실
을 인지하고 실천하는 것이다. 지구촌 곳곳에서 국가적 이기주
의·종교적 이기주의·민족적 이기주의로 말미암아 많은 이들
이 서로 고통을 주고받고 있다. Religion이 종교가 되어버린 세

---

*   일체 모두에게 다 불성(부처님 성품)이 있다는 뜻.

상에는 이런 투쟁이 끝이 나질 않을 것이다.

진정한 큰 가르침, 거룩한 가르침이 생활의 기준이 되어야 한다. 더 나아가 국제적 질서 역시 깨우친 자들의 당연지심인 '일체개유불성'이 되어야 한다. 될 일은 된다. 되려니 될 것이다. 부처님 오신 날이 있기에.

운運이라 불리는 바다

봄·여름·가을·겨울이 있듯 인생에도 사계절이 있다. 봄은 오행 중에 목, 여름은 화, 가을은 금, 겨울은 수이며, 각 계절이 바뀔 때 마다 토라 불리는 속성이 존재하는 것이 동양에서 세상을 보는 안목이다. 그런데 사람마다 사계의 순서가 다 다르다. 가을부터 인생을 시작한 이가 있고, 여름부터 시작한 이가 있다. 어떤 이는 태어나자마자 금수저 인생이 되고, 어떤 이는 흙수저 인생이 된다.

예전에는 개천에서 용이 날 확률이 높았지만 사회적 계급이 결정된 사회에서는 신분변화가 힘들다. 그래도 각자의 인생에서 봄과 겨울은 다들 존재한다. 이렇게 변화하는 상황을 운運이라 칭한다. 운運은 끊임없이 변화하기에 바뀔 역易으로 풀이한 것이 주역周易이라 한다.

지금 나의 처지가 힘들고 외롭다면 힘듦과 외로움에 젖어 있는 자신의 감정을 먼저 안아주자. 누가 나를 나만큼 위해 주고 사랑해 주겠는가? 그런데 우리가 흔히 하는 실수 중에 자신의 감정을 외면하는 행위이다. 힘들고 외로운 이들이 하는 많은 실수 중에 폭음, 폭식, 화냄, 자포자기 등등이 있다. 현실외면이다.

예전에 유느님이라 불리는 유재석MC의 성공 요인을 수용력이라 설명한 적이 있다. 눈앞에 펼쳐진 상황을 수용하는 능력! 그것은 사실 대자대비한 관음보살의 능력이다.

중생에 대한 자비심, 사랑은 지금 있는 상황 그대로를 인정해주는 것부터 시작한다. 나의 불행도, 타인들의 불행도 있는 그대로 인정하는 것!

나의 모든 것, 상대의 모든 것에 대해 부정하지 않고 있는 그대로 인정하는 것! 이것을 우리는 너무 힘들게 여긴다. 나와 조금이라도 다르면 부정하고 폄하하고 심지어는 박해까지 한다. 나의 신앙과 다르다하여, 나의 신념, 나의 옳고 그름과 다르다하여 눈앞의 펼쳐진 상황을 부정한다. 부정하는 순간 자신도 모르게 탐진치 삼독 중에 진심嗔心(성내는 마음)이 일어나고, 진심은 진실을 왜곡하며 전체를 보는 관觀의 능력을 덮어버린다.

있는 그대로 인정하는 것이 사랑이요, 대자 대비한 마음이다. 넘어진 자 넘어진 땅을 밟고 일어선다는 옛말은 일어난 사실을 그대로 인정하여야 상황이 변화되고 불행에서 벗어날 수 있다는 뜻이다.

세상은 인생은 운運의 바다이다. 끊임없이 변화되도록 되어 있다. 그냥 지금은 겨울이구나라고 인정하면 곧 봄이 온다. 겨울이 아닐 것이라고 스스로 부정하면 겨울은 끝나지 않고 지속될 것이다. 그래서 자기를 보는 관觀연습이 필요하다. 관觀은 일체, 전체를 보는 것이다. 지금 이 순간에 집중하면 전체가 보인다. 전체가 보일 때 현재 이 고통은 저절로 나에게서 벗어나 흘러가도록 되어 있다.

고통은 다 나도 모르는 집착이 원인이다. 나도 모른다는 뜻은 마치 어린아이가 경기驚氣하는 것과 같다. 어린아이가 놀라게 되면 시간이 지나가도 잠잘 때 움칠거리며 놀라는 꿈을 계속 꾼다. 어른이 되어도 똑같다. 안이비설신의로 들어온 자극을 자기가 받아들이지 못하면 계속 경기한 어린아이의 꿈처럼 현실에서 그 꿈이 계속 실현된다. 그래서 고통이 고통을 계속 부르니 옛 성자께서 세상은 '빈익빈 부익부'라고 하셨다. 가난한 자는 가난한 꿈을 계속 꾸고, 부자는 부자의 꿈을 꾸기에 신분의 벽은 점점 두터워 진다.

인정하자. 수용하자. 그것이 사랑이며, 자비심이다. 그런고로 내가 관세음도 될 수 있다. 나만 행복한 것이 아니라 남도 행복하게 해주는.

세상 = 인과법

가난한 자와 부유한 자, 현명한 자와 어리석은 자, 미남·미녀와 추남·추녀…. 다양한 사람들이 있는 이 세상은 다양한 인과로 연결되어 있다.

  담이 둘러 있는 둥근 책상 위에 구슬들로 꽉 채운 것이 세상과 존재인 법계라 생각했을 때 한 구슬이 있어 자기 밑에 구슬을 눌러 내리면 그 구슬의 작용은 돌고 돌아 자기 위의 구슬이 자기를 누르게 되는 결과를 낳게 된다. 반대로 한 구슬이 자기 위의 구슬을 더욱 더 위로 올려주면 그 작용이 돌고 돌아 자기 밑의 구슬이 자기를 위로 올리는 결과가 나오게 된다. 지금 내가 남에게 핍박받는 결과의 현실이라면 그 원인은 내가 누군가를 핍박하였던 과거의 행위가 돌고 돌아 지금 나에게 온 현실의 상황이라 보면 세상을 가장 정확하게 보는 안목이다.

  우리가 살고 있는 이 세상은 헤아릴 수 없이 많은 반복의 결과물이다. 지금 내가 처한 이 현실이 처음이라 생각하면 큰 오산이다. 그래서 이 세상에는 절대적으로 억울한 사람은 없다. 다 한때는 가해자요, 또 한때는 피해자였다.

  풍차날개의 위아래가 바뀌듯 가해자와 피해자역할을 서로 바꿔 가며 수천억 겁을 살아 온 것이다. 왜 가장 훌륭한 복수가 원수를 용서해 주는 것임을 이 문장에서 이해할 수 있다. 원수를 용서해 줌으로 더 이상 그 원수와의 인연을 끝맺을 수 있고,

다음 나의 피해를 막을 수 있기 때문이다.

이쯤 되면 왜 부자는 부자이고, 빈자貧者*는 왜 빈자인가 알수 있고, 현명한 자와 어리석은 자의 이유를 알 수 있다. 부자는 남을 부자로 만들어 주었기에 부자가 된 것이고, 빈자는 남을 곤궁하게 만들었기에 그러한 것이다. 그러니 부자가 되고 싶으면 남을 부자로 만들어 주는 원인을 심는 것이 자명한 일이다.

마찬가지 남이 현명해 지도록 남의 결정과 공부를 도와주는 것이 자신이 현자가 되는 비결이다. 미인과 추녀를 가리는 원인도 같다. 남을 아름답게 장엄하면 미인이 되고, 남을 험담하고 깎아내리는 행위를 하면 추한 사람이 된다.

부처님 전에 꽃 공양을 하면 미인이 된다는 뜻을 이해할 수 있는 대목이다. 부처님=일체존재이니 부처님 전을 장엄한다는 것은 일체존재를 아름답게 한다는 행위이다.

스님~ 올해 대장군방향은 어디입니까?

솔직히 말해서 이 스님은 한평생 참선공부한 사람이라 대장군인지 소장군인지 잘 모릅니다. 다들 스님은 다 알고 계시는 것처럼 생각하시니, 제가 이것저것 알아보다 보니 명리학도 보게

---

* 　빈자貧者: 가난한 자.

되고, 주역도 보게 되고, 풍수지리도 보게 되었다.

　더 솔직히 말씀드리면 저는 마음공부해서 생긴 저의 직관력을 더 믿는다. 책을 통해 얻은 것 보다 우리들 모두에게 있는 반야般若=지혜를 더 믿는다. 그리고 저는 우리들 모두의 부처님, 각자는 자성불이요, 모두 합치면 법신불 부처님의 각성을 바라며 끊임없이 법문하였다. 요즘 백중기도 중인지라 한 말씀 더 드리겠다. 산 영혼이나 죽은 영혼이나, 세상의 그 어떤 존재이던 간에 그 모두를 해탈시키는 능력을 가진 것은 진리뿐이다.

　그 진리를 우리는 부처님이라 부르고, 진리를 설하신 것은 경經이라 부른다. 진리를 설하신 경을 보거나 듣거나 하게 되면 이 세상 모든 존재는 해탈한다. 그 해탈을 통해 우리는 자유롭게 된다. 불행에서 자유로워지며, 고통에서 자유로워진다. 그러니 마음속에 무거운 짐이 생기면 먼저 진리가 쓰여 진 경을 가까이 하라. 읽거나 쓰거나 하시면 모든 문제는 저절로 해결된다.

　내가 이사방향이나 이사일에 대해서 초연한 이유는 바로 진리에 대한 확신 때문이다. 우리 수행자들은 하나를 잡아서 만가지 문제가 해결되는 법을 배우는 사람이다. 조계종의 소의경전은 『금강경』이다. 금강경 독송이나 사경기도를 열심히 하시면 모든 불행의 소지는 저절로 사라진다. 진리가 모든 이의 영혼을 자유롭게 한다. 산 자든, 죽은 자든, 생물이든, 무생물이든.(참고로 신축년[2021년] 대장군 방향은 서쪽이며 삼살방향은 동쪽이다.)

마음 공양법

백중재 중에 흔히 불자들께서 영가단에 쌀과 생수 등의 공양물을 올리는 모습을 본다. 수자령 영가를 위한 과자공양물도 보인다. 마음공부가 숙성해진 수행자들이 마음으로 공양물을 올리는 경우가 있음을 소개한다.

오래 전부터 두타행의 수행자들은 부처님과 이 세상 일체중생들을 위한 마음공양을 올리곤 했다. 무덤가에서 자며, 나무 아래서 좌선수행을 하는 가난한 수행자들이 부처님께 올리는 공양법은 다 마음으로 하였다. 관상수행을 많이 하다 보면 마음속에 부처님이 실제 법당 안에 부처님보다 더 생생하다. 그래서 마음으로 공양물을 올리고 마음으로 예경을 한다. 또 더 나아가 세상의 일체중생이 성불하는 것을 마음으로 그린다. 어려운 처지에 놓인 중생들을 생각하며, 그들이 고통에서 벗어나고 행복해지는 것을 상상한다. 관상수행을 오래하다 보면 마음의 세계가 실제 물질세상보다 더 화려하고 생생함을 느낀다.

일체유심조의 이치가 세상인 것을 안 수행자는 동전 한 푼 없어도 수천만억 사람들에게 공덕을 쌓는다. 세상은 인과법이라 앞서 말한 적이 있다. 왜 마음수행자들이 내생에 왕자, 공주, 명문가의 자식으로 태어나는 이유를 알 수 있는 대목이다.

보는 자와 보여 지는 것

'무無안이비설신의'란 말이 매일 전국 각 법당에서 전해지고 있다. 좀 더 깊은 의미 해석을 해보고자 한다.

보여 지는 것은 보는 자와 다르다. 물을 볼 수도 있고, 산을 볼 수도 있다. 보는 자를 찾지 못한 이는 물을 볼 때 본인이 물이 되고, 산을 볼 때 산이 된다. 중생은 보여 지는 것이 곧 보는 자가 된다. 그럼 보는 자는 어디서 나왔는가? 봄으로써 보는 자가 만들어졌다. 보기 전에는 보는 자가 어디에 있었는가?

없었다.

없다가 봄으로써 보는 자가 탄생한 것이다.(물이 산이 되고, 산이 물이 되는 이치)

마찬가지 듣는 이는 어디서 나왔는가? 외부의 소리를 들음으로써 듣는 자가 만들어졌다. 듣기 전에 듣는 자는 어디에 있었는가?

없었다.

같은 이치로 맛을 보는 미각, 촉각, 사고하는 인지까지 다 외부의 자극에 반응하는 순간 보는 자, 듣는 자, 맛보는 자, 촉감을 느끼는 자, 감정과 사고思考를 하는 자가 생긴다. 본디 '나'는 어디에 있는가? 없다가 생겨났고, 생겨났다 없어진다. 이것을 있다하는 것이 맞는 것인가? 없다고 하는 것이 맞는 것인가?

그리해서 '도道는 있다 없다가 아니다'라고 하는 것이다.

그 말은 '나'라는 것이 '있다 · 없다'라고 규정지을 수 없다는 것이다.

안이비설신의에 집착을 하니 방편으로 무無안이비설신의라고 하지만 실제는 무無도 아니요 유有도 아니다. 유무有無를 떠나 있는 것이 우리의 본질이요, 본성이다. 그리고 삼계라 불리는 세상이다.

이 세상의 있음과 없음이 다 유무를 떠난 우리의 본질에서 나온 것이다. 이 본질을 무엇이라 이름 지을 수가 없으나 억지로 이름을 붙여 도道라고 할 뿐이고, 이 도道가 사람들에게 와서 마음이라 불리는 것이다. 마음이 도道고, 도道가 마음인 것이다. 그 마음을 부처라 부르기도 하고, 하느님이라 부르기도 한다. 우리가 알고 부르는 모든 신神들 역시 마음 안에 존재한다.

마음이 없으면 존재할 것은 하나도 없다. 그런 이치로 신神을 믿는 종교가 탄생되었으니 신神은 인간의 마음이 만든 것이다. 시작도 끝도 없는 이 세상에 존재하였던 수많은 각자覺者들이 부처가 되고, 신神이 되었던 것이다.

좋은 글을 읽어도 힘든 것은 변화되지 않는 이유

"스님 글을 읽을 때는 마음이 편해지고 힘도 나다가 현실의 상황에 처하면 다시 힘들어집니다." 이렇게 솔직한 표현을 해주신 보살님이 계셨다.

우리가 세세생생 우리의 영혼을 젖게 한 것은 탐욕, 분노, 어리석음이라 불리는 삼독이다. 젖은 화목을 불쏘시개로 써 보면 정말 잘 타지 않는다. 바짝 마른 장작은 화구 속에 넣자마자 잘 타지만 비에 젖은 장작은 잘 타지 않는다.

삼독을 한 번에 물리치는 방법은 어리석음을 타파하는 것이다. 다 어리석음 때문에 화가 나고, 어리석음 때문에 욕심을 부린다.

어리석음의 반대되는 말은 지혜로움이다. 수행자의 지혜를 반야라 부른다. 이 반야는 다른 말로 공空으로 표현된다. 지혜와 지식을 혼동할 수 있다. 지식은 '나'만을 위한 것이다. 또 '우리'라고 부르는 집단만을 위한 것일 수도 있다. 하지만 반야의 지혜는 모두를 위하고 모두를 살리는 방안들이다. 이것은 인위적 노력보다는 무위적 무사고적 심층심리의 작용에서 나온다.

그래서 수행자들은 참선을 한다. 마음 짓을 그친 지止의 단계를 체득하여, 관觀이란 일체지로 향하는 길목에 접어든다. 관의 심지가 깊어지고 넓어질 때 우리는 반야를 만난다.

반야를 얻고 난 다음에야 화냄도, 탐욕도 내려놓을 수 있다.

그전에는 반복하는 흉내 내기일 뿐이다. 옛날 물 펌프에 마중 물을 넣어 물을 길러 올리는 것처럼.

그래도 안 됩니다

저의 경우는 이렇게 수행합니다. '나는 모든 것을 다 이루었노라. 그저 감사할 뿐입니다.' 생각의 틈새가 있으면 항상 마음속으로 되새긴다.

이렇게 하는 이유는 마음에서 마음을 더 이상 짓지 아니하기 위해서이다.

옛날 한 큰스님께서 열반하시기전에 제자가 물었다.

"스님께서 돌아가시고 나면 어디로 가십니까?"

큰스님께서 말씀하시길 "더럽히지나 말아라."라고 하셨다.

청정한 공空에 우리는 계속 안이비설신의의 바람을 일으킨다. 또 일으킨 바람을 집착하여 바람이 세세생생 분다. 그 불고 있는 바람이 우리의 영혼이요, 마음이다. 바람이 그치면 그 바람은 어디로 갔는가? 어디 흔적이 있는가?

우리는 그냥 바람만 그치게 하면 된다. 바람은 항상 분다. 탐진치의 바람이 잠시도 그치지 않고 분다. 어느 날 바람은 바람일 뿐이라고 깨닫고 ~뿐만 하면 된다. 그것이 "더럽히지 않게 하는 것"이다.

예전에 송광사 마당에서 영국인 사형스님이신 서래스님과 함께 숭산스님의 미국 제자이신 현각스님을 뵌 적이 있다. 한때 한국불자들한데 큰 인기를 얻으신 현각스님께서 송광사 안거를 마치시고 불교방송에 나와 한 소식 하심을 밝히셨는데, 그 때 하신 말씀이 "도는 ~뿐입니다. 그냥 할 뿐입니다."라고 법문하셨다.

우리는 그냥 할 뿐으로 내 허공(내 마음)에 불고 있는 바람을 그치게 할 수 있다. 그치게 하려면 바람을 바라보아야 한다. 바라보는 것을 관觀이라 한다. 보고 바람을 그치고 그리고 ~뿐 하면 된다.

그리해서 우리는 우리의 모든 업식을 잠재운다. 바람이 잠잠해진 그 허공에는 무엇이 있을까?

일락서산월출동! (서산에 해 지고 동쪽에 달 뜨내)이다. 부처님의 회광처를 알고자 함의 답이다.

당신의 가슴이 모든 이의 가슴이다

당신의 가슴은 모든 이의 가슴이다.
자연의 어느 곳에도 분리, 벽, 교차로는 존재하지 않는다.
하나의 혈액이 인류전체에 끊임없이 흐르고 있다.
마치 지구의 물은 모두 하나의 바다로 연결되어 있으며
그 조류도 하나인 것처럼 천개의 별들에서 비추어 나오는 것은 하나의 빛이다.

모든 사람들 안에 깃들어 있는 것은 하나의 영혼이다.

　_ 랄프 왈도 에머슨

감사. 사랑. 자비. 긍정적인 감정은 심장리듬을 잘 정돈되게 하고 조화로운 패턴을 유지한다. 특히 긍정적인 감정은 심신의 건강을 증진하게 하는 요인이다.

　_ KBS 스페셜 '마음'에서

지법知法과 행법行法

지법과 행법은 다르다.

이 말은 돈오와 돈수가 다르다고 말하는 것과 같다.

열심히 알려고 하면 저절로 행이 따라오고,

행을 열심히 하다보면 저절로 알게 된다는 뜻이다.

돈오하는 방법이 달리 있을 수 있고,

돈수하는 방법이 달리 있을 수 있다.

특히 우리가 하는 이 공부법은 최고의 자리에서 최하의 자리로 가는 공부이기에 최고의 자리에 가는 방법이 있고, 다시 최하의 자리로 가는 법이 따로 있다.

최고의 자리로 갈 때에는 모두를 부정하고 이별하지만,

최하의 자리로 갈 때에는 티끌 하나까지 최고로 섬겨야 한다.

아는 것은 3살 먹은 어린애도 알 수 있지만

행하는 것은 80세 먹은 노인네도 실천하기 힘들다 한다.

알았다고 저절로 행이 나오는 것이 아니라,

알고 있음을 다이아몬드처럼 강하고 맑으며 또한 빛나게 하여야 한다.

현대의 도道는 과학의 법칙처럼 한 치도 틀림이 없는 법이야 한다.

그리고 그 어떤 분야에도 다 적용이 되어야 한다.

과학을, 수학을 이해하는 것이 도道의 행을 하는데 더 많은 도움을 줄 것이다.

현대의 도인道人은 과학적인 사람, 상식적인 사람, 바른 판단력과 관찰력을 가진 사람, 그리고 용감한 사람이기도 할 것이다.

할 일도, 할 말도 없는 부처님

부처는 자신의 말이 없고, 자신의 일이 없다.

대웅전의 부처님이 이것 하라 저것 하라 말 하는 법이 없다.

스스로의 원을 들고 부처님에게 가고,

스스로의 한을 들고 부처님을 찾아 간다.

가서는 스스로의 원과 한을 스스로 풀 수 있는 동기와 힘을 얻고 간다. 단지 부처님에게 빌었으니 그렇게 될 것이라는 믿음으로…….

그 믿음이 현실로 실현되면 내가 찾아 간 절의 부처님이 영험
하시다고 말한다.

단지 스스로 자신을 얼마나 믿었느냐에 따라 바뀌어 지는 것
이 현실세계이다. 그렇게 바뀌어 진 현실은 스스로 창조한 것
이다.

다 스스로의 불성을 가지고 창조하였으나 내 몸 밖에서 영험
함을 찾고 내 몸 밖에서 힘을 얻었다고 한다.

진짜 부처님은 할 말도 할 일도 없는 분이시다.

권위

권위는 내가 가지는 것이 아니라, 상대가 인정하는 것이요, 상
대가 믿는 것이다.

골고다언덕을 십자가를 메고 사형장으로 올라가는 예수님이
무슨 권위가 있었겠는가?

그런 예수님의 옷자락을 만지고 나은 나병환자를 보고 예수님
이 하신 말씀이," 네 믿음이 네 병을 낫게 했다."

예수님이 스스로 가진 권위가 아니라, 상대가 인정한 권위와
믿음이 예수님의 권위였던 것이다.

뒷모습이 아름다운 사람

앞모습을 거울로 보면 자기도 모르게 예쁜 모습으로 보이려고 애쓴다.

하지만 뒷모습은 의도적으로 만들 수 없는 진실한 나의 모습이다.

우리는 자신들의 뒷모습을 보지 못하고 앞모습만 남들에게 내세우기 급급하다.

막상 자신의 뒷모습을 알아도 부정하기 일쑤다. 나는 그렇지 않은 사람이라고.

자신의 언행이 얼마나 많은 사람들의 가슴을 아프게 한지도 모른 채 오로지 남의 탓만 하는 일은 하기가 쉽다.

사람들은 내게 말한다.

어찌 모두가 다 좋을 수가 있느냐고?

내가 없으면 모두가 좋을 수가 있는데 그 나를 붙들고 내 속에서 옳음만 고집한다. 한 많은 나, 원 많은 나, 그 놈을 붙들고 한 타령, 원 타령을 계속하고 있는 자신의 모습을 왜 못보고 있는지 안타깝기 그지없다.

오늘 하루의 시작부터 끝나는 순간까지 내가 무슨 말을 하였으며, 어떤 행동을 하였으며, 어떤 생각을 하였는지 관찰해 보자. 양파껍질처럼 겹겹이 감춰 둔 내 원과 한을 남겨 둔 채 자신의 생각만 옳다고 고집하지 않았는지, 알고도 당장 이 순간을 선택하지 않고 미루고 있는 자신이 있지 아니한지,

알면 그 자리에서 선택하고, 선택했으면 돌아보지 말자.

5분전의 나와 영원한 이별을 하자.

뒷모습이 아름다운 사람은 진정 내가 없으리라.

내가 없으니 분명 전체를 다 살리는 사람이리라.

그리고 우리 모두를 아름답게 하려는 사람이리라.

결코 자신만 옳다고, 아름답다고 하지 않으리라.

새롭지 않으면 신성神性이 아니다

세상이 돌아가는 이치를 공부하는 학문을 일러 주역, 정역이라 한다. 역이라 함은 바뀔 역易자로 해와 달을 상징한다.

이 세상은 신(하느님)의 나타남이다.

하나가 계심을 스스로의 하나로 나타내고 싶어 한다.

그것이 바로 우리 눈앞에 펼쳐진 보이는 세상이라 보면 된다.

이 하나가 끝없이 변화하는 것은 항상 새로워지는 것이 신의 성질이기 때문이다.

우리가 신神의 성질을 따라 가는 것을 순리라 하고

신神의 성질을 거역하는 것을 역리라 한다.

매순간 변화하는 신의 성질을 거스르며 사는 것이 인간이다.

언제나 지나간 과거에서 자신의 모습을 찾으려 한다.

과거는 언제나 죽어있음인데 다가올 미래의 생명을 죽음으로 대체하려 한다.

'신난다'—이 뜻은 새로워서 신명이 난다는 뜻이다.

나의 형제들이여!

오늘도 새로운 것(마음, 정신)이 주인 되어 신성을 불러일으키는 인간 창조주가 되사 세상을 아름답게 하시고 이웃들을 행복하게 해주시는 거룩한 삶의 주인 되시옵소서.

횃불과 횃불을 든 이는 다르다

『초발심자경문』에 나오는 이야기다.

어떤 사람이 밤길을 가는데 죄진 이가 횃불을 들어 앞길을 비춘다고 할 때에

만약 그 사람이 나쁘다는 이유로 불 비춰줌을 마다할 것 같으면 구렁텅이에 빠지고 말 것이다.

법문을 듣는 것도 그와 같아 사람보다는 그 내용을 보라.

우물물과 우물터는 다르다.

우물물은 우물터가 있어야 존재할 수가 있다.

달리 이야기하면 무정無情은 유정有情이 있어야 존재한다는 말이다.

또 달리 이야기 하면 부처는 중생이 있어야 부처노릇을 할 수가 있다.

부처란 말은 사실은 없는 것과 진배없다.

마음 공부하는 선사禪士를 일러 그냥 선지식인 이라고 표현하

는 것이 더 정확할 것이다.

그 분들을 우리는 부처라 착각한다.

부처는 자기일이 없는 분이 부처이다.

자기일이 있는 중생일진대 왜 부처라 착각하는가?

부처의 길로 안내하는 중생일 뿐이다.

그도 굶으면 배고프고 쉬지 않고 걸으면 다리 아프고, 가끔씩은 인간적 외로움에 젖어 있기도 한다.

세상에 진리를 팔지 않고 사는 이는 하나도 없다.

우리는 진리 속에서 진리와 하나 된 상태에 살고 있다.

다만 나누는 세상과 나누지 않는 세상이 나 안에 같이 있으니 그것이 자신 속의 갈등으로 내재한다.

하지만 그 갈등을 한 번도 겪지 않은 사람을 일러 높은 선지식 혹은 스승이라 착각하지 말자.

더 중생스럽고, 더 고통을 느끼고, 더 외로워하고, 더 아파했기에 스승의 자리에 있을 수가 있었다.

하지만 제자리를 지키려 목숨을 다하는 것이 마음공부 하는 자의 길이다.

상대성으로부터의 자유

비가 오는가? 가는가?

땅에 있는 나에게서는 오는 것이요, 하늘 위 구름에서는 가는
것이다.

지구 밖 우주에서는 오고 감이 없으니 지구 안의 모든 현상을
일러 그냥 지구일 뿐이다.

상대성으로부터의 자유는 의식의 확장에서 나온다.

그리고 모두가 하나일 때는 오고 감 없는 ~일뿐이라 한다.

그리고 더 나아가면 말이 없어진다.

그러니 말없는 각자覺者의 진심을 경외하라.

말없는 소리가 천둥소리요, 흔적 없는 그의 몸짓은

천산을 한 찰나에 천만 번 옮기고도 한 바가 없다.

지知와 진지眞知

우리가 쓰는 말 중에 이런 말이 있다.

　"저 분은 참 진지眞知하신 분이야."

　앎知도 그냥 앎이 있고, 참 앎眞知이 있다.

　공부는 지知와 행行을 같게 하기 위함이다.

　행行을 가능하게 하는 것은 진지眞知에서 나온다.

내가 지금 알고 있지만 실천이 되지 않는다면 진지眞知하지 못했음을 알자.

세상에 지知하였다 하여(알았다하여, 견성하였다하여) 지知하지 못한 부처님, 하느님들을 상대로 자신만이 부처요, 하나님이라고 소리쳐 진리의 자유성을 빼앗고 부처님들을 자신에게 종속시키는 스승들이 많다.

알든, 모르든 우리 모두는 진리(부처님, 하느님)안에서 한 치도 벗어난 적이 없다.

알았다는 것은 알았다는 생각이 든 순간, 그 앎은 거짓 앎이 된다. (도道를 도라 하면 도가 아니다.)

참 앎은 앎이 아니다.

마음공부의 마력은 세상 그 어떤 것과도 비교할 수 없는 체험에 있다.

하지만 그 체험의 기억을 놓을 수 있는 용기를 가질 때 진정 참 앎의 길로 갈 수 있다.

성경에 이런 말이 있다.

"나는 알파요, 오메가이다."

알파도 오메가도 다같이 공空이다. 집착함이 없는 그 세계를 가진 사람은 행동만 있을 뿐 일의 주체가 없다.

시작한 이도, 끝낸 이도 없으며 오로지 선행만 있을 뿐이다.

내가 아는 것이 있어 남들에게 전하는 이는 돌아오는 공허감에 몸서리치는 순간이 온다.

깨달으셨다는 분들이 자살을 하는 경우를 보면 참 안타깝다.

세상에 지행합일을 하시는 스승을 찾기 힘들다는 것을 잘
안다.

그리해서 나는 권한다.

공부는 선업으로 하시라고…(타인에 대해 생각이라도 나쁘게 하는
것은 악업이다.)

착한 마음, 착한 일을 하시다 보면 어느 순간에 행行을 하시
게 되고, 평범한 범사에서 진리를 찾을 수 있고, 부처님, 하느
님을 보는 순간이 온다.

깨달음 그리고 깨달음 이후

석가 이전에 깨달음이 없었던가?

공자의 깨달음은 깨달음이 아니었던가?

뉴턴과 아이슈타인의 깨달음은 깨달음이 아니었던가?

개미가 깨달아 더 나은 여왕개미가 되고, 여우가 깨달아 여우
왕이 되며, 뱀이 깨달아 왕뱀이 된다.

개미, 여우, 뱀의 깨달음은 깨달음이 아닌가?

허허 하지만 호랑이의 깨달음을 일러 진정 용맹한 깨달음이라
하고, 용이 승천하는 깨달음을 조화주 깨달음이라 한다.

당나귀도 천리마도 100리는 똑같이 간다.

1,000리를 달려 본 자만이 천리마가 된다.

누가 당나귀이고 누가 천리마인지는 1,000년의 세월은 지나

가고 볼 일이다.

해와 달이 티끌이 되어 날아가고 북두칠성 명복이 헌 짚신에
묻은 먼지보다 못하더라도

우는 아이와 같이 울고,

하수구 구멍에 빠진 이 살리려 같이 하수구에 빠진다.

가는 세월, 오는 세월.

가는 인연, 오는 인연

그것이 진정 가는 것인가, 오는 것인가.

그냥 나일뿐.

이유가 없다.

마음공부의 끝은?

1. 내 안과 밖이 하나임을, 그 하나가 온 우주를 담은 텅 빈 존
   재임을 느끼는 것.
2. 어떤 인과에도 끄달리지 않고 오면 오는 대로, 가면 가는 대
   로 나는 단지 바라보는 사람이어서 생각과 감정과 행위가
   전혀 나를 움직일 수가 없는 있고 없음이 여여한 상태.
3. 이렇게 비가 오는 날!
   파전 한 접시와 막걸리 생각이 난다. 하지만 나는 가진 것이
   하나도 없다.
   먼저 나는 파씨를 구해 파씨를 뿌리고 막걸리를 위해 쌀농

사를 좀 더 늘린다.

다음 해 나는 많은 파전을 구울 수가 있을 것이고 막걸리도 많이 빚을 수가 있을 것이다.

그래서 이웃의 김 서방, 박 서방도 이서방도 다 함께 불러 비가 오는 날이면 파전 부침과 막걸리로 즐겁고 행복한 순간을 맞이하게 될 것이다.

어느 것이 마음공부의 끝일 것 같은가?

인과의 무상함을 아는 것으로 끝나는 것이 아니라 좋은 원인, 아름다운 원인을 만들고 좋은 결과, 아름다운 결과를 만드는 것이 마음공부의 끝이다.

전생 수련 중에 나의 전생 시작은 아무 것도 없음이었다.

하지만 그 속에는 지금 너와 나 이 세상의 모든 것이 담겨져 있었다.

나의 시작은 삼라만상과 함께 모든 이가 담겨져 있는 곳이었다. 바로 그것이 '무'였다.

생명체로 시작될 때부터 먹고 먹히고 살고 죽고 하는 그 순간이, 나를 생명으로 거듭나게 하였다.

내가 먹이가 되어야 새로운 생명이 될 수가 있었다.

벌레 같은 존재에서 사람이 되기까지 무수한 인과를 거쳐

생사生死와 유무有無가 만상의 근본임을 알았다.

책으로, 남에게서 배운 것이 아니라 스스로 내안에서 나온 것이니, 원래부터 내게 있었던 것이었다.

가장 큰 공부는 스스로 내 안에서 나온다

하지만 남이 쓴 글을 흉내 내고 남이 쓴 글이나 말을 따라할 수 있다하여 그것이 내 것이 된 것이 아니다.

본디부터 내게 있는 것을 아는 것이 그게 진정 큰 공부다.

그리고 대마왕은 마귀처럼 보이질 않고 오히려 천사같이 보이기도 한다. 대천사는 마귀처럼 구는 것도 아끼지 않고 우리를 위해 그 어떤 역할을 함에 주저함이 없다.

그리고 항상 부르면 금방 와서 도와준다.

대마왕은 우리가 마음속으로 쌓고 집착하고 집착해서

생겨나는 것이니 대마왕 같은 존재가 나와 인연이 닿은 것도 다 내가 만든 것임을 알자.

내 스스로 그릇됨을 옳다고 고집한 결과 그렇게 되었음을

알면 세상과 나를 움직이는 질서에 대해 한 번 더 깊은 고찰을 하는 것이 급선무일 것이다.

우모하 참회의 기도

뉘우쳐 잘못을 고치겠습니다.
하늘이 있어 내가 있음에도 하늘에 감사할 줄 몰랐고
땅이 있어 내가 있음에도 땅에 감사할 줄 몰랐으며
사람이 있어 내가 있음에도 사람에게 감사할 줄 몰랐습니다.

내가 존재할 수 있는 허공이 있고
지금도 편안히 숨 쉴 수 있음에 감사합니다.
나를 포함한 지구의 모든 존재들에게 생명의 빛을 주는
해, 달, 별들에게 감사합니다.
파고, 덮고, 부수고, 오염시켜도 묵묵히 있음의 도리를
다하는 땅의 모든 것에 진정 감사합니다.
나를 있게 한 나의 아버지, 아버지의 아버지, 또 그 아버지의
아버지 …….
나를 있게 한 나의 어머니, 어머니의 어머니,
또 그 어머니의 어머니 …….
이 모든 나의 아버지, 어머니에게 감사합니다.
이 모든 나의 아버지, 어머니의 후손인 나의 형제, 이웃들에게
그 동안 마땅히 내 몸처럼 사랑해야 할 의미를 모른 채
시기하고 질투하며 증오한 나의 잘못을 참회합니다.
조건 없이 이해해야 할, 조건 없이 용서해야 할,
조건 없이 사랑해야 할 나의 형제, 이웃을
나와 다름만 보고 나와 같음을 보지 못한 나의 잘못을
진심으로, 진심으로, 진심으로 참회합니다.

주인들께서는 잘 있는가?

주인은 잘 있는가?

1500년 전의 서암선사는 아침마다 거울을 보며 이렇게 외쳤다.

"서암아! 잘 있느냐?"
"예! 잘 있습니다."
"오늘도 사람들 한데 속지 마라!"
"예! 잘 알았습니다."

우리는 매일 매순간 주인을 주인 자리에 두어야 한다.

이 주인을 놓치고 순간순간 일고 있는 마음에 사로잡혀 주인자리를 포기하고, 그것도 부족하여 주인자리에 오랜 시간을 손님에게 내어주어, 주인이 어디에 있는지도 모르는 채 살고 있다.

마음은 한순간에 우주를 한 바퀴 돌아올 수가 있다.

극히 찰라 같은 순간에 몇 날 몇 밤을 공부한 화기일체심을 놓칠 수 있음을 알아야한다.

그래서 공부한 마음-화기일체심, 부처의 자리, 우리 모두가 하나님이라는 자리를 자기 목숨 위에 놓지 않으면 순간순간에 이는 감정의 마음, 분별의 마음에 주인자리를 빼앗길 수가 있다.

항상 보자! 주인이 잘 있는지.

도인道人이 경계해야 할 것

도인이 가장 쉽게 접해지는 것은 세상에 대한 권세욕과
무소유의 정반대인 소유욕이다.
도인이 된다는 것이 마치 큰 권세를 가지는 듯 착각을 하며
그것을 누리려 한다.
그리고 그것을 소유하려 한다.
이런 마음이 들지 않는다는 것은 자신을 속이는 것이다.

옛 중국의 여황제가 있었다.
당대 최고의 선승 두 분을 모셔 물었다.
"크게 깨우치신 분도 여색에 대한 욕구가 있습니까?"
충국사란 분은
"절대 그런 일이 없습니다."라고 대답했고
신수대사는
"목숨이 붙어 있는 사람인데 왜 그런 일이 없겠습니까.
다만 경계하고 있을 뿐입니다."
황제는 발가벗은 아름다운 미인들에게 두 선승을 목욕시키도
록 하였다.

그 결과 충국사는 거시기가 점점 커져갔고,
신수대사는 거시기가 변함이 없었다.
그때 황제가 한 유명한 말이 있으니.
"길고 짧은 것은 물에 넣어보면 알 수가 있구나."

우리는 경계하여야 한다.
자칫하면 놓치게 된다.
놓치고도 놓친 줄 모르면 곧 악마가 된다.

지혜와 능력을 모은 자가 황제가 된다

한나라 고조 유방이 중국을 통일 하고 나서 신하들에게 물었다.
"짐이 왜 황제가 되었는가?"
아무도 대답하는 신하가 없었다.
유방이 스스로 대답하기를,
"나는 한신보다도 병법에 능하지 못하고 누구누구들 보다도
능력이 없었다. 하지만 이 모든 능력자들을 인정할 수 있고 모
을 수 있는 능력이 있었다. 그래서 나는 황제가 된 것이다."

유방은 조그만 시골 마을의 건달이였다.
무식했으며 감정적이고 주색잡기도 좋아했다.
하지만 지혜를 가진 자를 볼 수 있는 능력이 있었으며

그들의 능력을 모을 수 있는 인품도 가졌다.

혼자 똑똑하고 혼자의 능력이 아무리 뛰어난다 하여도

전체의 지혜와 능력에 비할 수 있으랴!

개인의 능력이 없어도 다양한 능력을 인정하고 그들의 능력을

모을 수 있는 자야말로 진정 황제가 될 수 있다.

개인의 능력이 뛰어나 다른 이의 능력과 의견을 무시한다면

그 개인은 전체에게 배척당하게 된다.

기다리고, 자신을 또 돌아보고, 서로 서로의 의견을 존중하여

서로 서로가 설복(설득과 복종)할 수 있도록 하자.

자신의 공부가 완성된 경지라고 착각하는 이들이 없었으면 한

다. 나의 염려가 기우였으면 좋겠다.

각자 수행에 최선을 다하기 바란다.

돈수는 돈오보다 더 시간이 걸리고 어려운 법이다.

새벽 수련을 즐겨하시면 많은 도움이 된다.

진리에 속지 마라!

진리를 일러 영원불변이라 한다.

또한 진리가 우리를 자유롭게 한다고 한다.

하지만 진리는 이 순간에 '있다 또는 없다' 라고 말하지

못할 성질의 것이다.

사람들은 이 순간에도 '있다 없다' 라는 것에 매여, 있음의 세

계에서 또는 없음의 세계에서 헤매고 있다.

진정한 진리의 모습을 보지 못한 채 착각하고,

진리의 상에 매달려 가족을 버리고 자신을 버리고 도道에 빠져

세상과 담 쌓고 살아가는 사람들이 얼마나 많은가.

진리는 현재에 있지도 없지도 아니하다.

진리는 있고 없음에 연연하지 않는 것이 진리이다.

제발 진리가 있다고 착각하여 자신을 망치고 가정을 망치고

지구촌을 망치지 마시라.

진리가 현재에 있다면 과거와 미래는 없어야 마땅하다.

하지만 영원불변의 성질이 진리인데 과거, 미래에 없으면

또한 진리가 아니다.

진리가 현재에 없다면 과거와 미래에만 있다는데 이 역시 진
리의 속성과 맞지 아니하다.

진리는 있고 없음에 연연하지 않는 마음이 곧 진리이다.

이 마음을 여래심이라 하기도 하며 이 여래심을 바탕으로 창
조하는 것이 창조주의 마음이다.

있고 없음에 여여하면서도 아름다운 세계를 창조하는 자!

바로 그대가 창조주-사람人이다.

세상 제일 높은 도는?

하고 누가 묻는다면,

'나는 쌀 한 포대(20kg)는 55,000원 입니다.'라고 답할 것이다.

있고 없음에 여여하지만 산은 산이요, 물은 물이다.

진리를 찾아 오늘도 이 곳 저 곳을 서성이는 그대들이여,

여러분들이 진리라고 착각하는 것은 진리가 아니다.
진리는 있고 없음을 넘어선 마음에 영원불변으로 계시는 것이
진리이다.
지금도 진리에 눈멀고 귀먹어 자기 영혼과 가정을 파탄시키며
진리에 속고 살아가는 이들이여!
진정 진리는 있는 것도 없는 것도 아닌 것이니,
눈앞의 있고 없음을 뛰어넘어 어디에도 메이지 않는
진정한 자유를 구가하는 참 자유인이 되시기를 간절히 바란다.

우리는 우리 모두에게 책임이 있다

세상은 음과 양, 작용과 반작용 등 상대적인 것에 의해 움직이
고 있다. 남의 잘못이 나의 탓이 아니라고 규정지을 수가 없다.
　나의 한 생각, 한 마음 짓이 세상이란 현상계에서 이루어지
고 있고 남의 그릇된 행동의 원인이 나의 무심한 말 한마디나
이기적인 행위에 의해 이루어진 것을 안다면 이 세상에 일어
나는 모든 일이 나의 책임임을 알게 된다.
　깨달음은 무한한 자유성과 그것과 항상 따라다니는 세상에
대한 무한책임이 있음을 절감하는 것이다. 보살들은 나 혼자
부처가 되기보다 모든 중생이 부처가 되기를 원하는 서원을
왜 하였을까?
　깨달았기 때문에 그런 서원을 하였던 것이다. 일체중생이 바

로 나의 모습이라는 것을 깨달았기에 죽어도 죽지 않는 위대한 정신을 세상에 남겼다.

오늘도 우리는 남을 탓하고 세상을 탓하는 생각과 소리를 낸다.

이 모두가 나의 탓일 때는 자신을 돌아보고 일체중생인 나와 세상을 위해 기도를 할 것이다.

이 세상에 소외된 이가 하나도 없게 하시고 사랑과 자비가 가득한 지구가 되기를 간곡히 빕니다.

하늘이 낸 것은 하늘이 이룬다

우리의 인생을 돌아보면 자기 혼자의 힘으로 사는 것처럼 산다. 사실은 여러 힘들이 모여 작은 것이라도 이루어졌음이다.

마찬가지 마음 공부하는 이치가 이 세상이 있는 이유일진대

마음공부에서 얻은 천명을 완성하는 것 역시 나의 힘만이 아니다.

하지만 우리는 자신에게만 힘주기에 급급하여 주변의 하느님의 도움을 인식하지 못한다.

하느님의 시작은 나의 가장 가까운 이웃에서부터 시작하여 저 멀리 끝없는 우주를 돌아 다시금 나에게로 끝이 난다. 나 역시 하느님인 것이다.

먼저 인정하자.

나의 가장 가까운 이웃이 하느님의 시작임을!

그리고 힘 빼자.

기도 한 바를 믿는 것, 나의 이웃을 믿는 것. 그것이 하느님을 믿는 것이요, 자신을 믿는 것이다.

나만이 옳다는 힘을 빼고 하나님께 맡겨 보자.

하늘이 낸 것은 반드시 하늘이 이룬다. 그리고 거두는 날도 있으리라.

교장도 가끔은 학교가기 싫다

어느 날, 이서중·고등학교 교장소임을 맡게 되었다. 교장의 직무는 크게 세 가지이다. 첫째는 학교시설 전반에 대한 관리이고, 둘째는 교사 관리, 셋째는 학생 관리이다. 교장이 되기 전에도 중학교 명상수업을 한 1년 정도 했었다. 하지만 그때와 지금은 다르다. 학교시설의 작은 부분까지 다 신경이 쓰인다. 국기게양대의 국기 한쪽 끝이 닳아 너덜너덜한 것을 일부러 며칠째 보고 있었다. 교감 이하 아무도 지적하는 것을 보지 못했다. 결국 내가 시설 관리하는 선생님께 지시하여 교체했다.

매주 월요일 아침 전체 교직원회의가 있고, 금요일 오후에 간부회의가 있다. 그냥 한번 둘러보면 학교가 잘 돌아가는지 안 돌아가는지 파악이 된다. 쉬는 시간, 점심시간 중에 교실을 한번 둘러보면 학생들의 면학 분위기가 한 번에 파악이 된다. 교장이란 자리가 그러한 능력을 만든 것인지 원래부터 그런 능력이 있는지 헷갈린다. 나의 경우 아침 7시30분에서 밤11시까지가 근무시간이었다. 그냥 그 시간동안 교장실에 불이 켜져 있는 것만으로도 학교는 일사불란하게 움직여졌다.

학생들 중에 꼭 몇 명은 학교 빼먹고 땡땡이치는 경우가 있다. 솔직하게 말하면 나도 학생시절 학교 가는 것이 싫었던 때가 많았다. 그냥 놀러가고 싶었고, 수업 빼먹고 만화가게에 가서 라면 먹고 싶었다. 학교나 사람 인생으로 태어나 공부하는 이 세상 학교나 같다.(인생은 다 학생이다. 그래서 제사상 지방에 '고학생부군신위'라고 쓰는 가 보다.) 열심히 할 때가 있고, 땡땡이 칠 때도 있다. 우등생 인생일 때가 있고, 농땡이 치는 인생일 때가 있고, 가르치는 교사인생도 있고, 시설물 관리하는 인생도 있고, 교장인생도 있다. 우스운 것이 학교를 책임지는 교장도 가끔은 학교가기가 싫다는 것이다. ㅎㅎㅎ

생활 속에 마음 다스리는 법

현실의 고통과 압박감으로 고생하시는 우리들의 이웃에게 이 글을 올린다.

1. 불편한 내 마음은 나의 마음으로 다스려야 한다.

내 마음을 편안하게 위해 나 아닌 타인의 마음이나 나 아닌 다른 대상으로부터 위안을 얻게 되면 반드시 타인 또는 다른 대상의 노예가 된다.

2. 마음의 실체(주인)를 깨닫고 지금 나의 고통을 주는 마음이 곧 스쳐지나갈 손님임을 깨달아야 한다.

내 눈앞에 있는 이 고통은 영원한 것이 아니고 때가 되면 사라질 것인데, 마치 영원할 것 같은 마음이라고 단정함으로 그 압박감이 목숨까지도 빼앗는다.

이 세상에 있는 것은 영원히 있을 수 없고, 이 세상에 없다고 하여 영원히 없을 수가 없다. 그러니 지금 나의 불행이 영원하지 않고 지금 나에게 없는 행복이 영원히 없을 것이라고 착각하는 데에서 빨리 벗어나야 한다.

3. 이 고통의 원인은 반드시 과거에 있는데 현재에 그 원인을 탓해본들 아무 소용이 없고 오로지 이 현실을 인정하고 받아들일 수 있는 마음자세를 가져야 한다. 현재를 받아들이는 마음이 있고서야 내일을 행복하게 할 수 있는 기초가 된다.

4. 마음은 희망과 꿈, 목표 등과 같은 긍정적인 상태로 있을 때 힘을 내고 행복해지기에, 지금 이 현재의 불행과 고통을 발판으로 내일의 행복을 만들어가는 꿈, 희망을 가지면 곧장 현재의 고통스럽고 불행하다는 마음이 변화하여 편안한 마음이 된다. 마음이 편안하고서야 내 마음을 다스릴 수가 있는 힘이 자연적으로 생긴다.

5. 눈앞에 있는 상대로 말미암아 스트레스를 받을 때는 먼저

이 모든 있음들이 영원하지 않다는 것을 먼저 마음 속으로 되뇌는 것이 도움이 된다.

이 상황이 영원할 것이라는 착각으로 엄청난 스트레스를 받게 된다.

눈앞의 상대의 말, 행위가 나를 힘들게 할 때에는 내가 받아들일 수 있는 마음의 공간이 없기에 그러한 것이니 내 마음속에 있는 나의 주관적 가치관을 돌아보며 나의 가치관이 옳은 것인지 먼저 확인하는 것이 좋다. 나의 경험이 나의 지식이 완벽하지 않을 수가 있으니 남의 말과 행위에 곧장 반작용하기에 앞서 내 앞에서 벌어지는 이 광경들이 내 것이 아니고 남에게 일어나는 일이라고 생각하고 자신과 남을 객관적으로 보는 관觀의 습관을 들이는 것도 매우 도움이 된다.

관觀을 먼저 하고나서야 상대의 무례한 행위에 대해 저 행위가 나에게 주는 참뜻은 무엇인지를 알 수가 있다. 사람들은 대개 만족하지 못한 것이 있기에 화를 내고 내가 받아들일 수 없는 행위를 하는 것이다.

그리고 만족하지 못하는 것은 의외로 단순한 것으로 나의 무심코 한 말 한마디나 작은 행위로 말미암아 그러한 것이니 남의 행위를 보고 자신의 습관적 행동들을 고쳐나갈 수 있는 좋은 기회로 삼아 남이 나에게 주는 스트레스는 나의 인격을 고양시키는 좋은 공부가 되기에 오히려 '고맙습니다.'라고 마음먹는 것이 이 고통스러운 상황을 긍정적으로 바꿀 수 있는 계기가 된다.

강물처럼 흘러가더라

간다. 간다. 멈춤 없이 계속 가고 있다.

각자 내가 가고 있다고 생각할 때는 힘이 들어가 모두가 다 힘들었다.

이제 우리 모두가 가고 있음을 모두가 느끼고 있다.

우리가 가고 있는 방향은 낮은 자리, 더 낮은 자리로 가고 있다.

때가 되어 우리 모두가 만난 자리는 높고 낮음이 없고, 너와 나가 없고, 안과 밖의 경계가 없는 우리 모두가 하나(하느님)인 자리 일 것이다.

나 혼자만 가는 것이 아니라 우리 모두가 같이 가는 자리 일 것이다.

먼저 간 자나 뒤에 간 자나 만나면 모두가 같은 자리이니 그 곳에서는 무엇으로 남과 나를 나누리?

허! 허! 허!

서로 목숨을 다해 사랑하면서도 왜 사랑하는 줄 모르는가?

진실은 침묵할 때 나타납니다

우리는 말과 글 속에서 진실을 찾으려고 애쓴다.

말과 글에는 말과 글로 표현하려는 자의 진실은 없다.

우리가 사는 세상은 진리가 만들었다. 특히 말이란 천지창조의 도구이기도 하다.

그 말은 코에 걸면 코걸이, 귀에 걸면 귀걸이가 되는 것이다.

말은 하기 나름이요, 결론은 내리기 나름이다.

지금 내가 하고 있는 말, 들은 말, 지금 내가 내리고 있는 결론, 이런 것은 다 과정일 뿐이다.

우리는 지금 돌고 도는 원안에서 진리를 향해 가고 있다.

우리가 생각을 침묵하고, 판단을 침묵하며, 내가 하고 있는 말(소리), 남이 전해 준 말(소리)에서 침묵할 때 세상의 진실을 느낄 수가 있다.

자연의 동물과 식물은 말없이 행동 없이 서로의 진실을 느낀다. 그 진실이 진정 참이다.

어렵고 힘든 과정이 곧 즐겁고 행복한 과정이었다고 회고하는 날이 올 것이다.

신神을 담고 있는 그릇은 인간이라는 인격이다.

그 인격이 티끌보다도 더 겸허하였기에 그러한 신격神格을 담을 수가 있었다.

이제 그러한 인격과도 침묵한다.

세상 모두를 느낄 수 있는 것은 세상 모두에게 침묵하는 것이다.

즐거운 날, 행복한 날, 우리 모두가 하나 되어 이 세계가 지상
천국이 되는 날.

그 날을 꿈꾸는 자의 행복, 지금 이 순간의 행복 또한 행복합
니다.

감사합니다. 사랑합니다.

여명의 숲속에서

서리산 수성원 뜰 앞에 작은 숲속이 있다.

소나무에 기대어 자연과 하나임을 느끼며 그 하나로서 존재
함에 감사하고 행복해하는 나만의 공간이 있다.

오늘은 소나무가 전해주는 메시지를 전할까 한다.

우리 모두가 하나 되는 것은 너의 것이 나를 살리고, 나의 것
이 너를 살릴 때이다.

가장 자연스러움이 참된 평화의 생명이다. 인위적인 평화의
끝은 멸망이다.

내가 쓰고 버린 것이 남에게 생명을 주고, 남이 쓰고 버린 것
이 나에게 생명을 줄 때 너와 나가 하나 되고 하나의 생명체가
된다.

사람들은 문명을 만들어 내었지만 그 문명이 오로지 자신들
만을 위한 것이다.

발밑에 밟히는 존재에서부터 하늘에 있는 해·달·별들 까지

서로는 서로를 위해 존재함을 알아야 한다.

나의 존재가 남에게 죽음과 고통을 준다면 나와 남이 결국에는 공멸하게 된다.

모두가 멸망한 자리에는 너도 아니고 나도 아닌 또 다른 너와 나가 나타날 것이다. 오랜 시간이 지난 뒤에.

창조는 끊임없이 계속되고 있다.

한 경우가 실패하였다하여 창조를 포기하지 않는다.

지금의 나, 소나무의 생명이 있음도 바로 너라는 인간들이 있음과도 같다.

서로의 생명이 서로의 존재에게 있음을 인정하지 않으면 그대들 사람과 나 역시 같이 공멸하게 될 것이다.

나만 잘한다고 되는 것이 아니요, 너만 잘한다고 되는 것이 아니다.

자연을 경외하지 않으면 결국 자신들도 존경받지 못함을 인간들이 곧 인식하게 될 것이다.

자신들의 한과 원을 끝까지 추구하여 지구라는 자연의 소중함을 더 이상 간과한다면 인간들의 한과 원으로 말미암아 우리 모두가 공멸하게 될 것이다.

각자의 한과 원을 스스로 푸는 훌륭한 영혼들이 곧 만물의 영장이라 불리는 사람들이 아닌가.

성인이 이 땅을 거쳐 간 것은 모든 인류가 성인이 될 수 있다는 당위성이 있음인데 너와 나를 나누는 분별심 만이 잘 살 수 있는 덕목이라 생각하는 대다수의 사람들로 말미암아 한과 원이 인간세계에서 끊이지 않고 그 한과 원을 푸는 장이 된 이 자연은 더불어 한과 원으로 뭉쳐진 자연으로 변화하고 있다.

곧 사람들의 마음들이 자연을 만들고 있음을 왜 모르는지 답답할 뿐이다.

이제 자연은 더 이상 자연만이 아니요,

사람이 곧 자연임을 알고,

사람들이 자연스러운(서로의 존재가 서로를 살리는) 생명체가 되기를 빕니다.

진리를 치는(때리는) 이와 마음을 치는(때리는) 이

도道의 길로 접어들어 나는 두 종류의 도인들을 봤다.

한 부류는 성공한 종교인, 도인으로 비추어졌는데 주로 진리를 치는 도인들이다.

마치 자기가 석가님보다 예수님보다 더 높은 진리의 주인공이요, 그보다 더 나아가 선천의 하느님보다 더 높은 하느님이라고도 말들 하는 사람들이다. 그런 자칭 도인들에게는 많은 대중들이 몰려 들어가 큰 집단을 이루는 것을 보았다.

한 부류의 도인들은 '진리 아닌 마음'을 내려치고 있었는데 그런 분들 옆에는 사람들이 많이 몰려 있지 않았다.

그리고 그런 분들은 눈에 잘 뜨이지도 않았고 주로 혼자 계시다 지쳐 스스로의 길을 접고 세상 사람들과 어우러져 '진리 아닌 마음'들과 함께 살다 어렵게 얻은 진리와 원수 되는 것을 보았다.

사도邪道는 쉽지만 정도正道는 어렵다.

사도에는 많은 사람들이 몰려 널따란 16차선 고속도로처럼 느끼고, 정도에는 사사로운 사람들이 있기에 너무나도 어려우니 좁은 길처럼 느낀다.

있음의 욕망을 채우기 위해 찾아든 길은 편안하고 쉽다.

편안하고 쉬운 것이 나아닌 남에 의한 것이라면 반드시 나를 편안하게 해준 상대에게 노예가 된다.

있음의 욕망이 내 속의 없음을 만나게 되면 더없이 허망해지고, 더 나아가 있고 없음이 여여한 마음을 만나게 되면 모두가 고요해진다.

그 고요함에서 더 아름다운 세계를 창조하게 되면 나의 마음과 창조한 세계와 하나 되나니, 세상이 곧 나요, 나가 곧 세상이 되는 것을 경험한다.

내가 걸어온 길을 돌아보면 기적과도 같다. 아니 기적이다. 그리해서 지금 이순간도 기적이다.

이 길이 어려운 것은 나 스스로 나무의 가지치기 하듯 나 자신의 깊은 습을 잘라야 하기에 그러하다.

모든 것은 자유선택이다.

나의 지난 습을 가지고 가면 도중에 나무전체가 두 동강 나는 경우가 온다.

미리미리 옆으로 뻗은 가지를 쳐 놓으면 곧고 바르게 하늘로 향한 큰 거목이 될 수 있는데….

생활이 도道라고 느낄 수 있을 때까지

첫째 과거의 가짐이 없어야 한다.

아직도 마음 속에 미운사람, 고운 사람이 남아있고, 좋은 것, 나쁜 것이 남아 있다면 과거가 현재를 가리고 있다고 보면 된다.

둘째 남이 없어야 한다.

세상의 희로애락이 나의 희로애락이 되어야 한다.

세상 사람들이 아프면 나도 아프고, 슬프면 나도 같이 울고 애달파 하고….

나는 아직까지 눈물이 많다. 이 세상에 아픈 사람, 슬픈 사람이 많으니

나의 눈에는 항상 눈물의 흔적이 남아있다.

셋째 생활에서는 '~뿐'만이 있어야 한다.

~할 뿐! 한 것에 내가 했으니 이런 결과가 있어야 한다는 기대를 해서는 안 된다.

마음공부시 필수적인 관법觀法

보통사람들은 항상 남과 나를 적군과 아군으로 구별한다.

그래서 나에게 이로운 것은 아군이요, 남에게 이로운 것은 적군이라 규정한다.

이런 습관이 마음공부의 장에 와서 남이 나보다 더 높은 경지를 경험하면 본능적으로 남에게 이로운 것이니 그 사실자체를 적군으로 규정하고 고통스러워한다.

마음공부를 잘하려면

1. 남과 나를 구별하는 습관을 반대로 생각하라.

즉 남이 곧 나라서 남에 좋은 일은 나에게 좋은 일이라 생각하고 오히려 나에게 생긴 좋은 일은 원수에게 좋은 일이라 생각하라.

2. 나의 마음에 일어나는 일을 마치 도둑이 들어오는 듯 생각하여 잘 관찰하여야 한다.

일어나는 생각과 감정을 마치 큰 도둑이 들어오는 듯 잘 관찰하여 생각과 감정을 나와 동일시하려는 습관을 끊도록 노력하여야 한다.

위의 두 항목을 잘 새겨들어 마음공부 하는 데에 도움이 되었으면 합니다.

구별과 구분

구별은 너는 너, 나는 나! 이고

구분은 마치 30cm자안에 1mm, 2mm, 3mm처럼 모두가 하나의 자안에 있지만 서로 각기 다른 있음임을 인정하는 것이다.

구별심을 가지고 공부하는 자의 끝은 무기無己와 공병空病이다. 이 병에 한번 걸리면 처음에는 무정하였다가 우울증이 오고 급기야 도道한다는 명분아래 자신의 가치를 모른 채 자신과 남을 함부로 대하는 결과까지 온다.

구분심은 우리 모두가 하나임을 마음속 깊이 믿고 인정 하는 것으로 결코 상대의 허물과 실수를 상대의 것으로 국한 시키지 아니하고 우리 모두의 허물이라 생각하며 허물에 대한 이해와 용서 그리고 그 허물 있는 상대를 사랑하게 까지 된다.

돌아보자.

내 안의 구별심의 습이 얼마나 많은지.

그 딱딱한 구별심의 습을 뚫고 나오는 부처님, 하느님을 기다린다.

월요참선반

옛古이 없거늘
왜 옛사람古人이라 하는가?

온 바가 없거늘
왜 현재 사람現在人이 있는가?

바람이 일어
흘러간 곳을 왜 길이라 했던가?

길 아닌 길을 길이라 한 것은
길 끊어질까 염려하는
옛사람古人의 노파심이었다.

산하대지는 옛사람의 마음이요,
형상도, 그림자도 없음이
길 아닌 길이다.

연각緣覺(스스로 깨닫는 법)

흔히 연각緣覺을 벽지불, 독각이라 불리기도 한다.

　스스로 인연을 관찰하여 깨달음을 얻는 것을 말하는데 연각을 이루기는 정말 어렵다.

　그래도 방법이 있으니 나열해보기로 하자.

① 자신의 부족함을 인정하라.

자신이 항상 옳고, 그름이 없다고 생각하는 자는 연각이 어렵다. 반드시 다른 이의 도움을 받아야 공부의 진전이 있다. 자기도 틀릴 수도 있음을 고려하지 않으면 자심自心을 돌아보지 않는다. 자심을 돌아보지 않으면 자신과의 모든 인연이 스승이 될 수가 없다. 연각은 자신에게 오는 인연을 보고 깨닫는데 그 인연의 소중함과 인연이라는 스승을 모르는 자가 어찌 공부가 되리요.

② 나에게 고통을 주는 이가 바로 대자대비하신 부처님이요, 스승님이다.

고통이 없는 영혼은 곧 썩는다. 썩은 영혼은 마귀가 될지언정 결코 부처가 될 수 없다.

고통을 통해 내 영혼은 항상 각성해 있다. 그리고 나도 모르게 답을 찾게 된다.

나에게 고통을 주는 이의 인연을 알려 노력한다면 반드시 그 인과를 알게 될 것이다.

그리고 진참회의 눈물을 흘릴 것이다. 상대의 상처가 나의 상처보다 더 컸음을 알게 되는 순간 나의 무지함이 한없이 부끄럽다.

③ 무심은 무라서 무심이 아니다. 있음과의 반응 속에서도 무심이 되는 경지를 빨리 익혀야 한다.

대중 속에서 기도하고 참선하면서도 고요 속에 홀로 있음의 느낌을 얻어야 한다.

그것은 집중에 집중을 더 해야 느낄 수 있다.

백척간두에서 진일보 할 수 있는 것도 집중이다.

마음속에 일어나는 망상을 따라가고 망상이 내가 되어버리는 그런 경우는 절대로 무심의 경지를 터득할 수가 없다. 망상의 파도를 잠재워라. 일념으로, 화두로, 108배로….

생활의 달인처럼 달인이 되어야 한다. 그래야 어느 순간 탁! 깨우친다.

그렇게 깨달아도 연각자 밖에 되지 못한다. 연각자는 보살수행자에게는 한참 뒤진다. 연각자들은 대개 스스로를 최고인줄 안다.

있고 없음이 모두 원수다

마음공부한답시고 없음이 최고 덕목인줄 알고 무! 무! 라고 한 적이 있다. 그 끝이 있음인 줄 알기에는 그리 많은 시간이 지나지 않아서였다. 다음 나도 모르게 있음에 집착한 채 오랜 세월이 지나갔다. 없음이 도道인줄 알고 시작한 공부가 오히려 있음에 집착하고 있는 자신이 스스로 도인道人이라 착각하고 있는 한심한 자가 되었으니 …….

우리 수행자들이 다들 쉽게 빠질 수밖에 없는 함정이 없애는 수련이다.

그래서 '돌려드립니다'라는 해법을 찾았다.

마음이 일어날 때마다 일어난 마음을 '관세음보살 돌려드립니다.'라고 해보자. 이 마음은 있고 없음과 전혀 상관없는 마음이다.

수행할 때의 마음 역시 매우 중요하다. 있되 없음이요, 없되 있기도 한 것의 마음을 가져야 할 터인데, 많은 수행자들이 없음이나 소멸의 마음행위를 만든다. 마음행위 역시 업이 된다. 업은 현상계에 곧장 투영된다. 부정적 마음을 일으킨 업의 결과로 우울증이나 현실 생활이 궁핍해지기도 한다. 반대로 있음에 집착하면 어떻게 될까? 있음에 집착하면 집착하는 마음이 커져 있음이 소멸하여질 때 오히려 더 깊은 공심空心에 빠지고 무기심無己心에 빠진다. 허망함의 극치를 맛볼 수 있다.

수행은 그래서 선험자의 말을 잘 들어야 한다. 해 본 자만이 결과를 알 수 있다. 경험하지 않은 자의 말만 믿고 따르다가 낭패를 보는 경우를 허다하게 보았다.

다시 더 강조하면,
있음과 없음을 모두 여읜 마음이 진짜 주인이다.
그러니 수행할 때의 마음을 어떻게 가져야 할지도 가늠해야 한다.

간화선의 뜻

볼 간看 말씀 화話 고요할 선禪.

　말을 보는 한 가지 마음이 간화선이다.

　인연 있는 한 스님께서 무문관 수행*을 한 뒤 공부살림을 평
가하는 말씀이

　"스님! 이제 말이 보여요."였다.

　무문관 한철 수행으로 간화선의 참 뜻을 꿰뚫었던 것이다.

　본다는 것 자체가 우리의 자성이다. 즉 나의 부처님이신 것
이다. 오온을 떠나 결코 부처님을 찾을 수 없다. 왜냐하면 그
오온이 부처님이시기 때문이다.

　부수고 폭파하고 염산 뿌리고 창칼 있는 입안으로 들어가고
하는 그 형상과 형상을 보는 이가 바로 부처님이신 것이다. 즉
진리라는 말이다. 진리를 일러 하느님, 부처님, 알라, 여호와 온
갖 미사여구를 붙여 형이상학화한다. 그런데 그 형이상학은 바
로 형이하학이기도 함을 알 때 거룩한 상과 비천한 상 모두가
무너진다. 즉 분별심을 일으킬 필요를 못 느끼게 된다. 그래서
쉰다 생각을.

　그때 우리는 진리와 하나 된다.

---

*　동안거·하안거 90일 수행을 독방에서 문을 외부에서 잠그고, 하루 한 끼
　음식물을 드리는 작은 구멍만 뚫어놓은 수행공간에서 홀로 수행하는 것을
　말함.

보는 이를 또 부수려 한다.

정말 어리석고 무모한 짓거리다. 모르니 그리한다. 세상은 광명천지다. 진리가 없는 것이 아니다. 미숙한 진리놀음 역시 복이 있을 때까지 만이다. 모든 것은 다 때가 있다. 대중들이 영원히 어리석은 단계에만 머물 것 같지만 그렇지 아니하다.

대중의 영성이 높아지면 하느님놀이, 부처님놀이도 그만이다. 그 놀이가 얼마나 가겠는가!

공과 색을 분별치 말자.

공이 색이고 색이 공이다.

쉽게 생각해서 얼음이 녹아 물이 되고 물이 증발해서 구름이 된다.

다 물이라는 자성은 그대로다. 마치 이와 같다. 우리의 중생성과 불성 또한 이와 같다.

이것을 안자가 어찌 나만 하느님, 부처님이라 할 수 있을런지.

평등성지의 깨달음을 얻지 못하면 '나는 하느님의 하느님이요, 부처님의 부처님이다.'라는 소리도 할 수 있다.

진리는 하나이고 그 하나조차 없는 것을 참이라 한다.

우리 대중들은 아직까지는 생불生佛을 보지 못한다.

왜?

자신들이 아직 성불成佛하지 못했기 때문에 그렇다.

내가 깨달으면 온 세상이 다 부처님이시다. 다 하느님이시다.

결코 교만한 마음이 들 수가 없다.

소꼬리 구경만 한 사람들의 특징이 하느님 타령이요, 부처님

타령이다. 소와 한판 상사판 씨름을 해봐야 한다.

소 길들이기가 그리 쉬우면 소꼬리 본 사람마다 다 성불했을 것이다. 왜 사아승지 천억 겁의 수행기간이 필요했는지 해본 사람만이 안다.

소도 사람도 없는 경지는 무애자연인이다.

그런 삶을 사는 이가 얼마나 귀한 줄 아는가?

색계, 무색계를 다 뒤집어보시라. 얼마나 귀한 지.

그리 귀하신 분이 자신을 나투신다.

평범한 여염집의 한 아낙으로, 평범한 차림의 옆집 아저씨로.

그리고 내가 가장 힘들어 할 때, 내가 진리에 목말라 할 때 감로의 법문을 번갯불처럼 빠르게 밝혀주시곤 바람처럼 사라진다.

사라진 뒤에는 우리는 모른다. 그 분의 은혜로움을.

이것이 입전수수이다. 마음공부의 마지막단계인 것이다.

기후변화시대의 명당

IMF사태 전후에 강화도의 어느 산에서 기거하고 있었다. 그 때 기억으로 서울·인천지역에 며칠 동안 엄청난 폭우가 내렸었다. 벼락 천둥이 쏟아지던 어느 날 밤, 산의 숲 전체가 미끄러져 내려오는 광경을 보게 되었다. 우리나라 산들의 지표면은 생각보다 깊지 않다. 폭우로 물기를 많이 머금은 지표면 전체가 슬러시화 되어 산 전체가 미끄러져 내려올 때, 기이한 소리와 함께 바위와 뿌리째 뽑힌 나무들이 계곡으로 쏟아져 내려오는 광경을 보았다.

작은 산길들이 물길이 되고, 물길의 폭이 넓어져 계곡으로 바뀌어져가는 것을 목격했다. 산에 살면서 알게 된 것은 3~400mm이상 되는 폭우가 2~3일 계속 내리면 산의 작은 길들이 물길이 되고, 물길이 점점 넓고 깊어져 계곡이 된다는 것이다.

한때 도道닦는 수행자들이 명당 터를 찾아 공부하곤 했었다. 나 역시 10승지라 불리는 곳을 찾아 헤매기도 했고, 바위산들이 많은 곳을 찾아 공부하기도 했었다. 그때 만난 도인道人이 말씀하시길 앞으로의 시대에선 명산, 명수가 명당이 아니고 선법善法(불교를 달리 부르는 이름)을 가르치는 분 옆이 명당이라는 것이다.

산 사람이든, 죽은 이의 혼백이든 선법과 인연 맺는 것이야말로 명당을 차지하는 것이다.(기후변화시대에 굳이 지리적 명당을 찾는데 힘을 쏟을 필요가 없다. 그보다 바른 공부를 할 수 있는 인연이 바로 명당이다.)

네 가지 업業

밀린 상담일정을 하루 만에 하느라 여러분들과 상담을 했다.

① 이유 없이 아픈 사람-종합병원의 정밀검사에서도 원인을 찾지 못한 병을 앓는 사람의 고통.

② 50년의 가업이 단번에 부도가 나서 어려움에 처한 사업가.

③ 투자금액을 몽땅 다 날려 생활비조차 없고, 자기 말을 믿고 같이 투자한 가족들과의 갈등.

·············.

상담을 하다보면 두 가지 마음이 생긴다.

먼저 공감의 마음이요, 냉철한 이성의 판단이 필요하다는 마음이다.

고통을 공감하는 것이 먼저이고, 해결책은 뒷일이다.

왜냐하면 해결책은 다 본인들이 가지고 있다.

그들에게 필요한 것은 위로요, 공감이다. 내 고통을 나만 아는 것이 아니라 남들도 알고 있음으로 해서 오는 위로가 큰 힘이 된다.

그리고 그곳에서 희망을 심어주는 것이 상담자의 일이다.

세상 업을 4가지로 구분한다면 이와 같다.

① 나도 괴롭고, 남도 괴로운 세상을 만드는 업

② 나는 좋고, 남을 괴롭히고 불행하게 만드는 업

③ 나는 나쁘고, 남을 행복하게 만드는 업

④ 나도 좋고, 남도 좋게 하는 업

①번은 지옥을 만들고 있는 업이다. 지옥은 선근이 없어서가 아니라, 무지無知에서 오는 것이 더 많다. 그래서 모르고 지은 죄가 더 지중하다. 무엇보다 무지를 타파해야 한다.

무엇보다 내가 무지한지 자신을 돌아보자.

②번은 독선가이다. 나는 좋고, 나는 선하고, 나는 옳다. 남들은 다 나쁘고 틀리고 옳지 않다.

바로 마구니요, 악마이다. 이 악마는 자신이 천사, 보살인줄 안다. 그래서 살아서나 죽어서나 옳은 사람, 선한사람을 악마 취급하며 그들과 다툰다.

③번은 상근기의 보살이다. 자신이 악마이든 틀린 이든 상관하지 않고 열심히 남들의 행복을 위해 행을 하는 상근기의 보살이다. 자신이 잘하면서도 자신이 잘한다는 생각이 없으니 자신이 틀렸을 줄도 모른다고 생각하지만 사실은 진정 옳은 이다.

④번은 보살도를 처음 행하는 이의 업이다. 나도 좋고 남도 좋고….

우선 이것부터 실천하자.

걷기와 기도 함께 하기

30년 수행자의 길을 가면서 확실히 추천할 수 있는 것은 기도 공덕은 절대 헛될 일이 없다는 것이다. 정말 무지하게 추웠던 어느 겨울시즌에 산속 움막에서 죽을 시간만 기다리고 있었는데 마지막까지 『금강경』독송하다 죽을 것이라고 『금강경』독송기도를 열심히 한 적 있다. 기적같이 나를 구하러 와 준 이가 있었고, 현실적으로 곤경에 처해 어찌할 바를 모를 때도 『금강경』기도에 매진했다. 꿈속에 관세음보살님께서 나타나셔서 헤쳐 나갈 방도를 일러 주었는데, 내가 실행하지 않으니까 시키는 대로 하지 않는다고 꾸짖기를 세 번이나 하셨다. 결국 일러주시는 대로 해서 곤경에서 벗어난 적이 있다.

참선공부하시는 수행자들은 염불기도를 낮은 근기의 수행으로 볼 수도 있다. 나도 한때 그런 적이 있으니, 그런 관점을 가진 수행자를 나무라고 싶지는 않다. 하지만 염불기도, 경전 독송기도도 함께 병행해보시라 권하고 싶다. 현실적으로 공부나 살림이 훨씬 나아진다.

우리의 뇌 깊은 곳에 해마hippocampus와 편도체amygdala로 불리는 장기가 있다. 해마는 기억과 감정조절을 다루는 영역이며, 양측 측두엽 중 우측영역이 주로 평생 모든 기억을 담당하며, 좌측영역은 최근기억을 담당하는 영역으로 알려져 있다. 편도체는 일명 두려움의 그물이라고 불리며, 공포 및 불안을 담당하는 영역으로 주로 알려져 있다. 둘 다 감정과 관계있는 기관인데, 우리가 스트레스 받고 화가 났을 때 활성화되는 것이 편도체이고, 마음이 고요해져 창의적 사고력을 발휘할 때, 몸의 가장 기본적인 컨디션을 조절할 때는 해마가 활성화 된다.

화가 나면 당연히 판단력도 떨어지고 몸의 컨디션도 나빠지게 된다. 그러다 걷기를 하면 해마의 기능이 활발해진다. 몸의 컨디션도 좋아지고, 창의적 사고력도 활발해진다. 그래서 어려운 일이 닥쳐 방도를 찾을 때는 걷기를 하게 되면 좋은 방도를 찾게 된다. 그래서 이태리속담에 "걸으면 모든 것이 해결된다."는 말도 있다.

특히 인간의 뇌는 크게 대뇌, 간뇌, 뇌줄기(중뇌,소뇌,교), 척수로 구성이 되면 모두가 외부는 단단한 뼈와 내부은 하나의 액상으로 보호가 되는 인간의 감각(지각), 운동, 혼합신경으로 연결이 되어 신체의 특정부위를 기능을 수행을 담당한다. 외관상으로는 뇌의 이상반응을 평가하기 위해서는 의식, 자세, 보행, 식욕, 생활리듬, 감각, 사회성, 상황판단의 역할 등을 담당한다. 걸으면 모든 장기가 원활하게 움직이며, 장기 기능 활성과 성인 체중 60㎏ 계상을 할 경우 약 70%가 물로 구성이 되어 있으며, 중추신경과 말초신경을 활성화시켜 말초근육조직으로 에너지를 공급하여, 몸속의 약 42㎏의 물을 맑은 미세환경구조로 만들어 당뇨, 고혈압 등의 성인병을 예방을 하게 된다.

나는 내가 기도한 것을 녹음해서 걸으면서 듣는다. 신묘장구대다라니 7독, 반야심경, 이산혜연선사발원문, 화엄경약찬게, 『금강경』을 하게 되면 1시간쯤 걸린다.

걷기와 기도를 병행하니 몸의 건강도, 기도공덕도 함께 쌓아간다. 걷기와 기도 병행시간에 월요수업에 쓰일 법문도 영감으로 떠오른다. 현실적 어려움이 있을 때나 마음공부에 진척이 없을 때 걷기와 기도병행을 추천한다. 그 이유는 아마도 몸속 혈액 산소포화도가 좋아져서 유산소 운동으로 뇌에 산소공급이 원활하게 하여 뇌의 기능을 향상됨을 알 수가 있다.

걷기운동 전도사

삼평리 주변 농로 길을 걸었는지 2년이 지났다. 오늘은 드디어 앞집 보살님께서 걷기 시작했다. 처음 걷기 시작했을 때부터 밭에서 일하시는 모든 분들에게 깍듯이 인사드렸다. 외지인이 와서 과실나무 밭(수확기에는 길가까지 복숭아, 사과, 감나무 가지들이 뻗어나 있다.)을 헤집고 다니면 신경들이 쓰인다. 2년째 걷고 있는 요즘은 다들 반가워하고 심지어 할머니들께서는 붙잡고 호구조사를 하신다.

나의 걷기운동으로 주위 이웃들의 걷기운동으로 함께하는 이웃 공동체를 자연스럽게 만들어서 상호 서먹한 분위기를 가족 같은 이웃사촌으로 환경구조로 바꿀 수 있는 계기가 된 것은 큰 얻음의 기쁨이다. 병원의 약 처방도 중요하지만 건강에 가장 큰 영향을 끼치는 것은 건강이 나빠지기 전에 예방을 하는 것이 걷기운동인 것 같다. 운동 중에도 걷기가 일반인들 포함하여 근육쇄약을 보이는 노인들의 체력에 가장 부담 없이 시작할 수 있는 것 같다.

나에게 걷기운동을 추천한 이는 노화연구에 몰두하는 경북대학교 (전)수의과대학장/줄기세포치료기술연구소장 정규식 교수 이다. 여러모로 어려운 가운데 한 분야에 우뚝 선 입지적 친구인데 우연히 대화중 나에게 걷기운동을 추천한 걷기전도사이다. 그는 평소 출. 퇴근 시간을 활용하여 오로지 걷기운동으로 뱃살과 체중을 약 15㎏를 줄인 친구이다. 한편으로는 나의 몸이 굉장히 안 좋을 때 친구가 부럽기도 하고, 고민 끝에 이것이야 말로 내가 할 수 있는 복잡한 몸을 청소를 해야 한다는 판단이 섰다. 나와 동갑나이인 친구의 혈압은 평균 110~115/60~70 이다. 맥박 수는 65~72 이고. 아마 길가에서 만나게 되면 동갑나이에 비하여 30~40대로 보일 것이다. 매일 새벽 2시에 잠을 청한다는 이야기를 듣고 평소에 규칙적인 생활습관이 생체기능을 건강하게 유지할 수 있는 유일한 것이라고 생각을 하며 생활 철학으로 삼아서 이제는 몸의 컨디션이 많이 좋아진 점을 늘 감사하게 생각을 한다.

또한 나의 걷기운동이 나의 건강회복은 물론 이웃들에게 영향을 끼치기 까지 2년이 걸렸다. 세상을 바꾸려는 자, 먼저 자신을 바꾸고, 변화된 자신으로 꾸준히 행行을 해야 한다. 그러면 어느 날 세상은 스스로들 바꾸어진다.

그래서 도道를 행行이라고 한다.

걷기와 치매와의 상관관계

많은 연구결과 걷기와 치매발생과는 아주 깊은 연관이 있다. 60세 이상 3,900명을 상대로 외국에서 연구한 결과를 인용해 보면 2년 사이에 걷는 속도가 떨어진 대상자의 치매 발생률이 높았으며, 50세 이상을 대상으로 한 연구결과 보행속도 감속 시 12년 후 치매가 발생했다고 한다. 한국연구에선 2,000명을 대상으로 한 연구결과 보폭이 1m/1초에서 0.84m/1초로 떨어진 결과 치매가 발생할 확률이 높다고 한다. 치매라 함은 일명 알츠하이머라고도 하는 질병은 뇌에 베타아밀로이드 침착으로 뇌세포를 파괴하여 형태학적으로는 뇌의 용적이 줄어듦을 알 수가 있으며, 이는 뇌 위축으로 인한 뇌세포의 소실로 인지능력과 기능부전을 불러 올수가 있다.

걷는 것이 사물의 인지능력, 판단력과 밀접한 관계가 있음을 알 수 있다. 나의 경우 하루 7-10km를 걷는다. 평소 10km를 걸었지만 백신을 맞고 나서는 7km로 줄였다. 몸의 피로도가 높아져서 줄이기로 했는데 꾸준히 걷기는 하고 있다.

7km를 걸으면 약1시간25분정도 걸린다. 보행속도는 5km/h 이다. 평소 걷는 보폭보다 5-10cm 더 늘려서 걷는다. 물론 걷기기도 끝은 일체중생의 성불과 인연 있는 모든 이들의 건강과 행복을 위하여 회향하는 것이다.

여기서 한 가지 덧붙인다면 근력운동도 병행했으면 한다. 근육을 사용하면 할수록 근육섬유의 크기가 증대하여 체중대비

말초 근육조직 덩어리를 증가하여 서 혈중 포도당 성분을 태워서 혈액을 맑게 하여 당뇨병 및 성인병 예방을 할 수가 있다. 나의 경우는 걷기 중에 팔굽혀펴기를 할 수 있는 공간이 생기면 108배하는 마음으로 36회 팔굽혀펴기를 한다. 그렇게 3회를 하면 108회를 하게 된다. 집에 와서 샤워하기 전에 아령과 완력기로 근력을 한 번 더 다진다. 사람마다 운동 강도는 다 다르다. 자기 몸에 맞게 운동을 하면 된다. 나는 이렇게 운동할 수 있는데 2년 정도 걸렸다. 매일 꾸준히 하려고 노력했다. 비올 때 대비해서 우의도 준비해두었으며(비올 때는 사실 빠진 날들이 많았다.) 가능한 매일하려고 노력했다.

기도와 걷기운동은 꾸준히 그리고 식후에 하는 것이 매우 중요하다. 그렇게 나는 조금씩 나의 업장을 녹였으며, 세상 모든 존재에 대한 공덕을 조금씩 쌓아갔다. 어떤 행위이든 누구를 위해 한 것이 중요하다. 나는 모두의 성불과 행복을 위해 하였다.

이렇게 할 수 밖에 없는 이유는 '나'란 존재가 이 몸의 '나'만 나만이 아니었음을 알았기에 이런 걷기기도를 할 수 밖에 없었다. 알고 하는 것이나, 하고 나서 아는 것이나 효과는 같다. 깨달았다고 자만하지 말고, 깨달았으면 행을 해야 한다. 그 무엇이든.(남을 위해)

배움은 도道, 진리眞理를 위함이요, 도道를 아는 것은 깨달음을 얻기 위함이요, 깨달음은 행하기 위함이다.(모두를 위한 행)

단상

1. 나이 들어가며 사는 법에 대한 고찰

어느 날 J교수와의 커피타임에서 '우리는 잘못하면 120살 이상 살지도 몰라.'라는 말이 나왔다. 줄기세포를 연구하는 J교수의 말은 헛된 말이 아닐 것이다 싶었지만 늙고 병든 몸으로 오래 살고 싶은 생각은 없다. 오래 전 이누이족과 가까운 알류트족이 살던 알래스카에서는 가죽을 부드럽게 하는 작업을 하지 못할 만큼 이가 빠진 노인을 집에서 멀리 떨어진 곳에 방치해서 북극곰의 먹이가 되도록 한다. 그리고 그 곰을 다시 사냥해서 가족들의 양식이 되도록 하는 풍습이 있다고 들었다.

자연의 순환에 적응하며 살아온 알래스카 원주민들의 생활양식이었지 아닐까 싶다. 자고로 노인이 한 명 죽으면 도서관 하나가 없어진 것과 같다고 한다. 노인에게서 얻는 지혜는 인간이 인간다워 질 수 있는 길이었다. 하지만 현대사회에 와서 노인은 점점 젊은이들의 짐이 되어 간다. 변화의 폭이 증대됨으로 노인의 역할은 사회의 긍정적 요소로 작용하기 보다는 사회의 공공지출을 증가시키는 요소로 되어간다.

인류가 선택한 삶의 방식이 물질적, 자본적으로 변화됨에 따라 물질적 가치만 논하게 되면 노인의 역할이 들어설 공간이 점점 없어진다. 노인과 어린이 또는 젊은이들과의 교감이 일어날 수 있는 공간이 있다면 우리의 후손들은 더 현명해 질 것이고, 삶의 고유한 가치에 집중하여 오히려 사람이 하늘에 더욱 더 가까워지는 도덕적 인간사회가 되지 않을까 생각해 본다.

50세에 천명을 알고, 60세에 세상의 모든 소리를 순하게 들을 수 있고, 70세에 어떠한 마음을 내어도 하늘의 뜻에 순응한 마음을 낼 수 있어야 한다고 들었다. 젊은이들에게 존경받는 노인이 되는 것이 그리 쉬운 일이 아니다.

집안에 책이 있고, 공부하는 어른이 있으면 아이들은 저절로 책과 가까워지고 공부에 흥미를 느끼고 학구적인 아이로 자란다고 들었다. 이 사회에 자본주의의 폐해가 있는 이유는 다 지금은 노인이 된 자들의 업의 소산이다. 모든 가치를 돈에만 두다 보니 이런 사회가 된 것이다. 잘못을 알았으면 잘못을 고치는 모습을 후손들에게 보여야 한다. 돈보다는 더 가치 있는 것에 집중하는 모습을 보여야 한다. 그래야만이 우리들의 후손들이 돈보다 더 가치 있는 것에 시선을 돌릴 것이며 사회가 아름다워질 것이다.

탐진치 삼독을 바꾸는 가장 첩경은 진리를 공부하는 것이다.

왜 사는지, 이 세상이 왜 존재하는지, 더욱 들어가 나는 누구인지 아는 것이 진리를 공부하는 길이다. 진리만이 우리들의 영혼을 자유롭게 한다. 삶의 끝부분에 눈에 보이는 것에 더 이상 마음 빼앗기지 말고 내면의 세계로 관심을 돌리는 명상수행을 추천한다. 자기를 알아야 자기다운 삶을 살 수 있다. 자기다운 삶을 살 때 젊은이들은 노인들의 모습을 보고 따라 배운다.

마지막 가는 순간까지 공부하여야 한다. 공부하는 모습을, 그리고 공부한 바를 실천하려는 모습을 후손들에게 남겨야 한다. 그리하여야 우리 인류사회가 지구상에 존립할 수 있는 자격을 갖출 것이다.

2. 마음 간 곳이 내 세상이다.

마음이 과거에 있으면 관념적이 되고, 미래에 있으면 좋은 말로는 이상적이라 한다. 관념이란 생각 속에 살며 생각에 집착하는 것이다. 옳고 그름이 과거에 있는 자이라 이 순간을 놓치는 자이다. 가장 실용적인 사람은 현재에 집중하고 있는 사람이다.

과거는 지나가고 없고, 미래는 아직 오지 않았다. 눈앞에 마음을 두지 않고 마음을 과거나 미래로 보낸 자는 현세를 살아도 현세에 산 것이 아니다. 내 앞에 나타난 이들을 유심히 보다 보면 그들의 전생이 가늠된다. 말馬·소·개·뱀·새 등들이 보인다. 사람의 모습을 하고 있지만 전생의 습들이 나타난다.

법문을 들을 때 잠자는 이는 뱀의 생이 많았고, 땅을 파고 있는 이는 지렁이였고, 나무를 만지고 있는 이는 원숭이였고, 하늘을 쳐다보고 있는 이는 천문을 관측한 이였다고 한다.

500생 동안 진리를 찾던 수행자는 그 날 한 번의 법문을 듣고 수다원과에 들었다고 한다. 똑같이 부처님의 법문을 듣는 야단법석에서 생긴 일이다. 결국 부처님의 법문을 들어도 성인이 되는 이가 있는 반면 사람의 탈을 썼으면서도 전생의 습으로 인해 깨치지 못한다.

그래서 '道도는 반복이다'라고 말한다. 현재에 집중하는 습을 길러야 한다. 그것을 수행이라 부른다. 오늘 아침은 친구가 추천한 정목스님의 유나방송을 보며 이런 글을 남긴다.

명상수행과 뇌파에 대하여

불교명상수행을 달리 이야기하면 지관止觀수행이다.

먼저 그칠 지止는 마음의 분별행을 그친다고 보면 된다. 마음 짓이 그치게 되면 우리의 뇌파는 점점 떨어진다.

우리가 평소 활동하고 있을 때의 뇌파는 β(베타)파이다. 12~20hz사이인데, 불안감과 스트레스를 받을 때 나타난다. 보통 수동적인 활동을 할 때는 SMR파로 12~15hz이다.(일상생활의 80%는 이런 사이클에서 이루어진다.) Mid-beta파는 15~18hz, High-beta파는 20hz이상이다. 우리가 새로운 일에 접했을 때 β파가 출현한다.

명상의 시작은 α(알파)파 상태이다. 8~12hz사이인데 평균은 10.3hz이다. 의식도 무의식도 아닌 상태로서, 낮잠을 자는 상태인 백일몽이나 환상을 보는 상태이다. 편안한 자기수용, 자기인정이 일어나는 상태이다. 창작을 하는 예술가들의 뇌파로 알려져 있기도 하다.

알파α파에서 더 고요해지면 세타θ파(3~7hz)이다. 7살 이하의 어린이들에게서 나타나는 뇌파이다. 수행자들이 의미 있는 명상에 들 때 나타나는 뇌파와 어린아이의 뇌파가 같음을 두고 예수님께서는 '너희가 어린아이와 같지 아니하면 천국에 오지 못하리라.'라고 하셨고, 부처님 오신 날의 행사들 중에 7세 이하의 어린아이를 삭발염의 시켜서 동자승을 만들고 '큰스님'으로 모시는 의미도 여기에 있다. 지난 수행 기간 중에 내가 만난 여러 큰스님들의 특징은 천진하셨다는 것이다. 뇌파가 어린아이들과 같으시니 천진한 모습이 나타나셨던 것이다.

세타θ파보다 더 고요해지면 델타δ파이다. 0.5~2hz사이로 깊은 수면상태이다. 보통 4hz이하로 떨어져야 성장호르몬이 나온다고 한다. 우리가 성장하면서 어린아이의 수면상태를 놓치게 되는 순간 성장호르몬의 분비는 나오지 않는다. 출가한 후 6개월 지난 뒤 신체검사에서 키를 측정했는데 2cm가 커져 있었다. 50세에 키가 커진 이유를 나 나름대로는 108배수행과 δ뇌파의 결과가 아닌가 결론지었다.

마지막으로 ɤ(감마)파이다. 40hz이상의 고도로 집중한 상태인데, 의외로 램수면 시에 나타난다. 램수면은 급속안구수면이라 해서 잘 때 눈동자가 활발히 운동하는 상태이다. 근육은 완전히 이완된 상태이지만 뇌는 활성화된 상태로 호흡과 심박활동은 깨어있을 때와 유사하다. 보통 3개월 미만의 유아와 고도의 수행자에게서만 나타나는 파라고 알려져 있다.

예전에 서울 강남지역에서 몸에서 나오는 파장을 통해 몸의 질병을 체크하는 사진기(?)로 여러 수행자들과 사진을 찍어 본 적이 있었다. 그런데 몸의 질병뿐만 아니라 수행의 정도도 체크할 수가 있었다. 도명道名이 '아인'이신 분의 인당에서 초록색 빛이 나타난 것을 보았다. 초록색 빛은 치유의 빛이라고 사진사(?)분이 말씀하셨다.

내가 찍을 때는 사진기가 고장이 났다고 했다. 그래서 내가 다시 찍자고 해서 다시 찍었을 때는 정상적으로 나왔다.(사실 처음 찍을 때 공심으로 찍었다. 사진화면이 온통 하얀색으로 나와 사진사가 고장 났다고 했지만 나는 나름대로 시험을 해보았다.)

지금 시대는 마음공부의 장이 과학적, 학문적이어야 한다. 과학적이라 함은 증명되어야 하고 보편적이어야 한다는 뜻이다. 신비체험을 신비의 상태로 두면 맹목적 신앙이 되기 쉽다. 우리 모두가 다 부처요, 하늘일진대 신비함에만 머물지 말고, 신비함을 이해하고, 또 대중들에게 신비함을 과학적, 학문적으로 이해시켜야 한다.

나는 이렇게 공부했고, 다른 부처님들에게도 이렇게 공부하시라 청한다.

신성神性 또는 불성佛性을 만나는 순간

내게 일어난 불가사의한 일들을 돌아보았다. 왜 내게 그런 일들이 일어났을까? 그때의 상황들을 숙고해보면 이와 같다.

가야산과 모산재에서 일어난 일들을 곰곰이 생각해보면 그 당시 나의 마음은 모든 것을 포기한 상태였다. 왜 禪의 실천 항목에 대포기大暴棄가 있는지 가늠할 수 있는 대목이다.

참선시간에 종종 이야기 했던 것이 컵 속의 바람이 우리의 영혼, 마음이라 칭하였을 때 그 바람을 잠재우는 순간 안과 밖의 경계가 무너진다는 것이었다.

내가 나를 포기했을 때 컵 속의 바람(아상·영혼·마음)은 잠잠해진 것이다. 그 순간 내안의 신성 또는 불성이 깨어나서 나에게 새로운 길을 제시한 것 같다.

인간의 의식은 5식·6식·7식·8식으로 이루어졌다.

5식이 잠잠해져야 6식을 만날 수 있고, 6식이 잠잠해져야 7식을 만날 수 있다. 7식이 7식을 스스로 포기해야 8식의 거대한 신성을 만날 수 있다.

5식과 6식이 쉴 때는 여러 가지 현상이 일어난다. 과거의 기억 중 생각지도 못한 것들이 일어날 수도 있고, 심지어 자기심중에 깊이 내재된 원들이 神을 빙자한 모습으로 나타나 자기만족과 새로운 아상을 설립하기도 한다.

수행자들이 하늘을 빙자하여 대중을 오도하는 이유가 여기에 있다. 숨겨진 야망이 진리수업이라는 범주 속으로 들어오게 되면 순수한 수행자들을 다치게 한다. 이런 일들이 주변에 비일비재하다. 한 수행자가 스스로의 마음에 속아 자신을 스스로 특별한 이로 인식하는 순간, 주변에 숭배자들이 생겨나게 되고 숭배자들이 집단을 형성하게 된다. 내가 알기로 우리가 보는 유명하신 선지식인들의 주변에서 흔히 일어나고 있다.

비판을 받지 않으면 바른 진리가 아니 일진대, 비판을 받지 않으려 비판하는 이를 멀리 내치고 숭배자들로만 주변을 만들게 된다. 수행자와 수행자의 주변이 고인물이 되는 순간 바른 도와는 인연을 끊게 된다.

지금 이 순간에도 자기가 속한 수행집단의 보이지 않는 강압적 폭력에 시달리고 있는 수행자들이 많을 것이다. 스스로를 믿지 못하면 남에게 의지하게 되고, 남에게 의지한 평화는 나의 평화가 아니다. 평화의 주인이 내가 아니라 그들이다. 이런 현상은 결코 바른 도가 아니다.

그럴 바야 무소뿔처럼 혼자서 가는 것이 훨씬 좋다. 나도 처음에는 여러 스승님들을 거쳤지만 때가 되니 혼자가게 되었다. 요즘 시대는 예전과 달리 마음만 먹으면 바른 법문을 들을 수 있다. 내게 원과 한이 없으면 바른 법문과 삿된 법문을 금방 가려낼 수 있다.

민주시대에 살면서 나의 평화를 남에게 의지하지 말자. 내가 주인이 되면 모든 것이 다 진리가 된다.

수능을 앞 둔 나의 미래들에게

내일이 수능시험일이라 다들 긴장되어 있으리라 본다. 가보지 않은 길을 갈 때보다 한번 간 길을 갈 때는 두려움 없이 편히 걸을 수 있다. 한 번 다녀온 사람의 이야기라 생각하고 보아주었으면 한다.

가장 좋은 방법은 무심無心적 사고와 행동이 우리를 가장 현실에 이상적으로 대비케 하지만, 그 방법을 모르니 차선의 방법을 제시하고자 한다.

눈앞의 일이 부담되었을 때는 더 큰 것을 생각하라. 오늘은 내 일생의 수많은 날들 중에 하나일 뿐이라는 것을 생각하고, 지금 치르는 수능시험은 내 일생의 치러야 할 수많은 시험 중에 하나 일 뿐이다.

이런 생각을 하게 되면 현실의 긴장감에 나도 모르게 집착하는 마음 짓이 그치게 된다. 우리가 집착을 하게 될 때는 걱정과 스트레스가 생기고, 나를 잊고 몰입하게 되면 지혜와 에너지가 생성된다. 무엇보다도 수능에 대한 걱정을 놓아라.

내가 한 노력보다 적은 점수가 나오리라는 생각은 절대 하지 마라. 설사 그렇게 되더라도 너희가 한 노력은 이 세상에서 절대 사라지지 않는다. 언젠가는 반드시 너의 인생에 결과물로 나타날 것이니 그런 걱정은 절대 하지마라.

이번 기회에 각자의 마음속에 거하고 있는 신성, 불성에 맡겨보아라. 우리 모두에게 전우주적 존재와 일체인 본성이 있다. 그를 일러 부처님, 하느님이라고 부른다. 이번 기회에 지극한 마음으로 나의 부처님, 하느님에게 자신을 맡겨 보아라.

이렇게.

"나의 근심, 걱정. 나의 행복, 나의 불행까지도 부처님(하느님)께 다 맡깁니다."

자력自力이 부족한 이들은 나를 행복하게 하겠다고 서원하신 관세음보살님께 맡겨도 좋다.

"나무 관세음보살"

"관세음보살님께 나의 모든 것을 맡깁니다."

진리의 삼위일체

천·지·인, 불법승, 성부·성자·성신 등등.
진리는 삼위三位로서 일체一體가 된다. 진리가 이 땅에 구현됨
에 사람을 세웠으니 사람이 이 땅에서 살면서 어떤 현실적 삼
위三位가 있을까 고찰해본다.

첫째로 마음이다. 마음으로서 본성인 진리에 도달해 간다.
사람이 이 땅에 있는 이유는 마음을 통해 진리를 찾고 확인하
며 이 땅에서 구현해가는 진리적 책무를 가지고 있다.
둘째, 마음이 담겨있는 몸을 위해 생산적 활동을 해야 한다.
생산은 분배의 반작용을 동시에 가지고 있다. 생산과 분배의
행위를 경제라고 부른다. 쉽게 말해서 돈을 벌어야 한다. 하지
만 그 돈을 버는 이유가 마음을 통한 진리구현이어야 한다는
당연지칙을 반드시 세워야 한다. 그렇지 아니하면 이 몸을 벗
어날 때 하늘을 가득 채우는 부끄러움을 만나게 될 것이다.
셋째, 마음공부와 경제적 활동은 반드시 법을 통해서 해야
한다.
법을 계율, 율법이라 해석할 수도 있고, 진리가 땅에 구현되
는 질서를 설명한 경전도 될 수 있다.

인생을 가진 자의 삼위일체는 마음공부와 생산과 분배를 위
한 경제적 행위, 그리고 법이다.

그 중에 제일 으뜸은 마음공부임을 명심해야한다. 하늘에 해와 달과 별이 있는 이유와 수많은 존재들과 연계된 나의 영속성이 존재하는 이유이기도 하다. 일체유심조란 단순한 이치를 이해한다면 왜 마음이 그토록 중요한가 이해할 수 있다. 결국 물질계는 마음에 의해 창조되기 때문이다.

| 제 14장 | 실참약설實參略說

후학들에게 도움이 될까 해서 30년간 실제로 수행한 실참 내용들을 차례대로 간략하게 설명한 장이다. 최대한 자세하게 설명하려 했지만 말로써 되지 않는 부분도 많아 안타까운 생각도 든다.

실참수행에 대한 전반적 고찰

제일 먼저 통찰지수행과 경전공부(이론)를 해야 한다. 다음 색계선정에 드는 수행을 하고, 관법觀法을 통해 본성을 알고, 본심을 체험해야 한다. 다음 무색계선정에 들어야 하며, 최종적으로 멸진정선정에 들어야 한다. 멸진정이 결국 공空의 가운데 자리, 공중空中이며, 열반의 자리이고, 법을 보는 법재관처法在觀處의 자리이다.

간략하게 요약하면 이렇다.
통찰지수행 + 경전공부 → 색계선정 → 관법觀法 → 무색계선정 → 멸진정

제행무상, 일체개고, 제법무아, 열반적정, 12연기법 등을 통해 세상에 대한 통찰력을 가져야 한다. 경전공부를 통해 오온五蘊 등에 대한 기초적 지식(유식학唯識學)과 마음이 하나씩 움직일 때 마다 움직임에 대한 본인만의 통찰력을 갖추어야 한다. 남이 이렇다 저렇다 하는 것을 받아들이기 힘이 드는 이 공부는 너무나도 주체적인 공부이다. 본인만의 기본적 통찰력을 갖

추는 것이 마음공부의 필수적 요소이다. 이 통찰력을 갖추지 않으면 사이비교나 사이비스승에게 제물이 된다.

색계선정에 들기 위해서는 수식관(호흡관)이 기초가 되어야 한다. 『안반수의경』을 추천한다. 최소한 6개월 정도는 실참 해 보기를 권한다.

다음 까시나수행이다. 까시나는 보통 10가지로 분류하는 데. ①백색까시나, ②적색 까시나, ③황색 까시나, ④청색 까시나, ⑤지地 흙 까시나, ⑥수水 물 까시나, ⑦화火 불 까시나, ⑧ 풍風 바람 까시나, ⑨광명光明 빛 까시나, ⑩허공 까시나가 있다.

까시나 수행은 위에 열거한 상대와 하나 되는 것이다. 개체에서 전체가 되는 수행인데 책의 뒷부분에 실참한 내용을 밝혀 두겠다. 까시나 수행을 하기 전에 수식관을 통해 니미따가 되어야 하는데, 니미따는 밝은 작은 빛이 생성되는 것을 말한다. 실참을 통하지 않고서는 니미따는 경험할 수 없다. 니미따를 경험하고 나서 읽는 경전이 실질적 경전공부라 해도 과하지 않다. 우리는 그냥 읽어서 경전을 읽는 것이 아니라 경전이 나를 읽어서 나를 잃어버리고 경전내용에 노예가 되어버리는 경우가 허다하다.

관법을 위빠사나라고도 한다. '관세음보살 감사합니다.'라고 염念하면서 '염하는 이는 누군고'라고 묻는 것을 추천한다. 나도 은사스님께 배운 방법이다. 가장 안전하고 효과 있는 방법이다. 마음공부하면서 잘못된 길로 빠지는 경우를 허다하게 보았다. 효과성만 보다보면 안전성이 떨어질 수도 있다. 안정성을 논하는 이유는 미칠 수도 있다는 말이다.

색계선정에서 초선初禪에 들 때에는 탐욕심과 멀어지며, 불선不善에 대한 자신도 모르는 마음들이 떨어져 나간다. 이곳에는 깨달음이 동반되며, 자신과 세상을 바라보는 관觀의 능력이 생겨난다.

이선二禪에 들면 깨달음과 관에 대한 집착이 떨어져 나간다. 고요한 마음에 머물며 오로지 너와 나가 없는 한 마음의 기쁨이 생겨나기 시작하는 단계이다.

삼선三禪의 자리에 들면 이선의 기쁨이 떨어져 나간다. 평등심, 평정심이 일어나 더 이상 구할 것이 없는 자리이다. 바른 생각, 바른 지혜가 발생하는 자리이며, 몸이 있다는 것에 대한 즐거움이 생기기도 한다. 이 때 공空에 대한 바른 인식이 생긴다.

사선四禪의 자리에 들면 즐거움도 괴로움도 다 소멸된다. 기쁨과 번뇌의 뿌리자체가 소멸된 자리이다. 청정심만 유지되는 자리이다.

무색계선정에 들기 위해서 가장 기본적인 것은 남자 · 여자라는 본능적 집착에서 벗어나는 것이다. 무색계선정의 가장 큰 특징은 시간이 없어지는 것이다. 찰나가 영원이고 영원이 찰나임을 경험한다. 무한하고 텅 빈 공간적 느낌을 경험하게 되고 나면 평소 사로잡혀있는 물질세계에 대한 인식이 없어지는 공무변처를 체험하게 된다.

여기에서 앎에 대한 마음의 작용이 끊어지는 순간을 식무변처이고, 더 나아가 있음에 대한 의식이 완전히 사라진 마음이 지속되게 되면 그 곳을 무소유처라 말한다. 이러한 인식이 있는 것도 없는 것도 아닌 경지를 비상비비상처라 하는데 이런 경지 역시 수행 중에 인식할 수 있는 경지이다.

멸진정에 대해선 우리의 오온五蘊 중에 수受와 상想에서 일어나는 일체의 마음작용이 그친 선정이라 쓰여 있다. 설명한 것이 더 이상 없다.

1시간 독서와 1시간 명상하기

나의 경우 밤10시~02시까지 1시간 독서(불교경전)를 하고 난 뒤, 1시간 정도 먼저 읽은 책의 내용을 화두삼아 찬찬히 마음속으로 음미했다.

3년 정도 한 것 같은데 이 수행을 할 때 머리가 폭발해서 우주가 되는 체험을 했다. 이 수행은 인격을 점차로 진리를 향하도록 하는 데 큰 역할을 한 것 같다.

이 수행이 나의 평생수행의 기초가 되었다.

안반수의법(호흡법)

『안반수의경』을 참조해서 6개월 정도는 집중적으로 하였다.

수식數息, 상수相隨, 지止의 단계- 들숨(안)일 때는 도道를 생각

하고 날숨(반)일 때는 맺힌 원결, 업장이 다 녹아내린다 생각한
다. 들숨날숨에 집중하는 것을 수의라고 하는데, 수의에서는
죄에 떨어지지 않는다고 경전은 해석하고 있다. 수식은 숨을
숫자로 세는 것을 말하는데, 10까지만 세는 것을 강조한다.(더
이상 세면 집착이 생긴다고 설명한다.) 수식에 집중하면 저절로 숫자
를 세지 않아도, 마음이 숨에 집중되는 시기가 오는데 그 상태
를 상수라고 한다. 상수가 되면 정신집중의 단계가 상승되어
마음 짓이 그쳐지는지의 단계를 체험할 수 있다.

관觀, 환還, 정淨의 단계- 지의 단계를 마치 부싯돌이 부딪혀
불꽃이 일어나는 단계라면 관의 단계는 불꽃이 피어오른 단계
라 생각하면 된다. 지와 관은 같은 단계이지만 깊이가 다르다.
환은 공의 실체에 접근한 단계이다. 정은 마음이 청정해졌다는
뜻인데, 우리가 순수한 마음, 청정심이라 부르는 실체심이다.

각자가 직접 실참 했을 때는 나의 설명과 다를 수도 있다. 도
道에 접근하는 것은 100인 100색이다. 각자의 업식에 따라 서
로 다르게 인식될 수 있다.

첫 화두 '부모미생전 본래면목父母未生前 本來面目'

'부모로부터 태어나기 전 나의 본래 모습은 무엇인가?'라는 화
두이다. 첫 번째 스승님이셨던 시일 박영만 선생님으로부터 받
은 화두이다.

이 화두를 타파했을 때의 상황은 이러했다.

민박하는 방안에 말리고 있는 감홍시를 맛있게 먹고 있는 도반의 모습을 보는 순간 '부모미생전 본래면목'의 화두가 깨졌다. 그 기쁨은 말로 형용할 수 없는 최고의 기쁨이었다.

훗날 도반들이 한 말씀하라고 하는데, 엉겁결에 한 말이 '감 속의 감이다.'라고 했다. 머리로는 하나인줄 알지만 마음 오롯이 모두가 하나라는 것을 받아들이는 것은 다르다. 특별한 수행을 하는 순간에 깨친 것이 아니고 그냥 평범한 일상생활 속에서 이루어진 일이다.(마음에 항상 '부모미생전 본래면목'을 되뇌고 있었고, 어느 순간 일상사와 관계없이 화두가 그냥 살아있었다.)

전생보기

화두를 깬 날밤, 나의 전생 50가지 정도를 보았다. 지금 기억나는 장면은 바퀴벌레, 쥐, 구렁이, 큰 소나무, 나무담장, 유럽의 사제, 글 읽는 선비, 공부를 마치고 하산하는 스님, 마지막으로 큰 종이 울리는 장면이 보였고, 구더기로 덮여진 육신의 모습이 해골로 변하고 해골이 바스러져 바람에 휘날릴 때 가루가 금가루로 바뀌는 것이었다.(보는 순간 이것이 내 전생이란 것을 알았다. 전생의 삶 순간순간의 희로애락이 다 느껴졌다.)

마치 움직이는 장난감의 태엽이 풀리는 것처럼 차례대로 전생이 풀려져 나왔는데, 아쉽게도 앞부분을 기억하지 못한다.

그것이 무엇인지도 모르고 여러 장면이 지나갔다.

유체이탈

이것을 천안통이라고 말해도 될는지 확신이 아직도 안 선다. 어떤 경계가 분명히 있었는데, 나의 경우는 첫 화두를 타파하기 전부터 오고가는 영체를 보았다. 잠잘 때 천정에 붙어서 자고, 선녀 같은 이들이 내 주위를 감싸고, 산에서 공부할 때면 황금색 빛의 호랑이가 같이 옆에 있어주는 장면은 그냥 보았다.(그냥 일주일에 한 번씩 기도하러 온 친구도 눈을 감으면 보였다고 한다.)

가야산 산신과의 만남은 매우 인상적이었다. 하산하는 날, 산신에게 공부하는 공간을 제공해주어서 감사하다는 기도를 했는데, 산신과 함께 나타난 호랑이들의 모습이 생생하다. 신기한 것은 호랑이가 내 뺨을 비빌 때 동물원 호랑이에서 맡았던 노린내의 향기도 났었다.

훗날 달 속을 탐험한 적도 있고(달에 물이 존재함을 알고 도반들에게 이야기했었다. 훗날 한참 세월이 지난 뒤, 달 속의 물의 존재가 과학적으로 증명되었다.), 태양의 속에도 가본 적이 있었다.

성철스님 열반하시는 날 본 것은 비유적으로 보인 장면이었다. 해인사 마당 여러 곳에 물줄기가 하늘로 뻗어나 있었고, 주장자가 쓰러져 땅에 놓여 있었고, 성철스님께서 옷깃을 여미며, '문턱 너머 마당이 저승이구나.'하는 것도 보았다. 천신 두

분이 내려와 성철스님을 모시고 가는데, 곧장 어린아이로 바뀌는 장면까지 보았다.(다시 환생하시는 것 같아 보였다.)

화두수행 이후의 수행은 거의 유체이탈로 공부하였다. 지옥도 방문하였고, 산 밑에 사람들 주변을 떠도는 영가를 붙잡아와서 살아생전과 사후의 입장을 들어보는 시간도 가졌었다.

화두수행 전후가 나의 영지력이 최대치였던 것 같았다. 어떤 때는 장면 3개가 겹쳐 보였을 때도 있었다. 높은 곳에서 바라보고 있는 나와 머리 위에서 보고 있는 나, 그리고 육안으로 보고 있는 나가 한꺼번에 겹쳐져 일상생활이 힘들 정도였다. 그래서 이런 능력은 자제하는 것으로 해야겠다고 결정하는 순간 장면은 하나로 통일 되었다.(필요할 때만 보자라고 마음먹으니 그렇게 되었다.)

삼계(욕계, 색계, 무색계) 방문하기

한 10년간 공부한 것 같다. 제목은 방문하기이지만, 실제로 깨달음의 경지가 되어야 체험하는 장이다. 이 시기는 주로 산속 생활을 할 때였는데, 무색계로 들어갈 때는 반드시 끊어야 할 집착이 남자·여자라는 성의 분별심이다.

무색계를 체험하기 위해서 400일의 수행기간이 필요했다.

100일 단위로 선정에 들어갔는데, 99일 즈음 하늘은 반드시 시험을 한다. 꿈속 같지만 실제로 경험하는 것처럼 시험에 든다. 하늘에서 선녀가 내려와 정말 내가 남자·여자의 분별심을 놓았는지 시험한다. 나는 4수를 했다.

마지막 4수를 할 때는 산 밑에 거주하는 실제 여성이 나의 수행처로 달려들었다. 그렇게 시험을 통과하고 난 다음 무색계의 공무변처의 경지를 볼 수가 있었다.

점 수련

전방 벽 하단 부위에 작은 점을 하나 찍는다. 이 작은 점을 지구라 생각하고, 우주 멀리 나가 지구를 바라보며, 지구에서 살았던 자기의 모든 과거를 10년 단위, 또는 유아기, 어린 시절, 유치원, 초등학교, 중고등학교, 대학교, 직장생활기, 결혼 전, 결혼 후등 자기 임의대로 시절을 나누어 돌아보며 살았던 모든 기억들을 점 속으로 던져버리는 수련이다.

이 수련은 과거에 대한 자신도 모르는 집착을 놓게 하는 효과를 가져다준다.

6회 이상 태어나서 현재까지 순간을 회상하며 점 속으로 기억들을 넣게 되면 어느 날 화두가 깨어지는 결과를 맞이할 수도 있다. 저절로 자신의 본모습을 느끼게 되기도 하는 아주 수련 결과가 뛰어난 수련이다. 단순하지만 이 수련을 통해 국제적 수련단체를 설립한 도반도 있다.

거울수련

산에서 살 때 우연히 기거한 장소의 두 벽면이 통창인 유리벽이었다. 한밤중 유리벽 앞에 좌선을 하고 있으면 내 모습이 거울에서처럼 비쳐졌다. 어느 날 유리벽에 비친 나의 모습이 없어지는 것을 보았다. 마음이 쉬면(무안이비설신의 하면) 거울에 비쳐지는 내 모습이 없어진다.

특히 거울 앞에서 점 수련을 하면 자기의 과거 모습, 또는 전생의 모습 또는 자기의 어두운 모습들을 느낄 수가 있다.

실제 예로 어느 여성분이 자신의 수많은 과거 전생의 무당의 모습을 본 경우도 있다. 지금 그 분은 전해져 내려오는 집안의 무당업을 완전히 벗어나 정상적인 가정생활을 하고 있다.

겁이 많으신 분이나 평소 정신질환을 가지고 계신 분은 이 거울수련은 자제하는 것이 좋다. 가끔 부작용으로 숨겨진 인격체가 드러나고 그 인격체에 집착하여 힘들어지는 경우가 있다. 자기의 현재 정체성이 부족한 사람은 자제하는 것이 좋다. [※ 이 부분은 반드시 지키길 바란다.]

신목神木 수련

남양주 서리산에 있을 때 주로 한 수행이었다. 큰 소나무 또는 잣나무를 등지고 앉아 나무와 하나 되기 수련을 하였다. 마음을 고요하게 가져(무안이비설신의) 나무와 자신의 경계를 허문다. 종국에는 '나는 나무와 하나다.'라고 마음먹는다.

(마음은 마음먹기이다. 쉽게 말해 결심만 하면 마음은 그냥 A란 마음에서 B란 마음으로 전환된다.)

나무는 오래 전에 도통을 하였다고 들었다. 자연의 법칙에 순응하였기에 오랜 수명을 가질 수가 있다. 나무가 전해주는 메시지가 마음속에서 들리면 나무가 가르쳐 주는 교훈을 배울 수가 있다.

석양 바라보기(일상관)

서리산에 있을 때, 신목수련을 하는 좌향이 서향이었다. 해질녘 둥근 해를 한없이 쳐다보다 눈을 감으면 마음속에 둥근 해가 생긴다. 그러다 문득 내가 해가 되어보는 느낌을 받을 수가 있다.

마음속에 복잡하고 번잡한 사사로움이 있을 때 이 수련을 하면 사사로운 기운을 물리칠 수가 있다. 빙의기운이 있다거나, 정신적 어려움을 가지고 있는 이들은 마음이 밝아지고 이 수련만으로도 긍정심을 가질 수가 있고, 남들에게 좋은 기운을 전할 수 있는 수행자가 된다.(소승불교 수행법의 까시나 수행과 비슷하다고 보면 된다. 까시나 수행에서는 일상관이라고 부른다.)

바람, 구름 까시나

까시나 수행은 지수화풍의 상대와 하나 되기 수행이다. 땅을 한없이 쳐다보다 땅과 하나 되기, 물소리를 들으며 하나 되기, 불꽃을 쳐다보며 불과 하나 되기, 바람을 느끼며 바람과 하나 되기가 까시나 수행이다.

　자연일체심은 결국 공심이다. 공심을 가지는 수행을 자주하면 마음으로 생각한 형상을 하늘을 캠퍼스 삼아 그릴 수 있다.

물 까시나(바다를 바라보며 하는 수련)

이것도 까시나 수행의 한 종류이다. 먼저 공심을 가지고, 바다의 물과 하나 되기를 시행한다.

　물, 바람과 하나 되면 바다 멀리 부분부터 자신이 바닷물이 되어 높은 파도를 만들 수도 있고, 해변 쪽으로 파도를 길게 들어오게 할 수가 있다.(도반 중에 한 분이 이 능력이 뛰어났다. 이 능력으로 제자들로 부터 큰 인기를 얻은 것으로 알고 있다.)

천천히 걷기

서리산에 있을 때 집 뒤편 마당이 넓었었다. 마당을 한 바퀴 도는데 한 시간 정도 생각하고 천천히 끊어지지 않고 걷기를 하면 마음의 움직임이 점점 느려진다. 몸의 움직임이 느려지면 마음의 움직임도 따라서 느려진다.

이 수련은 자신도 모르는 평화와 통찰력을 가져다준다.

실제로 수행을 한 사람들의 후기가 가장 좋은 수련법이었다.

부정관 수련

마음공부에서 출리심이 매우 중요하다. 이 수련은 출리심에 특효인 수행이다. 본디 경전에 있는 내용을 바탕으로 만든 시나리오이니 마음속으로 상상하면 좋다.

1. 길을 가고 있는 자신을 상상한다.
2. 길을 가다 지쳐 쓰러져 죽어가는 자신의 모습을 상상한다.
3. 숨이 끊어진 나의 시신이 부풀어져 오르는 것을 상상한다.
4. 눈과 코에서 구더기 나오는 것을 상상한다.
5. 새들과 뭇짐승들이 달려들어 나의 시신을 뜯어 먹는 것을 상상한다.
6. 피와 살점들이 흩어지고 해골의 모습이 드러나는 것을 상상한다.

7. 살점은 다 떨어지고 앙상한 해골이 된 모습이 불속에서 타는 것을 상상한다.
8. 거센 불에 뼈들이 다 타고 가루가 되고 그 가루가 바람에 날려가는 모습을 상상한다.

　세간에 부정관 수행을 할 때 자신을 상대로 하지 않고 세상을 폭파하고 타인의 죽음을 상상하게 하는 수련이 있는데 이것은 잘못된 수련이다. 선법善法은 결코 남을 해롭게 하는 작은 생각조차도 하지 않는다. 그 수련을 방편이라고 권하여 시행토록 하는데 그런 수련의 결과는 우울증이 생기고 더 나아가 죽음, 살인, 파괴의 업력과 같은 파장을 가진 기운과 빙의될 확률이 크다.

* 참고문헌

『서장』
『무문관』
『전등록』
『금강경』
『화엄경』
『임제록』
『유마경』
『능가경』
『수능엄경』
『법화경』
『달마선어록』
『아수라경』
『유가사지론』
『선가귀감』
『천수경』
『초발심자경문』
『천주실의』
『동학대전』
『코란』
『성경』
『도덕경』
『논어』
『대학』
『시공불교사전』곽철환, 시공사. 2006.
『불교의범』한국불교대학대관음사, 2020.
『한국민족문화 대백과』한국학 중앙연구원, 네이버 지식백과.
『분별이 반가울 때가 해탈이다』, 백성욱 박사. 김영사, 2021.

답은 내안에 있었다

1판 1쇄 발행일 2022년 1월 6일
1판 2쇄 발행일 2022년 4월 15일

송혜문(현달) 지음

발행인   김희종 배선용
발행처   도서출판 공경원
편집인   김희종 배선용 정육남

등록   제 25100-2021-000023

도서출판 공경원 · 공경선원
          대구시 달서구 야외음악당로 39서길 45
          서울시 강남구 도곡동 467 대림 아크로텔 2003호
          고양시 덕양구 신원3로 20
          전남 순천시 이수로 20

대표전화 053-655-6889
이메일   diamondkhj@naver.com